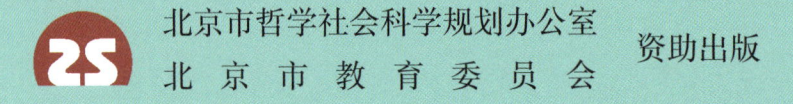

北京市哲学社会科学规划办公室
北京市教育委员会 资助出版

科技创新与法治保障

SCIENTIFIC AND
TECHNOLOGICAL INNOVATION
AND
LEGAL PROTECTION

主　编　谭华霖
副主编　贾明顺　翟志勇

社会科学文献出版社
SOCIAL SCIENCES ACADEMIC PRESS (CHINA)

编委会

顾　问　龙卫球

主　编　谭华霖

副主编　贾明顺　翟志勇

编　委　裴　炜　张凌寒　徐　实　庞　瑜
　　　　魏露露　吴　昂　杨潇宇

夯实建设科技强国的法治基础[*]

谭华霖[**]

科技兴则民族兴，科技强则国家强。党的十八大以来，我们坚定推进科技强国建设，坚持走中国特色自主创新道路，我国科技事业密集发力、加速跨越，实现了历史性、整体性、格局性的重大变化。同时也应看到，我国科技在视野格局、创新能力、资源配置、体制机制等方面还存在诸多与建设世界科技强国这一总目标不相适应的地方。法治在国家科技发展中具有重要作用，在激发创新活力、完善科技体制机制、保护创新成果等方面都承担着重要职能。我们要运用法治思维和法治方式，进一步推进全面依法治国与建设世界科技强国深度融合，夯实建设世界科技强国的法治基础，为实现创新驱动发展提供有力保障。

加强科技创新立法。近年来，我国大力推进科技法治建设，激励科技创新的法治环境不断完善。应立足我国科技发展跟跑、并跑、领跑并存的阶段性特征，进一步梳理科技创新法律政策，强化科技与立法互动，适时推动人工智能、大数据等新兴业态立法，完善激励科技创新的法律制度和促进科技成果转化的法律机制。既要增强法律、行政法规、地方性法规、部门规章等的协调性，又要增强科技、财政、投资、税收、人才、产业、金融等领域立法工作的联动性，加快形成保障和促进科技创新的法律法规体系，提高科技领域法治水平。

积极参与国际科技规则制定。当今时代，科技创新已成为推动全球经济发展的主要动力，促进科技创新越来越需要世界各国加强合作、共同努

---

[*] 本文原载《人民日报》2018年6月26日第07版。
[**] 谭华霖，法学博士，北京航空航天大学法学院教授（院聘），北京科技创新中心研究基地常务副主任。

力。同时,全球范围的科技竞争日趋激烈,全球科技治理体制面临调整。我们要树立全球视野,聚焦高端芯片、智能制造等关键技术领域,以更加开放的姿态推进技术标准化、标准国际化,加快标准相互认可、转化运用,促进互联互通。同时,通过联合国、世界贸易组织等国际平台,积极参与科技领域国际治理规则制定,在科技伦理规范、科技评价规则、知识产权规则等方面发出中国声音、贡献中国智慧。

完善保障科技创新的法治环境。知识产权保护是激励创新的基础性手段,是增强科技领域国际竞争力的关键一环。实施知识产权战略,严格知识产权保护,是我国实现建设世界科技强国目标的必然要求。经过改革开放40年的发展,我国知识产权保护法律制度取得长足进步,但不少企业还面临着创新成本高、维权成本高的困扰。对此,需要继续完善知识产权保护法律制度,降低交易成本和交易风险,促进科技成果产业化,进一步营造公平竞争、激励创新的法治环境,保障科技创新主体的合法权益。应充分发挥知识产权司法保护的作用,加强对涉及科技创新案件的审理与执行,加大对技术秘密、技术标准、商业模式等创新成果的保护力度。回应科技发展迫切需要,加强知识产权等相关学科建设,加强法治和科技复合型人才培养,努力打造一支既懂法律又懂科技的专家型、国际化法律人才队伍。持续提升各类科技创新主体的法律意识,大力倡导以尊重和保护知识产权为重要内容的创新文化,让一切创新成果得到尊重,让一切创造活力竞相迸发。

目 录

学术观点

再论企业数据保护的财产权化路径 …………………………… 龙卫球 / 003
我国科技成果第三方评价的困境及制度完善 ……… 谭华霖 吴 昂 / 029
民法典编纂中产品责任制度的完善 …………………………… 周友军 / 044
未成年人网络保护制度的域外经验与启示 …………………… 周学峰 / 064
人工智能智力成果在著作权法的正确定性
——与王迁教授商榷 …………………………………… 李伟民 / 085

政策研究

保护知识产权就是保护和激励制造业创新发展 ……………… 谭华霖 / 109
科技群团的双重属性与改革路径 …………………… 龙卫球 庞 瑜 / 113
日本的科技政策与科技团体概观 ……………………………… 王天华 / 127
科技强国背景下高校专利转化难点与对策研究 …… 谭华霖 贾明顺 / 142
个人信息大数据与刑事正当程序的冲突及其调和 …………… 裴 炜 / 153
网络平台著作权保护的严格化趋势与对策 …………………… 徐 实 / 177

001

法治实践

商标法框架下的地理标志保护
　　——从"螺旋卡帕"商标异议复审案说起 ················ 周　波 / 197
"一带一路"背景下我国涉平行进口商标侵权案件类型化研究
　　——兼论最新发展趋势 ························ 施小雪 / 211
商业自动化决策的算法解释权研究 ················ 张凌寒 / 223
网络安全漏洞挖掘的法律规制研究 ················ 赵精武 / 254

交叉研究

智能机器人+人工智能创新创业的思考及建议 ······ 王田苗　陶　永 / 275
基于专利数据的区域官产学三螺旋关系研究
　　——以京津冀地区为例 ···················· 张　凤　许慧远 / 283

附　录

研究基地大事记 ······································· / 301
研究基地 2017~2018 年主要科研项目立项统计 ················ / 317

学术观点

再论企业数据保护的财产权化路径[*]

龙卫球[**]

摘　要：企业是推动支持当前数据经济发展的中坚力量，其积极投入大量技术、资金和人力成本，是大数据得以形成和运营的关键前提。但是，企业投入数据经济的意愿和努力，最终取决于企业数据能否得到充分、合理和有效的法律保护。目前，从私法保护角度来说，企业数据保护走出借用传统法律的策略转向笔者此前提出的数据新型财产权化新机制，时所必然、事所必然。但是应该注意，企业数据保护在承载企业追求经济化功能的同时，具有多重功能的聚合性和所涉利益关系的交织性，这些导致企业数据财产权保护路径的设计非常复杂。它在形式上虽然采取私权形式，但与民法上典型的财产权不同，需要兼顾多种功能、多种利益协同的保障要求，因此无法采取简单意义的财产权构造，而是需要呈现出一种具有极强外部协同性的复杂财产权设计。在这个意义上，虽然具有权利之名，但实际包含了极为复杂的法律秩序安排；同时，它与采取私权形式的知识产权机制以及没有采取私权形式的企业竞争保护机制有一定相似之处，但功能和结构更加繁复。

关键词：企业数据保护　财产权化路径　数据功能聚合　数据财产权私益结构　数据关联利益

一　企业数据保护实践与法律瓶颈现象

随着科技产业不断变革特别是大数据技术的不断发展，数据经济由此

---

[*]　本文原载《东方法学》2018年第3期。本文得到北京航空航天大学法学院博士后、美国印第安纳大学知识产权博士徐实同学的材料协助，特致感谢。

[**]　龙卫球，北京航空航天大学法学院院长、教授、博士生导师，北京科技创新中心研究基地主任。

日益兴盛,而数据资源化成为所谓的"新石油"。① 我国出台的大数据战略也提出要构建以数据为关键要素的数字经济。但是,数据本身不是自动生成的,而是靠政府、企业、社会、个人各方面合力形成的。其中,企业是推动支持数据发展的中坚力量。随着信息科技的日新月异,越来越多的企业具备了收集、处理、分析原始数据的能力,有的甚至发展了创造全新的具有价值的数据集合(比如数据库、大数据)的技术能力,日常生产及生活中不断产生的各种信息被收集、记录并转为数据以各种形式存储下来并且不断转化成经济动能,以此推动实体经济与数字经济的融合。

企业支持数据发展的意愿和努力,最终取决于企业数据能否得到充分、合理和有效的法律保护,特别是私法保护。企业在数据利益的驱动下,投入了大量的资本和人力资源,不断开发和改进数据技术,不断改进数据生产、收集和分析方法,不断完善各项数据活动、理顺各种数据关系,从而达成数据繁荣和经济高效化。其中,有的企业是利用大数据技术解决企业自身问题,提高决策的准确性;还有一些企业则逐渐认识到大数据技术相关的数据集合中的交换价值,将数据集合作为交易对象。但是不论何种情形,企业数据保护问题都显得越来越为重要和迫切。现实中,企业数据纠纷不断出现,近期甚至有喷涌之势,涉及复制、窃取、侵入甚至争夺等,有些甚至发生在超大公司之间。例如,2017年6月发生顺丰宣布关停菜鸟数据事件;② 2017年8月,华为和腾讯之间因前者发布荣耀 Magic 手机而引

---

① World Econ. Forum, *Personal Data*: *The Emergence of A New Asset Class* 5 (2011), available at: https://www.weforum.org/reports/personal-data-emergence-new-asset-class/,访问日期:2017年5月5日。

② 2017年6月1日,顺丰宣布关停菜鸟数据,引发数据控制权的争端。两大巨头争夺的焦点就是物流数据控制权。后来,因国家邮政局的及时介入,让顺丰菜鸟之争没有升级到3Q大战的级别,原本几方乱战的局面戛然而止。有评论认为,顺丰和菜鸟在声明中都声称最为重视用户数据,都在保护用户数据,但实际在于争夺控制数据安全保护市场,其估值体量可能已达上千亿元。这些沉淀的数据将会左右未来商业发展,未来商业的竞争就是数据的竞争。参见中国商业网《顺丰菜鸟之争背后:数据之外隐藏另一个千亿级市场》,http://www.ccwin.cn/article-56540-1.html,访问日期:2018年3月25日;CnBeta《马云与顺丰昨天分手,今日和好,数据之争到底在争什么?》,https://www.cnbeta.com/articles/tech/618383.htm,访问日期:2018年3月25日。

发的关于用户数据之争。① 这些数据纠纷不仅给数据企业带来损害和挫伤，也给我国数据市场和社会秩序带来巨大动荡。

企业数据保护问题正在作为一个全新的具有独立意义的问题呈现出来，我国应该及时为之进行法律创制。遗憾的是，目前关于企业数据保护存在严重的法律瓶颈现象。一方面，企业数据保护新法尚未有效创制，目前相关数据纠纷和事件主要还是从既有法律体系中寻求方案加以解决，最为常见的做法是通过合同法、知识产权法和反不正当竞争法的相关路径加以解决。另一方面，企业数据保护与既有法律保护制度所面向的问题存在根本差异。这些既有的法律体系本身并非为企业数据问题而设，而是有着自己特定的立法语境和功能，因此用其来处理企业数据问题不免具有某种间距性，这就导致企业数据保护问题通过现存法律保护秩序加以化解难以令人满意。

例如，数据合同法路径救济的前提是相互之间存在预先的合同安排，但是我们发现这种合同安排无论如何周密也只是一种债的保护，本身不具有排他性，根本不能用来对付来自第三人的数据加害，而在现实中，数据加害往往就是来自企业数据合同关系之外的第三人侵入或者非法利用。又例如，知识产权法和反不正当竞争法路径与合同法路径虽然有所不同，在对于相应利益的保护上具有排他效力，但是通过分析可以发现其在适用条件和效果上与日益发展中的数据保护要求仍然不具有对应关系。② 结果，由

---

① 从 2016 年底开始，华为技术有限公司发布荣耀 Magic 手机，这款手机的亮点在于其人工智能功能：可以根据收集的用户的微信（WeChat）聊天内容，自动加载地址、天气、时间等信息，同时在进行其他操作时也能获得相关服务信息等。对此，腾讯公司指出，华为不仅在获取腾讯的数据，还侵犯了微信用户的隐私。华为方面则认为，"所有的数据都应该属于用户，而并非腾讯或者荣耀 Magic，荣耀 Magic 获取的数据都经过了用户授权"。2017 年 8 月，腾讯公司将争议反映到了工信部，希望得到支持。工信部通过组织调查协调，最终也似乎无解，只是"督促企业加强内部管理，自觉规范收集、使用用户个人信息行为，依法保护用户的合法权益"而已。参见虎嗅网《华为和腾讯陷入用户数据之争，腾讯要求政府介入》，https://www.huxiu.com/article/208436.html，访问日期：2018 年 3 月 25 日；澎湃新闻网：《工信部回应华为腾讯数据之争：正组织调查，敦促企业规范搜集》，http://www.thepaper.cn/newsDetail_forward_1756038，访问日期：2018 年 3 月 25 日。

② 参见徐实《企业数据保护的知识产权路径及其突破》（未刊稿）。徐实博士对于目前企业数据保护的知识产权路径进行了概括研究和分析，发现这一路径存在根本局限和非适应性。

于缺乏有效法律手段，一些企业在面对重大数据纷争时，往往只好采取自己私了或者求助主管部门的办法，前述顺丰菜鸟数据事件、华为和腾讯用户数据之争就是这样的例子。实践中，不少企业因此走向了通过提升技术和管理手段来保护数据的自救道路，但是这为企业数据经营带来巨大成本，同时也可能给数据开发和应用带来意想不到的障碍或陷阱。

当然，也有部分当事人和法院开始试图在现有法律体系里面寻求超越之道。2017年以来，司法实践的一种新趋势就是试图激活《反不正当竞争法》第2条一般条款中的"合法权益"，以抽象的不正当竞争行为名义，对于非法侵入、使用企业数据等行为加以排除和进行救济。在一些案件中，司法部门甚至直接以企业对其数据是否存在投入作为给予保护与否的前提。例如，在北京阳光数据公司诉上海霸才数据信息有限公司技术合同纠纷案中，法院认定原告对于诉争金融数据库付出了大量投资，因此应获得保护；[①] 在上海钢联电子商务有限公司诉上海纵横今日钢铁电子商务有限公司、上海拓迪电子商务有限公司的不正当竞争纠纷案件中，上海市第二中级人民法院同样判定原告对其投入了大量人力、物力、财力和时间搜集编汇的钢铁价格数据信息具有合法权益。[②] 这种做法非常接近于为企业就其合法形成的数据确立一种新的排他性财产权。[③] 不过，这些案件名义上仍然限于反不正当竞争范畴，是借助一般条款对于《反不正当竞争法》的扩用，本质上未超出反不正当竞争的功能框架，并不具有完全有效的针对性，因此不足以回应企业数据如何获得充分保护的问题。

二　企业数据保护的财产权化路径的确立

笔者从2015年年底开始就提出通过立法为企业确立数据新型财产权以

[①] 北京市高级人民法院（1997）高知终第66号。
[②] 上海市第二中级人民法院（2012）沪二中民五（知）初字第130号。
[③] 2017年较为知名的案件有"新浪微博起诉脉脉抓取使用微博用户信息案"（北京知识产权法院（2016）京73民终588号判决书）、"大众点评诉百度不正当竞争案"（上海知识产权法院（2016）沪73民终242号判决书）等。这些案件都转向了援引《反不正当竞争法》第2条一般条款来保护企业数据。

此保护企业数据的思路。① 当今推动经济结构优化、促进数字经济发展最重要的手段是将数据采集、传输、存储、处理等信息设备不断融入传统产业的生产、销售、流通、服务等各个环节。② 这些手段可以直观地分为两部分：原初数据和企业机构采集、加工、处理、利用数据。从整个社会经济发展角度出发，不但需要鼓励个人用户积极提供数据，还需要企业积极收集利用数据。如果仅赋予个人信息权（个人信息的财产权和人格权），比如欧盟GDPR中所列明的知情权、拒绝权、被遗忘权等，那么那些为准确利用数据投入了巨大资源的企业机构就会丧失积极性，不仅不符合劳动原理，③ 更不符合数据经济规律。为此，笔者的初步构想是：数据经济发展时势所趋，数据保护应当顺应数据经济的规律性，不能静态地片面强调个人信息保护，而是应该将个人信息保护与企业数据保护统一起来进行合理平衡，既要保护个人信息，又要保护企业数据利益，因此，应当针对数据经济发展的动态过程性和包含的主要利益关系区分个人信息和数据资产，按照数据阶段分别构建自然人的关于个人信息的权利和企业的关于数据的权利，其中后者统称为企业新型数据财产权，具体包括数据资产权和数据经营权两种形态，二者之间形成一种过程平衡关系。从数据经济开展的规律来看，企业数据财产权在功能上可以为企业数据活动的投入和合理进行提供最基本的动力和保障。按照这种设计，企业的数据财产权成为企业对其数据的直接保护依据：企业通过法律对其数据产品的这种赋权，直接获得保护其数据的一种全新的独立的合法根据。④

这种企业数据财产权设计与知识产权比较，有许多相似之处，都是权利形态，特别是在基于经济化而最终得以财产权化的形成条件这个点上极

---

① 参见龙卫球《数据新型财产权构建及其体系研究》，《政法论坛》2017年第4期。该文最初在2015年10月台湾政治大学主办的"民事法制新典范"研讨会上报告，报告初稿收录于政治大学法学院民事法学中心（叶启洲、徐婉宁）主编《民事法制新典范》，台湾元照出版公司，2016。
② 参见中国信息化百人会数字经济报告《数字经济：概念、规模、共识与展望》，http://www.chinainfo100.com/document/201710/article13573.htm，访问日期：2018年3月30日。
③ 〔英〕洛克：《政府论》（下），叶启芳、翟菊农译，北京：商务印书馆，1964。洛克认为，人们对某物施加劳动，该劳动就产生财产权。
④ 参见龙卫球《数据新型财产权构建及其体系研究》，《政法论坛》2017年第4期。

为相似。企业数据权主体在自身经济动力促动下制作了具有特定化的数据产品，知识产权主体也是在自身动力（不完全是经济动力，但经济动力非常关键）作用下促进了特殊智力成果的创造；企业数据财产权设计与企业竞争保护比较，虽然相似但存在一些关键差别，相似在于企业也是基于自身经济动力不断提升竞争能力，差异在于企业竞争没有权利化，企业竞争能力没有形成所谓"竞争权"。因为它只是一种抽象的能力，没有定格为某种可特定化之物（例如数据、智力成果），而是体现为企业经营条件、环境和水平等的比较优势。不过，企业竞争能力作为企业成功经营的条件，可以视为企业广义财富的一部分，所以虽然不适合财产权化，但是仍然被设定为一种具有排他性的特殊利益架构——企业正当竞争利益或秩序。

欧盟学术界，自20世纪90年代以后就有人关注数据财产化问题了。1999年，美国的莱斯格（Lessig）教授最早提出了数据财产化理论，认为应该授予数据主体（个人）数据所有权，确定个人对于自身数据的财产权利。[1] 美国企业界一直都有发展保护企业数据权的呼声，并且试图推动立法。遗憾的是，美国联邦立法权力有限，特别是以制定法方式创制财产权的机会几乎微乎其微，仍然数次提议立法赋予数据制作者以财产权，结果自然不免受挫。但是美国统一州法全国委员会于1999年7月通过一部《统一计算机信息交易法》（UCITA），并向各州推荐采纳，成功地明确了信息财产是一种独立的民事法律关系的客体，遗憾的是目前只有两州采纳。[2] 2004年，斯瓦茨（Paul Schwartz）教授在莱斯格教授理论的基础上，对个人数据财产化理论进行了进一步的阐释。他认为，首先需要给予数据主体授权的权利，即数据主体有权同意企业利用、处理其数据（opt-in right），同时对应还要有"退出"的权利（exit），其次还需要给予数据主体反对其已授权处理的数据被第三方进一步利用的权利。[3] 欧盟2018年正式实施的

---

[1] Lawrence Lessig, *Code and Other Laws of Cyberspace*, 122 – 35 (1999); Lawrence Lessig, Privacy as Property, 69 Soc. Res. 247, 261 (2002).

[2] 参见UCITA，§102 a (35)。该条规定了信息概念："数据、文本、图像、声音、计算机集成电路布局平面图作品或计算机程序及上述对象的集合或编辑。"尽管只有两个州采纳，UCITA仍然算是一部针对信息财产交易专门法。中文译本参见豆丁网《美国统一计算机信息交易法》，http：//www.docin.com/p-296630576.html，访问日期：2018年3月26日。

[3] Paul M. Schwartz, *Property, Privacy, and Personal Data*, 117 Harv. L. Rev. 2055 (2004).

《一般数据保护条例》（GDPR），实质上将斯瓦茨教授的理论具现化。① 这些为企业数据活动便利打开了关系平衡的大门，即允许企业通过数据主体的"同意"收集和经营数据。遗憾的是，这些理论主张虽然都正视了数据的经济价值，但是都还没有正视企业数据本身的相对独立性和财产权化的重要意义。它们仅仅停留在考虑个人信息财产权化单向保护的层面，仅仅站在个人作为数据主体的财产地位角度予以配置，忽视了数据经营者（企业）应有的财产利益诉求，没有再向企业数据财产权的确立走出关键一步。② 我国学术界一个阶段以来也产生了数据权具有财产权属性的观点，但大都也是站在个人信息权利的角度做出构想。③ 与此相应，到目前为止，包括我国在内的许多国家，针对信息技术发展导致的个人信息问题出台了不少关于个人信息保护的法律法规（例如我国《网络安全法》第四章关于"个人信息安全"的规定），形成了颇为严密的个人信息保护规则，对于包括财产利益在内的个人信息进行了极大的确认和保护，但是都忽视了企业数据保护的相对独立需求，出现了一边重一边轻的情况。当然，这种失衡的法律状态到了实践中往往会荒腔走板，企业为了数据经营和数据利益的需要总会想方设法地规避法律，这就导致了实际中个人信息保护知情同意原则不断通过默示化等实践机制而流于形式，可谓是两头落空。④

---

① GDPR 规定企业需要以数据主体的"同意"为默认规则，还给予了数据主体以更正权，限制处理权，拒绝权，被遗忘权，数据移植权等权利，数据主体还能获得以财产规则为基础的救济。Commission Regulation 2016/679 of 27 April. 2016 on the Protection of Natural Persons with Regard to the Processing of Personal Data and on the Free Movernent of Such Data, and Repealing Directive 95/46/EC（General Data Protection Regulation），2016 O. J.（L 119）1（EU）. http：//eur-lex. europa. eu/legal-content/EN/TXT/PDF/? uri = CELEX：32016R0679&from = EN；参见 Jacob M. Victor, The EU General Data Protection Regulation：Toward A Property Regime for Protection Data Privacy, 123 Yale. L. Journal 523（2013）.

② 龙卫球：《数据新型财产权构建及其体系研究》，《政法论坛》2017 年第 4 期。本文提出按照数据经济的过程性，合理的方案应该是进行两个阶段的数据财产权构建：第一阶段是针对初始数据，配置给用户个人的人格权和财产权；第二阶段则是配置给数据经营者的资产权与经营权。

③ 参见刘德良《个人信息的财产权保护》，《法学研究》2007 年第 3 期；齐爱民、盘佳《数据权、数据主权的确立与大数据保护的基本原则》，《苏州大学学报》（哲学社会科学版）2015 年第 1 期。

④ 参见林洹民《个人信息保护中知情同意原则的困境与出路》，《北京航空航天大学学报》（人文社科版）2018 年第 3 期。

值得关注的是，我国 2017 年 3 月 15 日出台、10 月 1 日生效的《民法总则》为数据保护财产权化思路提供了一个接近笔者构思的规范架构。该法的民事权利一章第 111 条、第 127 条采取了个人信息和数据分置的做法。其中，第 111 条确立了自然人关于自己个人信息权益的基本内容；① 第 127 条规定了数据（含企业数据）和虚拟财产的保护问题。比较起来，第 111 条关于个人信息的规定较为实质、清晰；而第 127 条对于数据和虚拟财产的规定却较为模糊，该条表述为，"法律对数据、网络虚拟财产的保护有规定的，依照其规定"。解释上可以认为，该条对法律要对数据（包括企业数据）和虚拟财产提供保护进行了表态，但对于具体如何保护却未予实质化明确，而是交给了法律的另行规定。

那么，该条所说的保护，会不会就是笔者所提出的财产权化路径呢？笔者认为，应该通过体系解释进行详细分析。该章整体上都是规定民事权利的，从这个角度来说，对于数据的保护属于权利保护或者类似权利的保护应为体系之义。但是，从具体布局来看是否为财产权有些模糊：从第 113 条（"确立财产权保护平等"）开始到第 125 条看（"民事主体依法享有股权和其他投资性权利"），都属于广义财产权的规定，包括物权、债权、知识产权、继承权和投资性权利；到了第 126 条，不再使用财产权的表述，而是使用其他民事权益的说法（"民事主体享有法律规定的其他民事权利和利益"），紧接着就是我们讨论的第 127 条；之后，便是第 128 条，关于弱势群体的特殊权益保护规定（"法律对未成年人、老年人、残疾人、妇女、消费者等的民事权利保护有特别规定的，依照其规定"）。那么，第 127 条所谓的"保护"可以理解为何种保护呢？是第 125 条之前明确的财产化权利，还是 126 条的其他权利，又抑或第 128 条的特殊权益？本文认为，这里应该有一些区分性：第 127 条的所谓数据，可以区分为企业数据和非企业数据，后者如公共数据等，二者在如何保护问题上有所差异。企业数据，鉴于其

---

① 《民法总则》第 111 条规定："自然人的个人信息受法律保护。任何组织和个人需要获取他人个人信息的，应当依法取得并确保信息安全，不得非法收集、使用、加工、传输他人个人信息，不得非法买卖、提供或者公开他人个人信息。"

可以经济资源化的特点，对其应采取财产权的方式进行保护，这样合乎经济原理；非企业数据特别是公共数据，虽然也应当确立法律保护，但不宜采取财产权路径，根据其性质适于采取管理化路径。①

三 欧洲新兴的数据库特殊权利：数据财产权化的有限尝试

欧盟早在1996年开始，就提出了数据库特殊权利（sui generis right）的概念，试图在知识产权框架外尝试引入某种财产权化机制，以保护企业数据。基于欧盟范围内各国对于著作权法保护的汇编作品之独创性判断标准不一，且目录规则（catalogue rule）对于事实汇编作品的保护已经不足以支撑飞速发展的电子数据库，为保护数据库产业，发展欧盟范围内的信息产业市场，欧盟于1996年提出了《关于数据库法律保护的指令》（以下简称《指令》），用以直接保护因不符合独创性标准无法受到著作权保护的数据库。《指令》在第一条规定，数据制作者对其经系统或有序的安排，并可通过电子或其他手段单独加以访问的独立的作品、数据或其他材料的集合，可以享有特殊权利的保护。② 具体而言，这是一种具有独立意义的专有财产权，为期15年。③ 这种权利的获得无须以数据库被认定为汇编作品为前提，④ 只要数据库制作人（maker）在内容收集（obtaining）、核准（verification）和提供（presentation）等方面有实质性投入，数据库制作人就可以获得这种特殊权利。其内容包括权利人可以通过许可合同转移、转让、授予

---

① 青年学者许可博士也认为，《民法总则》第127条包含了对于数据权的确认，在它与个人信息权之间建立了折冲调和的关系。但似乎没有关注企业数据和非企业数据的区分问题。参见许可《数据保护的三重进路：评新浪微博诉脉脉不正当竞争案》，《上海大学学报》（社会科学版）2017年第6期。
② Directive No. 96/9/EC of the European Parliament and of the Council, of 11 March 1996 on the legal protection of databases.
③ J L. Gaster, The New EU Directive Concerning the Legal Protection of Data Bases, 35, 42 Fordham Intl' L. J. (1996). （《指令》采纳诸多利害关系人关于设立财产权的建议。）
④ 〔澳〕马克·戴维森：《数据库的法律保护》，朱理译，北京：北京大学出版社，2007，第51页。

他人;权利人还可以防止任何第三方对数据库的全部或实质内容进行提取(extraction)和再利用(re-utilization)。① 在实践中,数据库的特殊权利不时被欧盟企业用来保护数据集合。

应该说,数据库的特殊权利这种方式接近于将企业数据保护独立权利化建构,至少摆脱了依据著作权的汇编作品保护路径,仅以数据制作人有实质性投入为条件,并且具有对第三人实质提取和再利用的排除效力。但这仅仅是企业数据保护独立化路径的开始,或多或少存在与著作权比对的成分,且很多理论上的问题并没有在相关论证中明晰,基于数据库的相关权利设计基础仍然模糊,权利范围也较为单薄。此外,欧盟对于数据库权的适用范围和标准本身还存在比较大的争议。例如,《指令》明确规定了要获得特殊权利保护,数据库制作人应对数据库有实质性投入,实质性投入可以从数量和质量两个方面来进行衡量,包括时间、金钱、人力等方面。但是在实践中,欧洲法院(EJC)采用了副产品原则(spin-off theory)来区分对于创造和获取数据的投入;为此,荷兰胡根赫茨(Bernt Hugenholtz)教授认为,根据副产品原则,只有直接对数据库的产生进行投资才会产生数据库权。② 据此,欧洲法院在BHB案中裁定,数据库制作人的实质性的投资必须是针对在先存在的数据(pre-existing data)进行收集与矫正的,而不能是由数据库制作人通过自身活动创造的,因为对于这类信息数据的投资主要是用于创造、制作信息数据本身,而不是用于收集、矫正此类信息数据。③ 同时,欧盟也并未对实质程度进行有操作性的定量分析。因此,即便位于欧盟法域中,数据库特殊权利也并非企业进行大数据保护的首选。

---

① Directive, art 7 (1) & (2). ("实质部分的判断可以从数据库内容的性质和数量上加以判断。")《指令》还明确解释:"提取"是指"永久或暂时性的将数据库的全部内容或实质部分已任何方式或任何形式转移到另一个媒介上";"再利用"则是指"通过发行复制件,比如出租、在线浏览或其他传播方式,使公众能够以任何形式获得数据库的全部内容或实质内容"。

② E. Derclaye, "Databases Sui Generis Right: Should We Adopt the Spin-Off Theory?", *Social Science Electronic Publishing*, 26 (9) (2004).

③ British Horseracing Board v. William Hill, case C-203/02 (2005).

四 企业数据保护的功能聚合性与利益关系的交织性

企业数据财产权化保护路径,尽管具有可行性和必要性,但是我们必须正视一个问题,企业数据保护问题作为新时代的信息科技发展和应用所产生的新问题,具有自身独立的诉求,但是从问题属性上看非常复杂。我们从企业数据保护具有的功能和利益关系角度观察,可以发现它具有很不同于典型财产权的复杂性,具体体现为保护功能的多重聚合性以及利益关系的繁复交织性。在这个意义上,企业数据可以财产权化,又不能单纯财产权化。

(一)企业数据保护功能的多重聚合性

企业数据保护从功能上承载了数据企业对于数据的经济追求,这是企业数据保护的元功能或者说肇始功能所在。没有这种功能驱动,也就没有企业数据本身。数据经济的本质就是将信息发展为经济要素,进行生产、利用和交换。企业数据化过程,是一个追求通过信息聚变形成经济价值的过程,即将简单态的原初信息(包括个人信息)通过收集、加工聚变成为充满经济价值或者具有商品属性的企业数据,进而再走向加以应用或交易的过程。可见,这种信息化转变过程来源于企业有意识地数据资产化、经济化的追求和努力。企业有意识制作数据,是为了利用或经营它而获取利益。数据产业自20世纪80年代开始发展起来,此后不断迭代升级,其动力即在于此。这种数据对企业有意识地经济追求的功能承载,直接成为企业数据保护及财产权化的必要性基础。

但是企业数据保护的功能却又不能限于这种企业自身的经济追求,这是缘于企业数据保护在功能上具有多重聚合的特点。企业所能利用的数据,不止个人用户数据或个人信息,还包括企业自身业务生成的数据,其他可以社会化、经济化的公有领域数据,如矿产数据、天气数据等;企业数据的产业应用,不仅在企业决策、定位广告等企业生产、管理和商业领域发展,也在社会公共管理甚至承担公共职能的领域不断发展,如交通管控、风险预测、医疗保健、预防恐怖主义等。同时，企业之间数据流通已经成为全球化的产业，国际数据贸易、国内数据交易发展也已经炙手可热。企业数据依据其事物本质或者应用领域，不仅仅具有对于企业自身的经济意义，它同时也承载着社会经济、信息社会、公共管理以及信息安全等方面的意义，这些功能属性不会因为企业数据个别财产化而消灭，相反它们始终聚合在一起，不断提出强大的实现和保全要求。

首先，企业数据保护同时承载社会经济功能。随着信息科技发展的大数据业态的发展，大数据不断凸显重要战略资源属性，比之土地、矿产、空域、海洋乃至无线电等资源有过之而无不及，因此我们不能仅仅从单个企业主体的经济功能去发挥效用，而是应当同时将其作为战略资源发挥其应有作用或者说社会经济意义。在这个意义上而言，企业数据的社会经济意义的发挥，不能妨碍企业数据在大数据时代作为战略资源的社会经济功能的作用，相反应该形成一种作用互动。

其次，企业数据保护同时承载信息社会功能。企业数据本质上是可社会化信息，也正是因为这点才可以进入社会经济层面去利用。作为一条社会法则，我们对于那种可社会化的信息，原则上都有接触的社会权利，禁止任何人包括企业以任何方式削减这种社会权利或功能。这就是信息社会功能，确切地说就是社会知情利益。对于企业来说，他们看重的是企业数据在可社会化条件下的经济功能。但是，企业数据不管如何为企业自身经济化，其作为可社会化信息的特点和意义不会消失，由此天然具有的信息社会功能也就必当如影附随。所以，企业可以基于经济意义在合法范围占有、加工数据应用价值，但是存在一个固然前提的限制，即既有的信息社会必须依旧保证畅通。

再次，企业数据保护应当兼顾公共管理功能。许多企业数据兼具公共管理意义，这种信息数据化之后，可以成为数据经济的资源，同时也可以成为提升公共管理的资源，在这种情况下，企业数据保护应该兼顾公共管理功能。例如，交通信息数据产品，对于从事该产品开发的企业来说，这种产品是其营销对象，但是对于城市交通部门来说，它则具有改进交通管理的功能。很多时候，这两种功能是可以互通不矛盾的，甚至是相互促进的，但是有时候会存在不能兼容的情形或者环节。企业数据在发挥其自身经济功能的同时，应当兼顾公共管理功能，如果发生冲突，必要时则以重大公共利益优于个别经济利益的原则处理二者的关系。

最后，企业数据保护必须承载信息安全功能。数据的信息属性告诉我们，其除了在社会经济、信息社会、公共管理等方面具有积极功能之外，也可能具有一种重大的消极功能，这就是信息安全功能。对于许多方面来说，信息公开使用是一种积极利益，但是对于另外一些方面来说，信息公开使用却可能是消极利益，会给个人、社会乃至国家的局部或者整体带来不利、威胁甚至是毁灭。这种情况提示我们，企业数据保护存在信息安全功能问题。发挥企业数据经济功能的同时，必须确保对于特定信息进行隐蔽、保密，使相关信息安全利益者处于安全状态。企业数据的经济化绝对不能以牺牲和妨碍这种信息安全为代价，必须每时每刻将这种安全放在经济功能之上，在不能兼容时必须以信息安全为绝对优先。

（二）企业数据保护利益关系的交织性

企业数据的生产、持有和经营，首先是建立在企业对于数据的自身经济利益的追求之上，因而企业自身数据经济利益的形成、享有和实现，是企业数据中最核心的利益关系。但是，企业数据本身存在来源特殊、运行经济环境复杂、保护功能聚合等特性，导致在企业作为制作者、加工者对于数据具有核心经济利益的同时，还产生了其他多种利益相关性，进而形成了一种复杂的利益交织状态。在这种利益交织状态中，各种利益依据其性质和地位得到安排；企业数据的核心利益在得到保障实现的同时，也会不断被切割和限制，进而达成数据各种利益关系的平衡和合理化。

1. 个人信息和隐私的利益

个人信息和隐私的利益是基于企业数据来源特殊性所形成的利益。数据经营者所处理利用的数据集合之主要构成部分就是可社会化的个人信息。鉴于企业为了追求自身经济利益，可能毫无限制地收集、加工或使用个人或用户信息，从而导致对个人用户信息利益的侵犯或损害，各国立法都积极出台旨在企业数据化背景下保全个人信息和隐私利益的法律制度。其中，对于可以数据化的个人信息，给予了基本保护，对于其中涉及隐私利益的信息则是以加强的方式加以特别保护。

理论上，个人隐私信息中的绝对个人隐私也是个人信息的一部分，但是无论公法或私法都将其隔离在可数据化之外，赋予其具有不可社会化的特点，加以特别保护。立法上，甚至将个人隐私上升为宪法权利、基本人权。比如，美国1995年《关于隐私与信息高速公路建设的白皮书》，就将隐私区分为关于姓名和形象利益的隐私、关于私有财产的隐私、关于尊重他人不透露其个人信息的隐私等，前两种隐私被赋予绝对不可数据化的属性。我国《宪法》第40条规定了"中华人民共和国公民的通信自由和通信秘密受法律的保护"；有关司法解释和现在的《民法总则》规定了自然人享有隐私权。这些从整体上可以推导出我国也确立了禁止通信秘密、具有绝对私密性的隐私不得社会化包括企业数据化的原则和界限，但是我们一些机构和企业家在实践中似乎经常忽视绝对隐私的不可数据化的绝对保护问题。①

我国自2013年开始实施的首个个人信息保护国家标准——《信息安全技术公共与商用服务信息系统个人信息保护指南》，将个人信息分为一般信息与敏感信息，并规定对于个人一般信息的收集利用可以由主体默许同意，即信息主体不明确反对；而对敏感信息的收集利用则需要信息主体的明确授权。2016年11月出台的《网络安全法》第四章对于网络用户个人信息安全确立了保护原则和基本保护框架，但较为笼统，没有清晰区分一般个人信息和隐私信息。2017年3月出台的《民法总则》第117条关于个人信息的权利规定，确立了个人信息受法律保护的一般内容，但也同样没有细化区分一般个人信息和隐私信息。2018年中央网络安全和信息化领导小组办公室等联合发布了《信息安全技术：个人信息安全规范》（GB/T 35273-2017，简称《安全规范》），进一步规定了个人敏感信息的概念、类型和传输存储的要求，按照约定目的、方法、范围处理使用个人数据的要求，以及"除目的所必需外，使用个人信息时营销处明确身份指向性，避免精确定位到特定个人"的要求。

---

① 不少知名网络企业家就经常有这样的思维和言论。参见虎嗅网《李彦宏说中国人不在乎隐私，也许是互联网反垄断的开始》，http://tech.ifeng.com/a/20180327/44921285_0.shtml，访问日期：2018年3月31日。

我国以上法律法规和政策的要求，实际上可以理解为两点：其一，我国可以数据化的个人信息分为非敏感信息和敏感信息，这里理解的敏感信息包括隐私信息，但应该只限于可以数据化的隐私，必须排除绝对隐私。结合我国宪法、刑法和《民法总则》等重要法律规定，体系上应该排除其中的通信秘密和绝对隐私（如关于姓名和形象利益的隐私、关于私有财产的隐私），这些不属于可以数据化的隐私。① 其二，数据经营者在收集、使用个人信息时需要依照法律法规并经个人同意，但对于其中虽经个人同意可以数据化的敏感信息（非绝对私密的隐私），则应当采用数据脱敏、匿名化等技术才可以数据化。

我国司法实践在维护个人隐私信息特别是绝对隐私方面存在差距。举例来说，2013 年 5 月，我国法院在国内首个关于 cookie 技术应用与隐私权保护的案例，即用户诉百度公司隐私权纠纷一案中，作出终审判决认为，百度公司在设置默认同意机制下利用 cookie 技术为用户提供个性化广告推荐服务的行为并不构成对用户隐私权的侵犯。② 网站会采用 tracking cookies 技术来采集用户信息包括浏览数据等，用户浏览该网站不同网页，将想要的商品放入"购物车"并结算时，网站就可以从相关 cookies 提取信息。这些由 cookies 提取的信息由于指向个人隐私利益，实际属于敏感信息的范畴。欧美已经对 cookies 的使用进行限制，比如美国各大运营商均放弃用所谓不可删除代码技术（supercookies）来追踪移动用户的浏览习惯。但是，近期的"新浪微博诉脉脉反不正当竞争案"中，北京知识产权法院利用《反不正当竞争法》，在企业对第三人的关系上，间接维护了用户敏感个人信息的

---

① 2018 年《安全规范》中明确规定了"自然人的隐私信息属于个人敏感信息"，其个人敏感信息包括个人财产信息（银行账号、存款信息、征信信息、交易记录等）、个人健康生理信息（病症、医嘱单、病史等）、个人生物识别信息（个人基因、指纹等）、个人身份信息（身份证、社保卡等）、网络身份标识信息（系统账号、邮箱地址、用户个人数字证书等）、其他信息（个人电话号码、宗教信仰、网页浏览记录、精准定位信息等）等类型。遗憾的是，比较起美国 1995 年《关于隐私与信息高速公路建设的白皮书》可数据化隐私范围，这个范围显然过宽，不少信息类型涉及关于姓名和形象利益的隐私、关于私有财产的隐私等绝对隐私领域。

② 参见新浪网《Cookie 隐私第一案终审：法院判百度不侵权》，http：//tech.sina.com.cn/i/2015-06-12/doc-ifxczyze9463119.shtml，访问日期：2018 年 3 月 30 日。

利益。①

2. 基于企业数据的社会经济利益

企业数据不仅是产自企业本身的数据经济利益，在其享有、应用、交易的语境下也会因为数据化活动本身而影响特定经济和社会秩序，从而涉及社会经济利益特别是市场经济秩序。

首先，基于数据的活动可能影响市场经济秩序，特别是影响公平竞争、公平交易和公平消费利益。企业基于数据应用，可能产生数据垄断、数据滥用、数据歧视等问题，违反反垄断法、不正当竞争法和消费者权益法，导致企业和竞争者、企业和消费者之间产生利益冲突，损害竞争利益和消费者权益。这种情况与一般意义的反垄断、反不正当竞争、消费者权益保护具有相当程度的重叠性，从规范角度来说，很多仅仅是适用问题，但是也存在不少特殊的地方，不能简单适用反垄断、反不正当竞争、消费者权益保护，而是需要针对数据场景加以具体化甚至特殊化规制。

最近国内外关于基于数据算法的垄断、隐藏、歧视的例子频频发生，暴露出这一事项上特殊立法的急迫需要。例如，Google 公司 Pagerank 的数据垄断事件。Google 开设搜索引擎功能，其 Pagerank 算法使得用户通过搜索产生的数据，可以被用来提升搜索体验，还可以被用来判断市场趋势或者针对用户兴趣投放定位广告或预测流感蔓延趋势等，从而提高用户对 Google 搜索引擎的忠诚度。Google 对 Pagerank 算法申请了专利，并利用这种数据专利形成数据垄断，通过所产生的超大量数据来挖掘相关市场利益，即使该专利终止，也可凭借其对各类数据的多年垄断获得比较利益，严重损害市场竞争和消费者利益，进而也损害大数据产业发展本身。② 又如，美国 Step-

---

① 该案认为被告脉脉未经新浪微博及其用户授权，利用爬虫技术获取并使用用户的职业信息、教育信息，非法获取和使用脉脉注册用户手机通讯录与微博用户的对应关系，破坏了公平竞争秩序，构成了不正当竞争行为。法院还明确指出了微博平台对于用户信息的保护力度不足，"数据提供方不仅应将用户数据信息作为竞争优势来加以保护，还应将保护用户数据信息作为企业的社会责任"。从判决书中可知，法院实际上认为脉脉损害了个人用户关于敏感个人信息的的知情权、授权或撤回同意的权利和用户的利益。参见北京知识产权法院（2016）京 73 民终 588 号判决书。
② Brenda M. Simons & Ted Sichelman, Data-Generating Patents, 111 NW. U. L. Rev. 377 (2016–2017).

Saver Data Sys. , Inc. v. Wyse Tech. 一案,被告滥用拆封许可协议而形成过度保护。这种拆封许可协议声明该许可协议属于合同的一部分,拆开包装即意味着接受了许可协议条款,放弃一切品质保证权。本案中,幸好法院以许可方未于订立物质载体的买卖合同之时向被许可方披露拆封许可协议为由,最终拒绝承认拆封许可协议的效力。① 此外,实践中不少数据合同交易的转让方往往以双重搭配手法破坏交易公平。这些转让者以法律对数据保护不足为名,将数据交易拆分为许可交易+技术措施保留的双重搭配方式,以备对许可协议风险进行自救。这些技术保护措施,表现为企业作为权利人的访问控制、识别作品、控制特定使用等。数据企业通过这种方式,往往可能获得过当保护。一方面,此类数据许可合同多由许可方单方拟定,所以容易导致对市场弱势地位的被许可方的压制;另一方面,被结合使用的技术措施往往存在巨大的隐蔽性,容易沦为数据黑洞,导致歧视、不公平交易、垄断等后果。

其次,基于数据的活动,可能影响其他社会经济利益,例如劳动者利益等。根据现在的劳动法、社会保障法等法律,劳动者等享有劳动保障利益,社会经济成员享有必要的社会保障利益,但是,企业数据经济化的发展也有可能使这些特殊利益陷入困境。企业数据权利人的自利追求,容易和这些社会经济利益发生不协调甚至冲突,因此需要注意平衡和维护。

再次,基于企业数据,可能影响社会经济管理利益。大数据作为当今经济战略资源,体现着社会经济资源利益的需求。对此,国家对于企业数据作为社会经济战略资源的一面,以战略管理和宏观调控的方式,建立了特殊的配置和限制要求,这些都是强制性的利益设定,对于企业数据的核心利益和其他利益关系构成限定。

3. 基于企业数据的公共利益和安全利益

企业数据保护本身承载着功能的聚合性,其中公共功能都要体现为法律上的特殊公共利益保障。国家法律在相关法律体系格局中,面向这些功能的要求,设定了相应更高层次的不同利益机制,例如,信息社会畅通、促进和改善公共管理、维护信息和数据安全功能、促进和保障国际协作等。

---

① Step-Saver Data Sys. , Inc. v. Wyse Tech. , 939 F. 2d 91 (3d. Cir. 1991).

它们成为企业数据利益交织关系中的组成部分，依据其不同功能地位发挥利益平衡或限制作用。

企业数据内部和外部关系中，必须明确这些公共利益的存在，并予以足够的考量。一方面，数据制作者依据其数据财产权，可以享有由此带来的经济利益；另一方面，上述公共利益的尊重必须使之内化或者外加为数据财产权取得、享有和行使的必要条件或限制，从而构成一种制约。数据经营者在促进企业数据经营高效的目标下，进行数据收集、处理和应用等行为时，应当接受相应的管理要求，包括技术管理方面的要求，同时负担与这些利益进行协同的义务，确保基于这些利益的保障要求，进而促进数字经济稳步提升，保障大数据的公共安全，不断提升国家信息社会建设和信息化管理能力。

五　企业数据财产权化的结构设计问题

（一）企业数据财产权化结构的复杂性

企业数据财产权保护路径的设计非常复杂。企业数据承载功能的多重聚合性以及所涉利益关系的交织性，导致它的财产权设计与民法上典型的财产权不同，即无法采取纯粹意义的财产权构造方式。它在形式上虽然采取私权形式，却需要兼顾与多种功能和利益进行协同，因此必须呈现为一种具有极强协同性的复杂财产权形态。在这个意义上，企业数据财产权虽然具有权利之名，但其结构实为一种极为复杂的法律秩序安排。在这一点上，与采取私权形式的知识产权机制以及没有采取私权形式的企业竞争保护机制既相似，但也更加复杂。

（二）企业数据财产权的私益结构

企业数据财产权采取权利名义，旨在安排一种鼓励企业数据经济化的私有结构，这种结构体现为企业自身的可支配性和排他占有性私益。有了这些数据私益，企业的数据动力得到有效支持，企业的付出和努力得到合理肯定，企业的经营机制和作用得到有效安排和促进。不过，这种私益结构本质上只是一种鼓励技术，企业数据财产权设计的最终意义，在于通过这种权利私益结构的鼓励作用，最终实现整体数据经济的繁荣和福利的增进。这一点与知识产权和企业竞争利益的设计相似，也就说都是以私权私利之名，行公权公利之实。①

笔者的数据财产权化思路，总体包含数据经营权和数据资产权两种赋权构想，其中数据资产权属于最狭义的数据财产权。

数据经营权，是企业对于数据得以经营的一种主体资格。基于这种资格，可以收集、加工、利用和交易数据，有一般经营权和特殊经营权之分：一般经营权属于普通领域，企业可自动取得；特殊经营权涉及数据经营管制问题，适用于特殊领域，例如金融数据、医疗数据、司法数据、电信数据等，需要建立依法引入许可、特许制度。无论何种数据经营权的行使，本身都存在最低要求限制，即要合法经营及合法收集，在涉及收集作为数据来源的个人信息时，尤其存在诸多保护限制。数据经营者不能毫无限制地穷尽收集其所接触的全部个人数据，也不能将个人数据存储任意期限，还需要在收到数据后进行去标识化的步骤。欧盟 GDPR、我国相关法律（例如 2018 年 5 月 1 日开始正式实施全国信息安全标准化技术委员会归口的《信息安全技术个人信息安全规范》，简称《规范》）都规定了数据经营者在获取个人用户数据时有目的合法性、取得需授权、数量最小化、存储最短化、内容去标识化的要求，实际就是从数据目的、取得、数量、期限、内容上对数据经营者的权利进行限制。2018 年初的"支付宝年度账单"事件中，国家网信办约谈支付宝、芝麻信用两家公司负责人，就指出其收集用户个人数据的方式不符合《规范》的要求。②

数据资产权，作为一种专有排他权，比对所有权、知识产权来设计，其私益结构部分体现为企业对其数据在特定范围享有占有、使用、收益和

---

① 以美国商标法为例。美国商标法理念认为，商标权名为企业的一种权利，实际是保护消费者利益的一种特殊机制，即以刺激企业通过保护商标权而提升企业标识形象的方式，旨在使得消费者得以避免误认商品或服务。所以，美国法学院课程设置中，习惯将商标法与反不正当竞争法合在一起，叫《商标与反不正当竞争法》，原因在于功能接近。

② 参见国家网信办《国家互联网信息办公室网络安全协调局约谈"支付宝年度账单事件"当事企业负责人》，http：//www.cac.gov.cn/2018-01/10/c_1122234687.htm，访问日期：2018 年 3 月 30 日。

处分的权利。可以设定期限限制，例如15年左右，又可以区分支配方面的权能和排他方面的权能两个方面。

首先，专有支配方面包括以下四个方面。（1）对于数据的占有权，是指数据制作者在合法获取数据后，可以对经过其处理的数据集合享有一定程度的实际控制的权利。但这里存在一个直接的限制结构，个人信息主体随时享有撤回同意、更正、删除的权利，这就使得企业数据主体的权利不是完整的，其不能够完整地控制其已经收集的数据。（2）对于数据的使用权，是指数据经营者对数据可以加以利用的权利，可以将之分为内部使用和外部使用两种模式。内部使用是指数据经营者收集数据之后，自行处理分析，制作出有价值的数据集合后，用以解决其预先设定的问题，比如风险预测、市场决策、广告投放等；外部使用则是数据经营者将其收集的数据传输给第三方，供其使用。内部使用不得超出其向用户收集数据时所说明的目的、使用方式、授权范围等，外部使用则另需用户授权同意并进行信息安全影响评估。（3）对于数据的收益权，是指数据经营者利用其数据集合获取的经济利益的权利。一般企业作为数据经营者可以依据法律法规，遵循市场机制，自由进行数据集合交易，获取正当利益。实践中的贵阳大数据交易所等正是这样进行资产化的数据集合交易。（4）对于数据的处分权，指数据经营者依法对数据集合进行"处理"的权利。英国《数据保护法》、德国《数据保护法》和欧盟的GDPR，对于这种"处理"的权利，采取了狭义定义，即包括存储、变更、传输、封锁和删除。① 然而，即使这样，狭义定义下的处分权也还有限制，比如对于存储的限制，不仅体现在存储的期限和模式（敏感数据加密等）方面，还体现在对于存储地域的限制上。②

其次，排他性的权能。上述数据资产的专有支配的内容同时具有排他

---

① 王玉林：《信息服务风险规避视角下的大数据控制人财产权利与限制研究》，《图书情报知识》2016年第5期。
② 参见我国《网络安全法》第37条就要求："关键信息基础设施的运营者在中华人民共和国境内运营中收集和产生的个人信息和重要数据应当在境内存储。"同时该条还对数据的传输进行了限制："因业务需要，确需向境外提供的，应当按照国家网信部门会同国务院有关部门制定的办法进行安全评估；法律、行政法规另有规定的，依照其规定。"

性的效力,即可以排除任何第三人干涉(包括侵入、加害等)。正是这种排他性权能的赋予,企业数据财产权区别于一般的数据合同权利,可以对抗来自第三人的数据侵入、盗窃、非经授权使用等。

(三)企业数据财产权的限制结构

基于其他保护功能和利益关系的关联存在,数据财产权作为数据保护的一种复杂秩序安排,并非一种完全自在自为的绝缘化权利空间,除了私益部分建构之外,还应设计出许多限制结构,以使其具有足够的弹性和外接性,以便对接或协同各种功能和利益关系的实现。这种结构,或为保障数据经济秩序,或为促进数据公共利益,或为推进信息社会建设,或旨在保障数据安全等,不一而足。此外,数据经济具有巨大的潜在的应用场景,导致许多特殊的应用限制。

1. 基于数据的市场经济秩序限制

数据财产权设计应当注意保障数据市场经济秩序的公平有序和交易安全,包括致力有效抑制或消除数据垄断、数据欺诈、数据歧视等破坏竞争和公平交易、损害消费者利益的现象。

首先,避免大数据产业垄断。应以《反垄断法》为基础,及早制定周密且有针对性的规则,对数据经营者的数据垄断活动进行限制。大企业的数据垄断带来的后果巨大:妨碍数据流通,限制数据产业发展,不利于经济增长,甚至阻碍国家大数据战略发展计划的实施。[①] 现实中,基于雄厚的资产基础、技术条件,互联网巨头企业几乎百分之百会获得数据经营能力,从而加剧巨头企业垄断数据的市场地位,导致对数据市场秩序的威胁和破坏。例如百度、阿里巴巴和腾讯等大数据企业凭借其占据的互联网优势,掌握了大量数据,可谓"拿走数据的多,贡献数据的少",但是其自身构建的数据体系并不开放。[②]

其次,避免基于数据的不正当竞争,损害消费者权益。数据财产权并

[①] 参见《国务院关于印发促进大数据发展行动纲要的通知》,国发(2015)50号;《国务院关于印发"十三五"国家战略性新兴产业发展规划的通知》,国发(2016)67号。

[②] 参见经济参考报《大数据产业遭垄断:拿走数据的多,贡献数据的少》,http://finance.sina.com.cn/roll/2016-10-20/doc-ifxwzpsa8241057.shtml,访问日期:2018年3月30日。

不赋予数据权利人得以从事不正当竞争和交易的市场地位，应尽早参照《反不正当竞争法》《消费者权益保护法》等，建立具有针对性的制度，包括数据公平交易规则、算法公开和监管规则等，禁止企业利用数据破坏市场秩序、妨碍公平竞争、损害消费者权益。

2. 基于数据的公共利益和福利限制

数据财产权设计应平衡好与数据相关的公共利益包括数据福利之间的关系，数据财产权不只是要鼓励企业自身的数据经济化，同时更要协同实现数据公共利益和福利，最终推动数据经济的繁荣。这既包括积极的协同，如建立数据共享、促进数据流通等；也包括消极的协同，例如为了维护数据公共利益，在特定的情况下合理限制数据财产权的排他性，使其不得对抗公共安全、科技进步等公共利益需要。这一点与知识产权很相似。

首先，建立数据强制公开制度。数据经营者基于其数据集合获得了与自然灾害、重大疫情、恐怖袭击、经济危机等危及国家安全、社会稳定的紧急状态相关的预测、结论、观点时，应明确数据经营者具有主动向国家相关机构及时公开其研究结果的义务。这种强制公开并不意味着数据经营者就此抛弃其收益的权利，而是基于维护公共利益的考量，强调数据经营者应当主动承担的社会责任。

其次，建立数据强制许可制度。大数据的本质是要求数据的流动与开放，大数据增值的方式之一则是根据原有数据集合进行再创造。因此，可以参照专利法中的为实施从属专利需要的强制许可，当利益相关的第三方利用其合法购置的数据集合创造出有价值的新数据集合的时候，应当明确这种全新的数据集合是该第三方的数据资产，原数据集合的权利人在获得合理对价之后，无权向第三方"二次创作"的数据资产权主张权利。

再次，为了促进科学进步、技术发展，可以考虑借鉴著作权法下的"合理使用"的制度设计。当以科研为目的使用数据集合时，数据经营人应以合理价格向科研人员公开其持有的数据集合；科研人员则应当以非营利为目的，合理利用数据集合，并不得恶意向第三方公开。

3. 基于数据的信息社会和数据安全限制

数据财产权设计还要注意信息社会畅通的需求问题以及信息和数据安全的保障问题，必须对此做好设计。

信息社会要求，对应于数据财产权，就是要求赋予企业数据权时，必须继续保证数据的可流通以及可共享的渠道无障碍。信息公开不仅适用于公共数据，也适用于私有可社会化数据。当然，信息跨境问题具有特殊性，存在国家之间的博弈，但最终应该通过改进而促进跨境流通。

数据安全保障要求，实际上限制的是数据经营权，应明确具有数据安全实施能力的企业主体才可以享有数据经营权。根据目前数据安全保护的实践、国际和国内相关法律法规的规定和我国的《安全规范》中明确的标准，用以确保数据安全的手段基本有以下五类：第一是采用先进的技术措施，包括数据去标识化、数据脱敏、存取控制、数据加密、审计日志、安全协议等；第二则是加强数据从业机构内部人员的管理与培训，比如签署保密协议、定期培训考核等；第三是构建个人信息安全影响评估制度并定期开展评估，妥善保管评估报告；第四是从业机构内部要设立专门进行个人信息保护部门和负责人，保障信息保护工作的投资；第五是建立个人信息安全事件应急预案，定期演练，及时报告。从这五类保护手段可以看出，数据安全需要数据经营者的大量人力、物力和财力的投入，不是所有数据经营者都有相当的技术、资本为其收集处理的数据提供符合标准的保护的。

4. 基于大数据应用层面的特殊限制

大数据存在不断迭代的应用问题，如云计算、移动互联网、人工智能、物联网等。数据财产权像树根和树干，大数据的各种应用则像树枝或树叶，其形成一种互动关系，后者指向各种独特的应用要求，形成新的业态和利益类型，引发新的问题，从而导致更加特殊的规制要求。

首先，商业应用层面。以电商平台为例，电商企业对于数据资产的利用模式主要是市场营销，具体如电商企业针对消费者的精准营销，电商企业通过收集、处理、分析大量消费者的消费数据，比如偏好购买产品的类型、购买产品的周期、购买产品的平均消费、消费者的生活环境等，得出消费者的消费偏好和兴趣偏好，从而根据其兴趣和以往产品花费金额准确推荐相关产品、商家，采取有针对性的营销策略，刺激消费者的消费欲望，最终促成消费行为。[①] 实践中，阿里巴巴已经可以通过消费者在支付宝中授

---

① 参见刘鹰《浅析我国电商企业的大数据应用现状》，《商业时代》2014 年第 25 期。

权其获取的定位信息，比如走入了专卖某种商品的店铺，直接判断出消费者近期内想要购买的产品，继而通过淘宝向该消费者精准推送相关产品的销售信息。电商企业对于数据资产的利用模式众多，涉及个人信息的数据体量巨大，所以在电商层面应更侧重于保护数据安全和个人用户的隐私利益。由于电商企业数量众多，且企业之间的安全技术保障能力、资本基础等相差极大。因此笔者认为，考虑到数据安全和用户隐私保护的重要性，应该将数据经营权集中交给有能力、有技术的大型电商企业，但是同样应考虑中小电商企业对于大数据分析技术应用的需求。第一，从国家层面来讲，应当为电商企业数据经营权设置"高门槛"，尽量通过国家规制将数据经营权集中在有技术、能力、资本的大型电商企业或从事电商相关数据分析的企业机构中，由这些企业对数据进行各种技术化处理和保护。第二，要保证中小电商企业能够以合理对价获取大数据技术的使用渠道。第三，要建立电商行业内部监管体制、核查机制和问责机制，同时建立保护数据安全的规范体系，做到在保护数据的同时，保证被交易的数据分析结果是基于公平、诚实信用原则所分析获得的。

其次，工业应用层面。这里可能涉及不同层次的信息化或自动化，也涉及不同方面如智能制造或智能服务。目前以无人驾驶、自动驾驶为例，这类技术有两项重要的前提，第一是要有巨量数据作为基础支撑，第二则是要有处理巨量数据的能力。数据主要来源于两个方面，一是来自车载传感器获取的数据，主要用以判断车在路上的位置、速度、方向，障碍物避让，是否需要停车、减速等方面；二是来源于第三方的数据，比如与滴滴平台合作，获取其行车途中所得的路况信息、天气信息、道路情况、交通信号标志、路标信息等数据，进而利用这些数据来对无人或自动驾驶的汽车将要面对的路况做一个有效的精准预测。[1] 无人驾驶、自动驾驶技术的研发离不开前面提到的数据"量"的支持和"质"的保证。因此，为了推动此类技术进步、行业发展，最重要的就是相关企业进行数据共享，以最全面、最详细的数据为基础，再利用数据分析技术进行操作。在实践中，早

---

[1] 参见和讯网《滴滴大数据：出行公司干起了数据分析，但更看重无人驾驶》，http://bschool.hexun.com/2017-01-16/187751518.html。

在 2013 年，为加快无人驾驶技术的实现，谷歌与 Uber 建立了合作，进行数据共享。因此笔者认为，针对此种类型的工业应用模式，国家层面上可以采取鼓励、扶持的政策来促进相关企业之间进行数据流通、共享，但是不能够强制企业公开其数据；同时应该在行业内部建立有效的数据共享机制，并辅以合理的监管制度，同时对于潜在的数据垄断可能性保持警惕。

最后，工商业复杂基础设施应用层面。我国的工业互联网几乎与发达国家同步起步，为了使国家工业体系智能化升级转型顺利开展，促进实体经济发展，就必须采取发展工业大数据技术、促进工业互联网平台建设、建立工业大数据中心等方式，而这些手段都离不开基本的数据共享与技术创新。因此，在国家层面上，需要由国家确立促进工业互联网建设的政策扶持，我国政府高度重视工业互联网建设事务，已经提出了《关于深化"互联网＋先进制造业"发展工业互联网的指导意见》。在这个指导意见中，国务院提出的七项任务和六项保障支撑方案非常具体详细，可操作性极强。在企业层面上，在肯定数据财产权上的基础上，需要鼓励互联网企业、工业制造业企业和科技创新企业进行大数据矿行业联合，即互联网企业、制造业汇总数据并分析，制造企业据此开展相关生产经营活动，科技企业则为数据分析、数据安全等方面提供保障并不断开发新技术。当然，打造健康完善的"工业淘宝"体系也要兼顾相关中小企业利益，因此更要开展数据合理有偿共享、技术合理有偿共享，建立联合监督机制促进行业自律，从而提升效率、降低成本，增强整个行业在国际上的竞争力。

结　论

企业数据保护是当前涌现的重要而迫切的法律课题，也是现有法律资源窘迫于应对的法律难题。目前，从私法保护角度来说，企业数据保护走向财产权化新机制已经成为一种越来越清晰的趋势。这种方式对于企业具有最佳鼓励和刺激的作用，使其乐于积极投入技术、资金和人力成本，不断开发新数据技术和方法，不断推出和改进数据产品，进而繁荣数据经济，促进社会经济发展。但是，数据财产权化设计应该注意，企业数据保护本身不仅仅承载企业追求经济化的功能，同时还具有数据保护功能的多重聚合性和所涉利益关系的交织特点，因此其设计应与民法上典型的财产权不同，不能简单化，而应该建立一种具有极强协同性的结构系统，体现为一种以私益结构为核心、多层限制为包裹的复杂法律秩序构造。在功能上，既要有利于充分刺激数据制作者的积极性，又要维护数据相关的各种功能和利益关系；在构造上，不是简单赋予权利人一个完全自在自为的利益空间，而是在赋予权利人必要私益的基础上，同时设定诸多条件和活动限制，从而达成数据关联利益的平衡。

我国科技成果第三方评价的困境及制度完善*

谭华霖　吴　昂**

摘　要：科技成果第三方评价是由独立的社会机构依照一定的法律法规、技术规范等对科技成果进行的综合评判。它弥补了过去科技成果鉴定模式的缺陷，是科技评价未来的发展方向。当前，我国科技成果第三方评价处于起步期，面临着地位不高、主体不清晰、程序不规范、方法不科学、责任不明确等诸多困境。应当从保障主体独立、明确主体资质、制定技术标准、规范评价程序、明确法律责任、建立监督体系等多个方面着手，构建和完善科技成果第三方评价制度体系，使其发挥应有价值。

关键词：科技成果第三方评价　独立性　专业性　程序性　机制完善

The Difficulties and System Perfection of Third-Party Evaluation of Scientific and Technological Achievements

Tan Hualin, Wu Ang

Abstract: Third party evaluation of scientific and technological achievements is a comprehensive evaluation of scientific and technological achievements by inde-

---

* 本文原载于《暨南学报》（哲学社会科学版）2018年第9期。基金项目：北京市社会科学基金研究基地项目"转型背景下的北京科技创新中心建设现状、问题与对策研究"（编号16JDFXB002）。

** 谭华霖，法学博士，北京航空航天大学法学院教授（院聘），北京科技创新中心研究基地常务副主任；吴昂，北京航空航天大学法学院博士研究生。

pendent social institutions in accordance with certain laws and regulations, technical norms and so on. It makes up for the defects of the appraisal model of scientific and technological achievements in the past and is development direction of science and technology evaluation in the future. At present, the third-party evaluation of scientific and technological achievements in China is in its infancy, the system construction is not perfect, and it faces many difficulties, such as low status, unclear subject, non-standard procedure, unscientific method, unclear responsibility and so on. The third party evaluation system of scientific and technological achievements should be constructed and perfected from the following aspects: issuing laws and regulations, clarifying subject qualification, formulating technical standards, standardizing evaluation procedures, clarifying legal responsibility, establishing supervision system, etc. The due value of this system should be brought into play.

Keywords: Third-party Evaluation of Scientific and Technological Achievements; Independence; Professional; Procedural; Mechanism Perfection

毋庸置疑，科技创新是当今国家和社会持续发展的根本动力。为了鼓励科学研究、提高科技创新水平，各国都在积极采取措施提升科技创新能力。我们必须认识到，推动科技创新是一项系统工程，需要形成有利于创新的环境和条件，其中就包括良好的制度环境。[①] 科技创新需要科学的制度供给，而科技成果第三方评价就是一项已被多国实践证明行之有效的科技管理制度。我国科技成果第三方评价制度起源于科技成果鉴定制度，它对我国早期促进科技发展确实起到了重要作用，但是由政府部门组织的科技成果鉴定已不能适应时代发展需要。[②] 为了全面深化改革，提升自主创新能力，实现创新驱动发展，中共中央、国务院连续印发了数个重要文件，明

---

① 段瑞春主编《创新与法治——新常态、新视野、新探索》，北京：中国政法大学出版社，2016，第147页。

② 1961年国务院发布了《新产品、新工艺技术鉴定暂行办法》，标志着科技成果鉴定制度的确立。1987年，原国家科委发布了《科学技术成果鉴定办法》（简称《办法》），并于1988年发布了《科学技术成果鉴定办法若干问题的说明》。这一套办法理顺了科技成果鉴定的管理体系，将过去分散的科技成果鉴定组织优化调整，尤其强化了行政机关在成果鉴定中的作用。1994年，原国家科委出台了《科学技术成果鉴定办法》，废止了1987年的《办法》。

确提出要建立第三方科技评价制度。① 在这个背景下，我国科技评价工作发生了重要转变——由政府部门组织的科技成果鉴定成为历史，由社会主体承担的科技成果评价制度走上舞台。

学术界很早就注意到了科技成果第三方评价制度的价值，2004年就有学者建议构建第三方评价制度，以为科技决策和科技资源配置提供依据。② 截至目前，已有许多学者从不同角度对科技成果第三方评价进行了讨论。例如陈兆莹在研究科技评价改革时提及了第三方评价的独立性问题，并认为不应简单地将第三方和独立性画等号；③ 何华武、杨秀君在研究对公共财政支持的科技项目的评估方法时提出，应引入第三方评价机构参与科技成果评估以保证评价过程和结果的独立性；④ 李萌在有关科技评估对科技体制改革促进作用的讨论中肯定了科技成果第三方评价的积极意义；⑤ 杜鹏、李凤在研究中将第三方参与的科技成果评价列为我国科技评价改革的重要方向之一；⑥ 谭永生在研究我国科技社团的建设时认为，参与第三方科技成果评价是科技社团承接政府职能转移的重要内容；⑦ 杨洪涛、左舒文在介绍国外科技评估现状时提出，多元主体参与的科技成果第三方评价是值得我们

---

① 2012年，中共中央、国务院印发了《关于深化科技体制改革加快国家创新体系建设的意见》，提出"要继续深化科技评价和奖励制度改革，建立健全第三方评估机制，发挥科技社团在科技评价中的作用"。2016年，中共中央、国务院印发了《国家创新驱动发展战略纲要》，提出要"完善突出创新导向的评价制度"，"推行第三方评价，探索建立政府、社会组织、公众等多方参与的评价机制，拓展社会化、专业化、国际化评价渠道"。同年，根据《国务院办公厅关于做好行政法规部门规章和文件清理工作有关事项的通知》的精神，科技部决定对1994年的《科学技术成果鉴定办法》予以废止，这意味着未来的科技成果评价活动将完全通过第三方机构进行。
② 谈毅、仝允桓：《中国科技评价体系的特点、模式及发展》，《科学学与科学技术管理》2004年第5期。
③ 陈兆莹：《关于科技评价和科技评价改革的讨论》，《科学通报》2018年第7期。
④ 何华武、杨秀君：《公共财政支持科研创新绩效评估体系研究》，《人民论坛·学术前沿》2017年第24期。
⑤ 李萌：《深化科技体制改革 推进科技评估工作》，《中国行政管理》2016年第12期。
⑥ 杜鹏、李凤：《是自上而下的管理还是科学共同体的自治——对我国科技评价问题的重新审视》，《科学学研究》2016年第5期。
⑦ 谭永生：《推进科技社团承接政府职能转移的对策建议》，《学会》2018年第3期。

借鉴的国际科技评估发展新趋势之一。① 总体而言，目前有关科技成果第三方评价的研究大都附随于对科技管理、科技评价的宏观探讨，通常为简单提及而非深入分析。多数学者在研究中只是将科技成果第三方评价视为第三方科技评价的组成部分，并未单独进行探讨。而较少的专门研究则主要从科技成果第三方评价的某一具体方面展开，未就整体制度建设进行分析。例如边全乐、杨韵龙主要就农业科技成果的第三方评价进行了研究，并提出了具有行业特色的完善建议；② 李振吉等人则就中医药行业科技成果的第三方评价展开了探讨。③ 学术研究的薄弱难以为科技成果第三方评价的制度构建提供理论支撑，基于此，本文试图在揭示科技成果第三方评价所面临的困境基础上提出完善建议，以引起学界关注并填补学术研究的空白。

一 科技成果第三方评价的内涵及特征

在讨论科技成果第三方评价之前，首先应对其有一个明确的界定。作为一个整体概念，"科技成果第三方评价"由"科技成果评价"和"第三方"两部分组成，其中"科技成果评价"是基础，"第三方"则是对它的限定和修饰。《促进科技成果转化法》和《科技评估工作规定（试行）》分别对科技成果和科技评价作出了规定。④ 结合上述两个规定我们认为，科技成果评价是指根据委托方的要求，依照一定的规则、程序和方法，对科技成果的创新水平或实用价值进行专业化综合评估。在科技成果评价中，根据组织者的不同可将其分为第一方评价、第二方评价和第三方评价三种类型：

---

① 杨洪涛、左舒文：《国外科技评估发展新趋势及对上海的启示》，《科技管理研究》2014 年第 22 期。
② 边全乐、杨韵龙：《论新形势下农业科技成果第三方评价制度的构建》，《农学通报》2014 年第 8 期。
③ 李振吉、徐春波、刘建平等：《建立第三方中医药科技成果评价体系的构想》，《世界中医药》2014 年第 6 期。
④ 《促进科技成果转化法》第二条规定，科技成果是指通过科学研究与技术开发所产生的具有实用价值的成果。《科技评估工作规定（试行）》第二条规定，科技评价是指政府管理部门及相关方面委托评估机构或组织专家评估组，运用合理、规范的程序和方法，对科技活动及其相关责任主体所进行的专业化评估与咨询活动。

第一方评价是指由科技项目的承担方组织的自我评价；第二方评价是指承担方的相关方（通常是项目委托方）所做的评价；① 相对的，第三方评价就是指由独立于第一方和第二方之外的社会主体组织实施的科技成果评估活动。综上，科技成果第三方评价是指由独立于科技项目相关方的社会主体，依照预设的原则、程序和标准，运用科学的方法对科技成果的水平或价值进行专业化咨询和评判活动。

相比第一方和第二方评价，科技成果第三方评价改变了评价活动的运转逻辑。在第一方评价中，由科技项目的承担方进行自我评价，被考核对象容易陷入"既是裁判又是运动员"的角色冲突中，使评价缺乏独立性，公信力较低，局限性较为明显。② 在第二方评价中，评价权利由科技项目的委托方或主管部门掌握，这种模式看似能够填补自我评价的漏洞，但依然存在两个明显弊端：第一，现实中科技项目的委托方通常是行政机关，行政因素的介入易使被评价方产生对权力的盲目屈从，不能保证评价结果的客观真实；第二，虽然科技主管部门组建了专门的评估机构开展评价工作，但是这些评估机构存在诸如独立性及自主性不强、评价能力弱、内部制度和组织机构不健全、公信力缺乏等问题。③ 与第一方评价和第二方评价不同，第三方评价既替代了自我评价，也阻断了行政因素对科技活动的不当干预，避免了科研主体、主管部门之间的冲突，使研究人员将时间和精力全部聚焦到科技研究工作上。④ 同时，专业的第三方还能对科技活动做出更加合理、真实的评价，这是科技成果第三方评价制度的基本运作原理。

理论上来讲，科技成果第三方评价具有独立性、专业性和程序性三个特征。独立性是指第三方评价不受当事各方利益或主客观因素影响，以科学为依据进行中立分析，从而得出客观、公正的评价结论。独立性的主要体现是第三方评价机构的独立，这是该制度的运行根基，也是评价结果客

---

① 王传珂、张光军、徐隆波等：《美国国家点火项目第三方评价研究及对中国大科学工程的启示》，《科技管理研究》2016年第18期。
② 钱弘道、王朝霞：《论中国法治评估的转型》，《中国社会科学》2015年第5期。
③ 鲍绍坤：《社会组织及其法制化研究》，《中国法学》2017年第1期。
④〔美〕尼古拉斯·亨利：《公共行政与公共事务》，孙迎春译，北京：中国人民大学出版社，2017，第83页。

观公正的根本保障。第三方机构保持独立性能够使其客观地评估科研成果是否具有创新性和应用前景，使评估质量更有保障。[①] 专业性是指第三方科技成果评价具有较高的技术性和科学性，能够保证评价结果的科学真实。专业性主要体现为第三方评价机构的专业、工作人员的专业以及评价指标和标准设置的专业。专业的评价机构可以保证评价过程的规范，高水平的评价人员可以保证评价结果的权威，科学的指标设置可以保证评价的科学真实，最终提高科技成果评价的正确率。[②] 程序性是指第三方科技成果评价需要依照一定的阶段安排开展，不得随意变更。程序性主要表现为评价过程的合理有序、公开透明和多重监督。上述三个特性是科技成果第三方评价区别于旧有评价模式的关键，也是其价值得以发挥的前提和科技成果第三方评价制度的建设重点。

二 科技成果第三方评价面临的困境

科技成果第三方评价因其具有多重作用，被作为科技管理体制改革、群团组织改革的重点和突破口。但是结合实践来看，第三方科技成果评价并未发挥预期作用，它所面临的诸多困境限制了其应有价值的发挥。

（一）独立性缺失：第三方独立地位缺乏保障

独立性是科技成果第三方评价的首要特性，是其他一切要素的根基，失去独立性的第三方评价将沦为形式。科技评价法律规范是科技成果评价开展的基础和保障，科学合理、健康完善的科技评价规范体系能为科技成果第三方评价的独立性提供最有力的支撑。目前我国科技成果第三方评价法律规范供给严重不足，第三方评价的独立性没有保障。

一方面，虽然《科技进步法》《促进科技成果转化法》都提及了科技评价，但它们都没有对此做出具体规定。既没有赋予科技成果第三方评价明

[①] 高秦伟：《论政府规制中的第三方审核》，《法商研究》2016年第6期。
[②] 邵邦、范明超：《政府科技项目第三方评价的影响因素与发展对策》，《中国科技论坛》2018年第2期。

确的法律地位，也没有规定第三方主体的独立资格，更没有提供相关规则的细化指引。当前作为我国科技评价工作直接依据的是2003年的《科学技术评价办法（试行）》和2016年的《科技评估工作规定（试行）》。上述两个部门规章虽然比较系统地规定了科技评价相关问题，但是它们的内容都十分粗糙，不具有实际操作性。更重要的是，目前已有的全部规范都未明确规定第三方评价主体的独立地位以及科技成果第三方评价的强制实施。第三方科技成果评价活动的展开形式依然是有关主体视需要来临时组织，而非所有科技活动都必经的法定程序。这意味着相关主体接纳并参与第三方评价缺乏相应的规范要求，法律法规的缺失为相关主体消极作为乃至不作为提供了制度空间。① 正因如此，科技成果第三方评价仍被许多人认为是徒劳无用的，第三方评价机构应有地位不被正视，独立性没有保障。

另一方面，规范的模糊和缺失导致第三方科技成果评价活动参与主体的权责不清，这同样会影响第三方评价的独立性。参与主体的权责不明确，尤其是第三方评价机构应有权利的遗漏，会使它的独立资格面临被剥夺的危险，当独立地位受到威胁时，第三方主体没有任何法定的防御和应对手段。而其他参与主体义务规范的缺乏则会使其行为不能受到应有限制，尤其主管部门行为边界的不明确很容易损害第三方主体的独立地位。独立性的缺失就意味着科技成果第三方评价灵魂的丢失，制度的核心价值被剖出。

（二）专业性不强：第三方评价能力有待提升

第三方评价的专业性是科技成果评价质量可靠的直接保证，但目前我国的第三方科技评价面临专业性不强的问题，主要表现在第三方的主体能力和评价方法两个方面。

一方面，第三方评价主体的资质标准不明。这主要是指哪些社会主体能够作为独立第三方承担科技成果评价工作没有明确标准，同时也缺少有关科技评价工作人员及评价专家的资质要求。2009年的《科技成果评价试点暂行办法》第四条规定，科技成果评价机构是指参加科技成果评价试点

---

① 张玲：《第三方法治评估场域及其实践逻辑》，《法律科学（西北政法大学学报）》2016年第5期。

的具有科技成果评价业务能力、能够独立接受科技成果评价委托、有偿提供科技成果评价服务的社会中介服务机构和事业单位。依照该规定进行筛选,有资格成为第三方评价机构的包括科技社团、大学、研究院以及民营企业等。但是在当前制度体系下,上述社会主体究竟需要满足哪些条件,符合什么标准才能承担科技成果评价工作并不清晰,第三方主体的专业能力没有保证。除此之外,评价机构的工作人员以及评价专家的专业素质也都会对科技评价的结果产生直接影响。但是我国目前并没有关于科技评价从业人员的资格认证考试,也没有评价专家筛选的明确规范,这同样有损第三方评价的专业性。不仅如此,资质不明也会影响科技成果第三方评价中的责任划分和承担。科技成果评价作为对科技活动过去阶段的总结和未来发展的肯定,评价结果往往会影响科技成果的转移和应用,很可能会直接与相关主体的经济收益挂钩,因此科技成果评价活动有很大可能会引发法律纠纷。但是在现行规范不完善的情况下,第三方机构以及相关人员能否承担以及如何承担相应的法律责任还是一个有待讨论的问题。

另一方面,目前我国科技成果第三方评价的评价方法也不够科学。须知科技成果评价不单是针对科学成果的综合评审活动,其本身也是一项技术性很强的工作。评价指标的设计和权重赋予是科技成果评价中的核心技术问题,科学合理的指标和权重能够更全面、真实地反映科技活动的水平和质量。目前我国科技成果评价技术理论研究不够深入,也缺少较为全面的评价技术规范,实践中评价指标和标准设置存在许多问题。从制度层面看,评价指标和标准的不科学会导致评价主体的自由裁量权过大,损害第三方评价的专业性、科学性,评价活动的真实性和有效性存疑。

（三）程序性不足:第三方评价程序规则欠缺

类似于诉讼活动,科技成果评价也要遵循一定的程序,方能保证科技评价内部活动与外部干扰相隔绝,使相关意见都能被表达,使评价结果尽可能科学客观,但是"重结果、轻程序"的陈旧观点不仅存在于诉讼活动中,在科技评价中也十分泛滥。例如《科学技术评价办法（试行）》和《科技评估工作规定（试行）》都没有规定科技成果评价程序该如何展开,或虽有规定但并不细致,不具操作价值。诸如评价机构如何选取、委托协议如何签订、如何遴选评价专家或组织评价小组、评价专家是否需要回避、评价审议过程如何进行、对评价结果有异议时是否有相应的申诉反馈程序等重要问题都没有明确具体的规范依据。法律约束的缺位会使整个评价过程随意展开，评价程序如何建构完全掌握在评价主体手中，外界因素也会借此侵入评价过程，销蚀评价程序的公正公开，使评价结果的真实有效性和可信度降低。

另外，科技成果评价程序不仅包括评估程序，还包括监督程序。这里所说的监督既包括对第三方评价机构的监督，也包括对其他参与主体的监督。对科技成果第三方评价活动的监督还可分为内部监督和外部监督。内部监督是科技成果评价活动主体内部之间的相互监督，外部监督则是来自社会公众的监督。内部监督程序不仅是保障评价结果科学客观的方式，也是维护参与主体之间力量平衡的手段；外部监督则是实现公众参与的重要渠道。目前，第三方科技评价的内部和外部监督程序规定均较为简陋，可操作性不强，这不仅会使评估过程没有保障，也会使评价缺乏公信力，有损评价结果的权威公正。

三 科技成果第三方评价的制度完善建议

科技成果第三方评价面临的困境限制了其价值的实现。针对上述困境，围绕着加强科技成果第三方评价的独立性、专业性和程序性，我们从制度建设的角度提出以下几点完善建议。

（一）保障第三方主体独立地位

1. 强化科技成果评价立法

前文已述，我国尚未建成完善的科技评价法律体系，科技成果第三方评价没有法律保障，地位不高，尚不能成为刚性要求。健康的科技成果评价活动离不开法律保障，法律制度的完善程度直接影响评价实效。纵观科技评价较为发达的国家的实践，无一不是出台了系统、细致的法律法规，从制度上确立了科技评价的地位和重要性，为科技评价活动提供了强有力的支撑和保护。例如，美国的《政府绩效和结果法案》（GPRA）规定其评估对象适用于所有科技计划、科技部门和科技项目，它是美国科技评价法制化的里程碑。① 日本的《科学技术基本法》确立了科技评价的地位，指出了科技评价的意义，明确了政府责任，并出台了《国家研究开发评估指南》具体指导科技评价工作，同时各省厅也都出台了自己的评估指南以满足不同评价内容的需要。② 韩国通过《科学技术创新特别法》《国家研究开发事业成果评价及成果管理法》《国家研究开发事业成果评价标准》等建立起了一套以结果为中心的科技评价法律体系，使科技评价具有强制约束力。③ 由此可知，用法律的形式明确科技评价的地位，确认科技评价的效力，可以为科技评价的开展确定法律前提和依据，凸显第三方科技评价的独立性，强化评价结果的严肃性和权威性。

就我国来说，现阶段需要加快科技成果第三方评价的法律建设进程，尽快制定有强制力的科技成果第三方评价法律法规。应从法律层面明确规定科技成果第三方评价的角色，强调第三方机构的独立地位，并对评价结果的使用提出要求。④ 通过法律将科技成果第三方评价强制纳入科技成果转化和应用之中，由此提高和巩固其法律地位，同时迅速建立并打开科技评价市场。目前较为可行的路径是先整合已出台的散乱规范，然后由国务院出台"科技成果第三方评价条例"，为目前无法可依的科技成果第三方评价提供直接依据。同时以此为契机带动其他科技活动第三方评价的工作推进，待积累充分的实践经验后再探索制定更为系统的"科技评价法"，使第三方科技评价活动上升到法律位阶。最后，在《科技进步法》《促进科技成果转化法》等法律的后续修订中，应补充有关第三方科技评价作用与地位的相关内容，并注意理顺与其他法律之间的协调关系，最终建立起第三方科技评价法律体系，为第三方科技评价创造良好的制度环境。

2. 明确评价参与主体权责

首先应通过立法规定第三方科技成果评价活动中各方主体的基本权利

---

① 申丹娜：《美国科技评估的国家决策及实践研究》，《自然辩证法研究》2017年第4期。
② 崔紫晨：《日本科技评估政策发展及启示》，《科技导报》2016年第4期。
③ 吴春玉、郑彦宁：《以结果为中心的韩国R&D评价制度的建立及启示》，《科技管理研究》2011年第16期。
④ 邵邦、范明超：《政府科技项目第三方评价的影响因素与发展对策》，《中国科技论坛》2018年第2期。

和义务，尤其是第三方机构开展工作所需的基本权利。例如，应当赋予第三方机构调取评价所需科研数据的权利，自主设计评价程序设置评价指标的权利，在受到非法干预时有向相关机关申诉的权利等。相应的，法律应规定受评价方有配合接受的义务，主管部门有对科技评价监督检查的权利及严格控制权利行使的义务，其他主体亦有配合和及时整改的义务。此外，虽然《科学技术评价办法（试行）》和《科技评估工作规定（试行）》已经规定了一些参与评价主体的行政责任和刑事责任，但我们认为还应规定科技主管部门影响评价活动应承担的法律责任，以减少和避免不当干预。

除规定更细致的行政责任和刑事责任外，在科技成果评价引起经济纠纷时如何划分责任也是一个需要注意的问题。科技成果第三方评价的制度目的是鼓励科技创新，促进科技成果转化。但是，科技创新不可避免地带有不确定性，因此科技成果转化过程中所要面对的一个重要问题就是如何分担这种未来的不确定性。[①] 在 2001 年重庆市一中院审理的一起行政诉讼中，虽然争议技术通过了重庆市科学技术委员会组织的科技成果鉴定，但是原告在投入实际应用后发现并未产生应有效益。后在相关部门组织的查证中发现所谓的核心技术并不存在，给原告造成了巨额经济损失。该案件中重庆市科学技术委员会（现重庆市科学技术市）作为科技成果鉴定的组织部门是否应承担责任是争议焦点。经过审理后法院驳回了原告诉讼请求，理由是原告的经济损失和科技成果鉴定之间并不存在直接因果关系，成果鉴定仅针对项目承担者的技术成果，并不关注项目承担者对外转让的技术，同时科技研究本身是创新活动，即使有了正确的鉴定，也不能保证技术的实际运用一定成功。因此，尽管重庆市科委在成果鉴定过程中存在工作失误，但不应为成果转化后的经济损失承担责任。虽然科技成果鉴定制度已废除，但该案仍有借鉴意义。科技成果第三方评价作为一项关注未来的综合评估活动，它的重点在于评判科技成果的创新程序和实用价值等关键因素，它更关注开创性科技研究，而非实际经济效益，因此要求科技评价主体为不属于其工作范畴的经济活动承担责任是不妥当的。我们认为，只要

---

① 朱一飞：《高校科技成果转化法律制度的检视与重构》，《法学》2016 年第 4 期。

能够保证评价过程的客观公正，评价过程中各方主体严格遵循评价程序和评价标准，就不应再要求相关主体尤其是第三方机构承担更多责任。当然，倘若有证据证明科技成果评价中第三方主体及其工作人员存在故意或重大过失，则应依据规定要求其承担行政责任或刑事责任，若因此造成经济损失，相关主体亦应承担相应责任。

（二）提升第三方主体评价能力

1. 厘清第三方主体资质标准

欲构建科技成果第三方评价制度，必须首先明确哪些社会主体可以承担科技成果评价工作。明确的资质标准能够确保第三方机构的专业性，同时为相关主体投身科技评价市场提供明确预期，这也是充分激活科技成果第三方评价市场的前提。

从国外实践来看，科技评价开展较成功的国家大都形成了多元化的第三方评价主体，主要包括社会中介机构、研究机构和大学等。结合我国实际并联系相关规定，有资格成为第三方评价机构的大致包括企业、科技社团、大学、科研院所等社会主体。但是当前资质标准的缺乏不利于调动社会主体的积极性，且容易导致评价机构鱼龙混杂，评价质量不能保证。因此，应在法律法规中明确规定第三方评价机构的主体资格。我们认为，欲参与科技成果评价工作，第三方主体必须满足以下几个基本条件：（1）具备独立的法人资格；（2）有完善的组织机构，固定的办公场所和资产；（3）有专业的工作人员以及待评价领域较权威的专家库；（4）具有开展科技评估活动的经验；（5）有健全的内部管理制度。

结合上述标准，目前较适合承担科技成果评价工作的是科技社团（学会、协会、研究会）。在第三方科技评价体制尚未建立的情况下，鼓励科技社团承担科技成果第三方评价任务既是现实所需，也存在客观可能。首先，这有明确的国家政策支持和引导。2015年的《中共中央办公厅、国务院办公厅关于印发〈中国科协所属学会有序承接政府转移职能扩大试点工作实施方案〉的通知》提出，将国家科研、创新基地与科技计划实施情况的整体评估、科研项目完成情况的科技评估工作等，转移给中国科协所属学会承接。其次，这有助于推动科技社团改革和治理体系创新，通过改革去行政化、功利化，回归学术本位。① 复次，相比政府部门组织的成果鉴定，作为社会组织的科技社团在提供公共服务时能够更适应多样化的社会需求，既可以提高服务效率和质量，又能降低公共服务的成本。② 最后，科技社团在本专业领域有被广泛认可的学术权威，能够调集本领域最优秀的人才，具有天然的人才资源优势。因此，鼓励科技社团积极承担第三方评价工作，并借此契机推动其自身管理和运行机制改革，在相关法律法规的支持下逐步实现自主独立，带动其他社会主体投身科技评价市场，是推动第三方科技评价的可行路径。此外，还应出台关于科技评价人员的资质标准，推广全国统一的科技评估师考试，实现评估人员和机构的标准化、规范化及统一管理，实现科技评价的职业化，并参照《评标专家和评标专家库管理暂行办法》制定有关科技评价专家的管理办法，为评价机构选择评价专家、建设专家库提供法律依据。

2. 出台指导性科技评价规范

首先必须清醒地认识到，内容多样的科技成果评价中不可能存在统一的评价标准。虽然科技成果鉴定制度存在诸多问题，但是也不能忽视其的确能反映某些成果的科技价值，如论文、专利、著作等。对此，正确的做法应当是吸取其中的优势，但不能唯此是道，否则就重回了旧的鉴定模式。目前最可行的办法应当是出台与法律法规相配套的技术规范，总结出一般性的评价指标以及常规性的评价方法，以作为对第三方评价的指导和参考。同时在此基础之上鼓励评价主体根据具体评价对象选取妥当的评价指标，分配合理的指标权重，采用有针对性的评价方法。除此之外，鼓励和加强科技评价基础理论的研究也是提高科技成果评价能力的要点之一。

（三）完善第三方评价程序规则

1. 细化评估程序

没有客观公正的评价程序就不会有客观公正的评价结果，评价主体和评价方法能解决谁来评和怎样评的问题，而要实现评价结果的客观公正，

---

① 杨拓：《学会参与第三方评估的逻辑起点与路径思考》，《科技导报》2016年第10期。
② 黄晓春、周黎安：《政府治理机制转型与社会组织发展》，《中国社会科学》2017年第11期。

还需要科学正当的程序设计。① 根据《科技评估工作规定（试行）》的规定，科技评价活动包括以下基本程序：制定评估工作方案、采集和处理评估信息、综合分析评估、形成评估报告、提交或发布评估报告、评估结果运用和反馈。然而《科技评估工作规定（试行）》没有进一步对各个过程做出细化规定，《科学技术评价办法（试行）》虽然做出了更多规定，但依然比较粗糙。在科技成果第三方评价中最核心的阶段有三个：选择评价机构程序、综合评估程序以及回馈申诉程序。我们建议，在进一步的立法中应着重对上述三个程序进行完善，用规范的程序引导出尽可能科学客观的评价结果。

首先，应建立第三方机构参与的招投标机制，明确规定科技成果评价必须通过招投标筛选评价机构。这样不仅可以从源头减少暗箱操作的可能，也有利于开拓、引导和培育第三方评价市场。其次，综合评价程序的关键在于评价专家的遴选，应在《科学技术评价办法（试行）》所规定的随机、回避、更换原则的基础上，细致规定专家遴选程序，建立专家遴选制度、信用制度、回避制度和定期更换制度，使实际操作有法可依。最后，科技成果评价不能一评了之，应对评价后的效果进行跟踪，防止科技评价活动重形式、走过场。同时为了保证评价结果的公正，还应建立评价活动的参与主体向主管部门进行申诉和反馈的通道。

2. 理顺监督程序

上文已述，科技成果第三方评价的监督程序包括内部监督和外部监督。来自科技成果评价活动内部主体的内部监督和来自社会公众的外部监督，共同组成了立体的科技成果第三方评价监督体系。

内部监督并不只是主管部门对第三方机构的监督，它还包括委托方、受委托方和受评价方之间的相互监督。《科学技术评价办法（试行）》第五十三条规定，委托方可以根据需要建立科学技术评价监督委员会。监督委员会主要负责监督科学技术评价活动，受理并处理对评价过程中发生的重大问题的申诉和举报。这实质上是委托方对受委托方的监督，除此之外还应构建受委托方和受评价方对委托方的监督。因此，科学技术评价监督委员会应由所有参与科技评价的主体共同组成，对各方主体进行共同监督，

---

① 陈德敏：《科技评价的客观公正与路径选择》，《中国高校科技》2013 年第 10 期。

同时接受各方的反馈举报意见。

就外部监督而言,目前对科技成果第三方评价活动的外部监督机制尚未建立,尤其是对于国家财政支持的科研项目,社会公众并无监督参与渠道。首先,科技成果第三方评价不能仅停留在科技成果的实用性层面,还应关注科技成果可能会带来的明显或潜在的社会、经济、政治、环境等方面的影响,应当吸纳可能受到影响的社会主体参与其中并发表意见。其次,程序公开长期以来被视为程序公正的基本标准和要求,① 外部监督机制构建的关键在于建立信息公开与披露机制。应建立一个公开、透明的科技评价信息披露平台,通过立法明确规定科技成果评价信息需及时公开。根据需要,在保证委托方利益不被侵权、不泄露国家秘密和保障国家安全的前提下,委托方应将评价制度、评价流程、评价指标、评价主体、评价结果等向社会全面公布,评价方也要在维护知识产权不被侵犯的前提下及时公布研究进展和成果。复次,要注意不能由评价专家封闭地影响决策,而是应公开决策过程,对评价专家的意见进行同行评审,建立面向社会的公告评议制度,促成开放透明的信息沟通。② 最后,由于指标权重对评价结果影响较大,评价指标体系包括评价目的、指标选取、权重设定、评价方法等也应当公开,允许社会公众监督并提出质疑。③

科技成果第三方评价无疑是一项重要的科技管理制度,在当前我国创新驱动发展战略实施的大背景下,首先应当紧紧抓住增强第三方评价的独立性、专业性和程序性这条主线,以制度建设为契机,以科技成果评价为突破口,带动起整个第三方科技评价体系的建立与完善。其次,我国科技成果第三方评价的理论研究和制度建设还应具有国际化视野,增强与先进国家的交流,吸取经验、学习方法,同时吸纳所属领域内国际领先的专家学者参与评价。最后应当注意,在实践中要警惕"唯评价论",科技成果第三方评价并不是万能的制度,科技成果评价应当与其他科技管理制度一起,共同组成科技活动保障体系。

---

① 肖建国:《程序公正的理念及实现》,《法学研究》1999 年第 3 期。
② 张青波:《自我规制的规制:应对科技风险的法理与法制》,《华东政法大学学报》2018 年第 1 期。
③ 俞立平等:《科技评价权重的本质研究》,《情报杂志》2018 年第 2 期。

民法典编纂中产品责任制度的完善*

周友军**

摘 要：在我国民法典侵权责任编立法中，应当设专章集中规定产品责任制度，并对现有的产品责任制度予以完善。尤其是要将《产品质量法》中规定的部分产品责任制度纳入民法典之中，以实现法典中心主义。另外，该制度具体的完善建议主要包括：完善"产品"的概念并明确其范围、完善"产品缺陷"的概念和认定标准、明确产品责任的主体原则上限于生产者、完善产品责任的免责事由、明确违反产品跟踪观察义务的责任是过错责任、考虑合同法与侵权法的协调以完善相关规则。

关键词：产品责任 产品缺陷 产品跟踪观察义务

Improvement of Product Liability System in the Compilation of Civil Code

Zhou Youjun

Abstract: In the enactment of Tort Liability Part of Civil Code in our country, we should set up a special chapter focusing on the system of product liability and improve the existing system of product liability. In particular, it is necessary to incorporate parts of the product liability rules stipulated in the *Product Quality Law* into the Civil Code in order to realize the Codex-centrism. In addition, the specific suggestions for improvement of the system include: perfecting the concept of

---

* 本文原载《法学评论》2018年第2期。
** 周友军，北京航空航天大学法学院教授、副院长。

"product" and clarifying its scope, perfecting the concept of "product defect" and the standards of its identification, clarifying that the subject of product liability is in principle limited to the producer, improving the exemptions of product liability, clarifying that violating tracking and observing obligations of products is a liability for negligence, considering the coordination between the Contract Law and the Tort Law to improve the relevant rules.

Keywords：Product Liability；Product Defects；Tracking and Observing Obligations of Products

引　言

产品责任是指因产品缺陷导致他人损害而应承担的危险责任（或称严格责任）。产品责任是20世纪的新制度，可以理解为工业化在责任法上的后果。① 我国自1986年《民法通则》开始，就积极规范产品责任问题（第122条），后来，历经1993年《产品质量法》和2009年《侵权责任法》（第五章）的制度构建，逐渐形成了较为完备、较为先进的产品责任制度。

不过，在我国民法典编纂的背景下，也需要思考是否在民法典的侵权责任编中规定产品责任制度。在比较法上，有些国家（如法国、荷兰）在民法典中规定产品责任，也有些国家（如德国、瑞士、日本）在民法典之外，通过特别法的方式予以规范。笔者认为，在民法典之外通过特别法规范产品责任，在很大程度上是因为产品责任制度产生于民法典编纂结束之后。在我国，民法典编纂之时，产品责任已经成为重要侵权责任制度，将其置于特别法之中既没有必要、也违背法典中心主义的要求。另外，我国《侵权责任法》中已有产品责任制度，从法的稳定性角度考虑，也应当将其纳入到民法典之中，继续设专章予以规定。

如果要将产品责任制度纳入民法典之中，则需要考虑如何借此机会完善产品责任制度。从目前《侵权责任法》的规定来看，其主要存在如下

---

① Deutsch/Ahrens, Deliktsrecht, 5 Aufl., Köln 2009, S. 119.

问题。

第一,现行《侵权责任法》就产品责任的规定不完整、不全面,背离了法典中心主义的目标。虽然今天我们所倡导的法典中心主义,不可能强调"以法典作为唯一法律渊源",但至少也应当强调"要构建以民法典为中心的民事立法体系"。① 目前,我国《侵权责任法》对产品责任中的一些问题没有规定(如产品的定义、产品缺陷的定义、产品责任的抗辩事由、诉讼时效与除斥期间),这些问题要适用《产品质量法》的规定。这与法典中心主义的要求是不一致的。

第二,现行《侵权责任法》中的若干规则需要进一步完善,以满足实践的需要。例如,产品责任的主体界定(《侵权责任法》第41~43条)是否符合产品责任的法理,需要检讨;再如,"产品"的概念如何界定,其范围如何,都需要进一步完善,以适应司法实践的发展。

第三,现行《侵权责任法》就产品责任的规则设计没有反映国际上最新的立法趋势和理论成果。例如,就基因产品而言,借鉴国际上的经验,其责任人应当不能主张发展风险抗辩;再如,关于违反产品跟踪观察义务的责任制度(《侵权责任法》第46条),也有借鉴比较法上的经验予以完善的空间。

正如德国学者基尔克所言,"当法学在法生活的重大决策时刻保持缄默时,其似乎已自暴自弃"。② 在我国民法典编纂的重要历史时刻,本文拟就我国产品责任制度修订入典时需要解决的问题提出建议。

一 产品的概念界定及其范围

"产品"概念及其外延的界定是产品责任制度的起点,也是明确产品责任的适用范围的需要。在比较法上,很多国家都通过立法对"产品"做出界定。例如,《德国产品责任法》第2条规定,"产品是指一切动产,包括

---

① 参见王利明《论法典中心主义与我国民事立法的体系化》,《云南大学学报》(法学版)2009年第2期。
② 〔德〕基尔克:《私法的社会任务》,刘志阳、张小丹译,北京:中国法制出版社,2017,第25页。

构成另一动产或不动产的一部分的物"。我国《侵权责任法》没有对产品的概念和范围做出规定，仅由《产品质量法》第 2 条对此做出了初步规定。在我国民法典编纂之时，应当对"产品"的概念和范围做出界定，以明确产品责任制度的适用范围，避免实践中不必要的争议。

在比较法上，仅有少数立法例（如我国台湾地区）将不动产纳入产品责任的保护范围，① 大多数国家和地区都将产品限定为动产。我国《产品质量法》第 2 条第 3 款明确了产品责任不适用于"建设工程"，这与大多数国家的立场是一致的。

根据《产品质量法》第 2 条第 2 款的规定，产品是指"经过加工、制作，用于销售的产品"，这一概念有同语反复之嫌。考虑到产品责任不适用于不动产的立法宗旨，本条规定可以改造如下："产品，是指为了进入市场而加工的动产。动产即使存在于另一动产或不动产之中，仍然属于产品。"这一表述与《产品质量法》存在四个主要的差异。一是没有再强调"用于销售"，代之以"为了进入市场"。这是考虑到在现代社会，产品投入流通的方式多样，并非都以"销售"的方式进行，也可以是租赁、质押、典当等方式。因此，借鉴美国1979年《统一产品责任示范法》第 102 条 c 款的经验，采纳"为了进入市场"的表达代替过去的"用于销售"。二是以"加工"代替"加工、制作"。在理论上，产品都应当是经过"加工"的动产。《产品质量法》第 2 条第 2 款采取"加工、制作"的表达有重复之嫌，也给法律的解释带来了困难。三是明确将不动产排除在产品责任的适用范围之外，但是没有采纳《产品质量法》使用的"建设工程"这一不太精准的表达。四是明确了即使产品已经成为另一动产或不动产的组成部分（如成为房屋组成部分的电梯），也不应当影响产品责任的承担。这与《产品质量法》第 2 条第 3 款的立法精神保持了一致，同时，也借鉴了比较法上的经验（如《欧共体产品责任指令》第 2 条）。另外，在界定产品的范围时，还应当明确如下问题。

其一，产品应当包括零部件和原材料。《欧共体产品责任指令》第 3 条规定，"'生产者'指成品的制造者、原材料的制造者或者零部件的制造

---

① 参见我国台湾地区《消费者保护法施行细则》第 4 条。

者"。笔者赞成这一做法,理由主要在于:这有助于加强对受害人的保护,特别是有助于避免因无法区分真正造成损害的商品部分而使受害人求偿无门的现象发生。① 而且,这也有利于强化产品的各个生产环节中生产者的责任,预防损害的发生。

其二,初级农产品原则上不属于产品,但经过加工的除外。初级农产品,是指种植业、畜牧业、渔业产品,不包括经过加工的这类产品。② 在很多国家,初级农产品原则上都并非产品,除非其经过了初步加工。例如,德国(参见《德国产品责任法》第2条)、瑞士(参见《瑞士联邦产品责任法》第3条第2款)和日本,③ 都采用此立场。因为人类对自然生产物的生长并不会造成很大影响,不应由生产者对其未介入的生产过程的结果负责,否则将会出现大量非由自己行为导致的损害却需由当事人承担责任的现象。④ 当然,也有学者认为,为了提高和保证农产品的质量和安全,提升我国农产品的国际竞争力,应当将初级农产品纳入产品的范畴。⑤ 对此,笔者认为可以通过宽松地解释"农产品的初步加工"来实现。

其三,电力属于产品的范畴。关于电力是否属于产品的范畴,在比较法层面,各个国家存在不同的做法。有些国家(如日本)不予认可,⑥ 但也有不少国家认为其属于产品,如德国、⑦ 英国、⑧ 奥地利⑨等。笔者认为,在物权法层面来看,电力是人类可以支配的自然力,可以视为物。而且它具有经过加工并被投入流通的特点,解释为"产品"也不为过。不过,电

---

① 参见詹森林《民事法理与判决研究》(第四册),北京:中国政法大学出版社,2009,第83页。
② 参见1985年《欧共同体产品责任指令》第2条。
③ 参见〔日〕吉村良一《日本侵权行为法》,张挺译,北京:中国人民大学出版社,2013,第206页。
④ 参见〔瑞士〕雷伊《瑞士侵权责任法》,贺栩栩译,北京:中国政法大学出版社,2015,第325页。
⑤ 周新军《产品责任立法中的利益衡平》,广州:中山大学出版社,2007,第322页。
⑥ 参见〔日〕吉村良一《日本侵权行为法》,第206页。
⑦ 参见《德国产品责任法》第2条。
⑧ 参见胡雪梅《英国侵权法》,北京:中国政法大学出版社,2008,第195页。
⑨ 参见〔德〕冯·巴尔《欧洲比较侵权行为法》(下卷),焦美华译,北京:法律出版社,2001,第504~505页。

力产品本身的缺陷使其在被认定时具有特殊性。其缺陷主要表现为电流或电压的不稳定,[①] 如果电源中断或供电者拒绝供电,则并无产品存在,也不存在产品责任的问题。[②]

其四,无形的智力成果的载体以及与有体物相结合的无形的智力成果,属于产品。无形的智力成果往往有一定的载体,如书籍、计算机软件等,其载体属于动产,应当属于产品的范畴。但是,无形的智力成果本身是否是产品,值得探讨。例如,司法考试辅导用书存在内容错误,是否适用产品责任?笔者认为,无形的智力成果原则上并非有体物,其无法纳入产品的范畴。例如,就书刊中的资讯和见解,不论其是否正确,都不属于产品的内容,也不适用产品责任。[③] 而且,无形的智力成果排除在产品之外,还有助于实现言论自由的保护。[④]

但是,如果无形的智力成果与物相结合,而形成一个有体物,这个有体物可以认定为产品。例如计算机软件存在缺陷的情形,虽然软件本身属于知识内容并不是有体物,也即不是产品,但是如果该软件被装入电脑等机器,而该软件存在缺陷的话,这种缺陷就被视为产品本身的缺陷,产品成为该法的适用对象。[⑤]

其五,血液可以作为产品来对待。《侵权责任法》第59条就"输入不合格的血液造成患者损害"的产品责任做出了规定。这一规定大概是借鉴法国法的经验,[⑥] 虽然本条没有规定在"产品责任"一章,但就其内容来看,应当属于产品责任。问题是,血液是否属于产品?对此,在比较法上,多数国家都采取区分血液和血液制品的做法,即一般不认为血液属于产品,而对于血液制品,因为其经过了加工,所以属于产品。《美国侵权法重述·

---

① 参见〔瑞士〕雷伊《瑞士侵权责任法》,第324页。
② 王泽鉴:《侵权行为法》(第二册),2006年自版,第318~319页。
③ 同上。
④ Walter v. Bauer, 109 Misc. 2d189, 191, 439N. Y. S. 2d821. 转引自冉克平《产品责任理论与判例研究》,北京:北京大学出版社,2014,第61页。
⑤ 〔日〕吉村良一:《日本侵权行为法》,第206页。
⑥ 在法国法上,医院将已受艾滋病毒感染的血液输给患者、患者因服用缺陷药物致受损害、因装置缺陷的医疗支架器材致受损害等,都采取医疗意外事故的无过失责任。参见曾品杰《我国医疗民事责任之实务发展》,《中正大学法学集刊》第29期。

产品责任》(第三版)明确将血液排除在产品范围之外。① 我国也有不少学者认为,血液不属于产品,因为对血液进行分装、储存、保管、运输以及加入抗凝剂等,这些做法不属于"加工"范畴。②《侵权责任法》第59条对"血液"有所规定,按照立法者的解释,其就是要将血液视为产品,以强化对输血者的保护。③ 如果在法政策上仍然倾向于强化对输血者的保护,也可以通过法律拟制的方式,将血液"视为"产品。

二 产品缺陷

产品缺陷意味着从社会的角度来看,产品具有不合理的欠缺安全性的状态,④ 它是产品责任的核心。我国《侵权责任法》没有界定"缺陷"的概念,《产品质量法》第46条既强调产品缺陷是指其"存在危及人身、他人财产安全的不合理的危险";同时又规定,在指出"产品有保障人体健康和人身、财产安全的国家标准、行业标准"时,产品缺陷则是指不符合这些标准。

从比较法上来看,对于缺陷的概念界定主要有两种不同的表述方式:一是"消费者合理期待"模式。欧盟国家都采用这一模式。例如,依据《法国民法典》第1386-4条第1款的规定,产品"不能提供人们可以合理期待之安全时",就认定其存在缺陷;《德国产品责任法》第3条也有类似规定。二是"不合理的危险"模式。美国法一般使用"缺陷状态的产品"这一术语,并强调缺陷状态的产品对使用者、消费者的人身及财产具有不合理的危险。⑤

我国《产品质量法》第46条借鉴了美国法的经验,明确了产品缺陷是指产品存在危及人身、他人财产安全的不合理的危险;同时,又规定了缺

---

① 《美国侵权法重述·产品责任》(第三版)第19条规定,"人类血液及人类组织器官,即使是商业性提供的,也不受本重述规则的支配"。
② 参见王竹《论医疗产品责任规则及其准用》,《法商研究》2013年第3期。
③ 全国人大常委会法制工作委员会民法室编《〈中华人民共和国侵权责任法〉条文说明、立法理由及相关规定》,北京:北京大学出版社,2010,第241页。
④ 〔日〕吉村良一:《日本侵权行为法》,第207页。
⑤ 参见张新宝《侵权责任法》,北京:中国人民大学出版社,2006,第288页。

陷是指不符合国家标准和行业标准。对于是否需要引入"国家标准和行业标准",学界存在争议。多数学者认为,不需要引入国家标准和行业标准。①笔者赞成多数学者的观点。在我国民法典侵权责任编起草时,应当确立产品缺陷认定的单一认定标准,如产品存在"不合理的危险"或者产品"不能提供人们可以合理期待的安全"。国家标准和行业标准不应作为产品缺陷的直接依据,因为标准的制定和修改是一个相对滞后的过程,而且该标准一般是对产品较低的要求。另外,就国家标准和行业标准的制定,生产者有发言权,而消费者没有发言权。②所以,国家标准和行业标准应当作为认定产品缺陷的最低标准,即违反该标准可认定为产品缺陷,但符合该标准的产品未必不具有缺陷。实践中,法院往往也认为,产品即使符合了国家标准和行业标准,也可以认定其存在缺陷。③

比较而言,在确定产品缺陷的认定标准时,笔者更倾向于采纳"消费者合理期待"模式,以进一步明确产品缺陷的认定依据,具体可以表述为"产品缺陷,是指不具有人们可以合理期待的安全性"。这里所说的社会公众对安全性的合理期待的判断,以社会平均的产品使用人的预期为准;具体和个别产品使用人具有的高于或低于产品平均使用人对该产品的判断不在考虑之限。④ 同时,为了对司法实践提供必要的指引,可以在给产品缺陷下定义时,借鉴我国学界通说和比较法经验,明确产品缺陷的三种类型,即设计缺陷、制造缺陷和警示缺陷。

另外,在民法典侵权责任编之中,为了提升产品缺陷认定的可操作性,可以借鉴比较法上的经验,⑤ 明确规定在判断产品是否存在缺陷时,应当考

---

① "否定说"参见张新宝《侵权责任法》,第289页。"肯定说"参见石慧荣《产品缺陷研究》,《法学杂志》1996年第4期。
② 奚晓明主编《〈中华人民共和国侵权责任法〉条文理解与适用》,北京:人民法院出版社,2010,第302页。
③ 参见"王某、黎某诉昆明金星啤酒有限公司产品责任纠纷案",云南省昆明市中级人民法院(2008)昆民三终字第195号判决。
④ 〔瑞士〕雷伊:《瑞士侵权责任法》,第325页。
⑤ 参见《瑞士联邦产品责任法》第4条第1款、《日本制造物责任法》第2条第2款、《欧洲示范民法典草案》(DCFR)第6-3:204条、《奥地利损害赔偿法学者建议稿草案》第1334条第1款。

051

虑一些主要因素，包括产品的说明、能够合理期待的使用、产品投入流通的时间。[1] 当然，这里所列举的只是主要考量因素，其他事实情况也有可能成为考虑因素，例如产品本身的性质、技术法规与安全标准、产品价格。[2]

三 产品责任的主体

在比较法上，关于产品责任主体的立法模式有两种：一是欧盟模式；二是美国模式。

(一) 欧盟模式

考虑到德国是欧盟模式的典型，下面以其为例予以介绍。在德国法上，产品责任的主体是生产者，原则上不包括销售者。在例外情况下，销售者也被视为生产者，承担产品责任。这是借助法律拟制技术，适当扩大生产者的概念，以满足救济受害人的需要。就特定的缺陷产品来说，其可能存在数个生产者（包括拟制的生产者），按照《德国产品责任法》第5条的规定，所有的生产者要承担连带责任。

1. 生产者

《德国产品责任法》第1条规定，产品责任的主体是生产者。生产者当然包括最终产品的生产者。另外，根据该法第4条第1款的规定，原材料和零部件的生产者（即供应商）也包括在内。[3] 这就是说，生产分工不应当在诉讼中对最终购买人造成不利，生产过程的所有独立参与者都应当成为责任主体。而且，受害人应当有机会向生产链条中最具有赔偿能力的人行使请求权。[4] 不过，根据该法第1条第3款的规定，在如下两种情形中，原材料和零部件的生产者可以免责：一是原材料和零部件的缺陷是最终产品的设

---

[1] 参见《德国产品责任法》第3条、《奥地利损害赔偿法学者建议稿草案》第1334条第1款、《欧洲示范民法典草案》（DCFR）第6-3：204条、日本《制造物责任法》第2条第2款。
[2] 〔瑞士〕雷伊：《瑞士侵权责任法》，第327页。
[3] Kötz/Wagner, Deliktsrecht, 9. Aufl., Neuwied/Kriftel 2001, S. 181.
[4] 参见〔德〕福克斯《侵权行为法》，齐晓琨译，北京：法律出版社，2006，第307页。

计造成的;二是原材料和零部件的缺陷是最终产品生产者的指示造成的。

2. 拟制的生产者

根据《德国产品责任法》第 4 条的规定,拟制的生产者包括如下三类。一是进口商。对于进口商的概念,德国法采扩大解释,该法第 4 条第 2 款规定:"以出卖、出租、租卖或其他具有经济目的的营利方式为目的,在其营业活动范围内,将产品输入或带入建立欧洲经济共同体合同的适用范围者,也视为产品的生产者。"进口商是指产品在国内经营链上的第一位企业。① 之所以要求进口商承担责任,是因为产品从国外输入,常常因转卖、运销等致使难以追查其生产者,即使能够查明其生产者,受害人要向外国厂商请求赔偿也比较困难。二是表见的生产者。它也称为准生产者,是指在他人的产品上标注姓名(或名称)、商标或其他标识的人。之所以要求表见的生产者承担责任,是因为在他人产品上标注自己标识的事实使人们产生了其就是生产者的印象。② 三是出售无生产者标识产品的销售商。如果销售商在接到受害人请求之日起经过一个月,不能指明生产者或上一级供货商,其就应被视为产品的生产者。③ 该规定的目的主要在于:一是帮助消费者找出匿名生产者;二是鼓励销售商和供货商保存能够证明前供货商身份的资料;三是间接制止"无名产品"售卖的不道德行为。该规定也适用于虽表明了生产者名称却无法确定进口商身份的进口产品。④

(二)美国模式

《美国侵权法重述·产品责任》(第三版)第 1 条和第 20 条明确指出,其产品责任的主体是"商业销售者或者分发者"(Commercial Seller or Distributor)。⑤ 如果将美国法上的"商业销售者或者分发者"对应于我国法上

---

① 〔德〕冯·巴尔:《欧洲比较侵权行为法》,第 501 页。
② 〔德〕福克斯:《侵权行为法》,第 307 页。
③ 也有些国家的立法要求,销售者在合理期限内提供生产者或前手供应商信息,否则视为生产者(如瑞士《联邦产品责任法》第 2 条第 2 款)。
④ 〔德〕冯·巴尔:《欧洲比较侵权行为法》,第 502 页。
⑤ 《美国侵权法重述·产品责任》(第三版)第 1 条规定:"从事商业性的产品销售或者以其他方式分发的经营者,销售或者分发缺陷产品,应对该缺陷所造成的人身或者财产损害承担责任。"

的术语，其应当包括产品的生产者和销售者。美国学者认为，生产者和销售者承担产品责任的原因在于：其一，转移或分散损失。它将消费者因瑕疵产品造成损害的损失，转移给有能力负担并有能力分散损害成本的人承担。其二，保护消费者的安全和健康。[1]

《美国侵权法重述·产品责任》（第三版）第20条还专门对"商业销售者或者分发者"的概念进行了界定，该条分三款规定了"商业销售者或者分发者"的具体类型。[2]

（三）我国民法典侵权责任编应当采欧盟模式

我国《侵权责任法》并没有明确产品责任的主体，在民法典侵权责任编起草中，我们应当采欧盟模式，原则上以生产者（包括表见的生产者）为责任主体，只有在例外情况下，才将销售者视为生产者，要求其承担责任，理由主要如下。

其一，从归责的角度考虑，产品责任应当由能够实际控制产品缺陷的人承担。危险责任应当由实际控制危险并从中获益的人承担。[3] 就产品责任来说，作为归责基础的危险就是产品缺陷。生产者是控制产品缺陷的人，要求其承担危险责任，可促使其进行技术更新，并采取其他措施，以防止事故发生。[4] 而销售者很难控制产品的缺陷，他无法控制产品的设计和制造过程，甚至难以通过检查发现缺陷。

---

[1] Thompson, Imposing Strict Products Liability on Medical Providers, 60 Mo. L. Rev. 711, 714 (1995).

[2] 《美国侵权法重述·产品责任》（第三版）第20条规定："（a）在商业情形下向他人转让所有权，或是为了使用或消费，或是为了指向最终使用或消费的转售，该行为人是在销售产品。商业产品销售者包括但不限于制造商、批发商及零售商。（b）在非销售性商业交易中，不是为了使用或者消费，也不是作为导向最终使用或消费的预备步骤，向他人提供产品，该行为人是在以其他方式分发产品。商业性非销售产品分发者包括但不限于出租人、寄托人及将其作为促进此类产品的使用、消费或者其他商业活动的一种方式而提供产品者。（c）如果在商业交易中提供产品和服务的结合体，或是该交易作为一个整体，或是其中的产品，符合第a款或第b款规定的标准，该行为人也是在销售或以其他方式分发产品。"

[3] Schellhammer, Schuldrecht nach Anspruchsgrundlagen samt BGB Allgemeiner Teil, 4. Aufl., Heidelberg 2002, S. 492.

[4] 高圣平：《论产品责任的责任主体及归责事由》，《政治与法律》2010年第5期。

其二，从风险分散的角度考虑，产品责任应当由最适合分散风险的人承担。生产者的经济实力较强，具有清偿能力，并可以通过价格和保险机制来分散风险。而销售者（尤其是零售商）的经济实力较弱，不具有承担损害、分散风险的能力。①

其三，从受害人救济的角度考虑，仅由生产者负责并非不利于保护受害人。有学者认为，要求受害人必须向产品的生产者主张权利，可能会劳民伤财，增加讼累。② 但是，在我国民事诉讼法上，侵权案件的管辖法院包括侵权结果发生地，③ 这意味着，受害人并非必须到生产者所在地起诉。

在此模式下，生产者包括最终产品的生产者、原材料和零部件的生产者。当然，原材料和零部件的生产者要作为产品责任的主体，应当符合产品缺陷的认定前提，也就是说，其所提供的原材料或零部件具有缺陷。④ 另外，生产者还应当包括表见的生产者（也被称为准生产者）。⑤

在例外情况下，也可以将销售者"视为生产者"，要求其承担责任。例外情形的销售者仅包括进口商和出售无生产者标识产品且在合理的期限内无法提供其上一级销售者或生产者信息的销售者。⑥

值得探讨的是，我国《侵权责任法》第59条将医疗机构作为医疗产品的销售者，这一做法是否妥当。反对者认为，医疗机构提供医疗产品是医疗服务的一部分，其并非医疗产品的销售者，而是医疗产品的使用者和消费者。⑦ 在美国，很多判例都认为，医疗机构不应当作为医疗产品的销售

---

① 参见王泽鉴《民法学说与判例研究》（第3册），北京：中国政法大学出版社，1998，第236页。
② 奚晓明主编《〈中华人民共和国侵权责任法〉条文理解与适用》，北京：人民法院出版社，2010，第313页。
③ 参见《民事诉讼法》第29条、《最高人民法院关于适用〈中华人民共和国民事诉讼法〉若干问题的意见》第28条。
④ 〔德〕布吕格迈耶尔、朱岩：《中国侵权责任法学者建议稿及其立法理由》，北京：北京大学出版社，2009，第103页。
⑤ 我国司法解释也认可表见的生产者是生产者。参见《最高人民法院关于产品侵权案件的受害人能否以产品的商标所有人为被告提起民事诉讼的批复》（法释〔2002〕22号）。
⑥ 参见《奥地利损害赔偿法学者建议稿草案》第1333条。
⑦ 参见苏永钦等《民法七十年之回顾与展望纪念论文集（一）》（总则·债编），北京：中国政法大学出版社，2002，第237页。

者，因为医疗产品的提供完全附属于其医疗服务。[①] 我国《侵权责任法》为了强化对受害人的救济，将医疗机构作为销售者对待，要求其承担责任。笔者认为这一做法值得赞同，理由主要在于：医疗产品缺陷带来的风险通常是医疗机构能够评估、防范和有效控制的，而患者并不具有相关的专业知识和必要的资讯。此外，医疗机构易于分散风险，它能够通过价格机制和保险机制将风险分散于社会之中。

四　产品责任的免责事由

（一）现行法上的三项免责事由应当继续认可

《侵权责任法》并没有规定产品责任的免责事由，但是《产品质量法》第41条第2款规定了三项产品责任的免责事由。从比较法的角度来看，我国就免责事由的规定主要是借鉴欧盟国家立法经验的结果。在民法典侵权责任编起草中，应当继续认可这三项抗辩事由，具体理由分述如下。

第一，未将产品投入流通。这一免责事由，旨在保护生产者，使其免于对因非自愿方式脱离占有的产品承担责任。[②] 因为生产者没有将产品投入流通，就没有制造危险，也就不应当被归责。产品投入流通的判断标准是"生产者完成产品交付"。这就是说，当产品脱离生产者可以支配的制造进程，并进入市场营销的过程时，产品就被投入流通。[③] 产品投入流通的具体形式很多，包括出售、出租、抵押、出质、典当等。[④] 如果产品是以违反生产者意愿的方式被他人占有，则不属于"投入流通"。例如，产品因遗失、盗窃、抢夺、强盗、被诈欺等被侵占时，生产者就不必负责。[⑤]

第二，产品投入流通时，引起损害的缺陷尚不存在。这一免责事由也是被普遍适用的事由，认可的理由在于，生产者对产品缺陷负责，而消费

---

① 参见赵西巨《医事法研究》，北京：法律出版社，2008，第153、167页。
② 〔瑞士〕雷伊：《瑞士侵权责任法》，第331页。
③ Deutsch/Ahrens, a. a. O., S. 126.
④ 张新宝：《侵权责任法》，第405页。
⑤ 王泽鉴：《侵权行为法》，第319页。

者应当对产品因具体使用而产生的风险负责。① 例如，因使用人擅自改造或不当维修导致的产品缺陷，生产者就不必负责。

第三，产品投入流通时的科学技术水平尚不能发现缺陷的存在。这一免责事由被称为"发展风险抗辩"。发展风险，也被称为发展缺陷，是指产品符合其投入流通时的科技水平，因事后科学技术的发展而被发现的缺陷。② 这就意味着，在目前的知识水平以及现有的认知可能性完全不能认知这种缺陷及其伴随的潜在产品风险的情况下，才能排除责任的承担。③ 这里所说的科学技术水平应当属于客观标准，并不考虑具体生产者的知识水平，而且应当以国际范围内相关领域认可的专业人员所具备的知识水平为准，并且专业人员所具备的专业知识可以为公众所知，保密的研究成果不在此限。因为生产者有义务使自己的专业知识技术接近世界最新科技水平。④ 一般认为，发展风险抗辩仅适用于设计缺陷和警示缺陷，并不针对制造缺陷。⑤ 因为制造缺陷仅适用设计的背离问题，与科学技术无关。

在比较法上，发展风险抗辩是被普遍认可的免责事由，我国民法典侵权责任编也应当认可这一抗辩事由，理由主要在于：其一，它有助于鼓励技术创新。产品不因嗣后出现的更先进、更安全的产品而被认定为具有缺陷，这可以间接地鼓励生产者进行技术创新。其二，它有助于增加社会福利。技术的创新会增加全社会的福利，消费者也因技术创新而获得更安全、更优质的产品。其三，生产者缺乏可谴责性。如果尽可能地满足了当时科技状况的一切要求，也就没有了生产者的责任，因为这时已经没有理由对他进行谴责。⑥ 其四，它的弊端可以通过事后的产品跟踪观察义务而得到弥补。生产者虽然不必对发展缺陷负责，但是，通过事后的跟踪观察，可以在一定程度上避免其带来的风险。

---

① Münch Komm/Wagner, §823, Rn. 234.
② George A. Bermann, Etienne Picard (ed.), Introduction to French Law, Kluwer Law International BV, 2008, pp. 255–256.
③ 〔德〕舍费尔、〔德〕奥特：《民法的经济分析》，江清云、杜涛译，北京：法律出版社，2009，第340页。
④ 〔瑞士〕雷伊：《瑞士侵权责任法》，第334页。
⑤ 〔德〕舍费尔、〔德〕奥特：《民法的经济分析》，第340页。
⑥ 〔德〕福克斯：《侵权行为法》，第122页。

另外，就发展风险抗辩而言，是否要承认例外，也值得探讨。具体来说，包括如下两个。

一是药品生产者是否可以主张发展风险抗辩。对此，在比较法上，存在不同的做法。在日本，药品生产者的发展风险抗辩也是被认可的。[①] 而在德国，其《药品法》第 84 条则明确了药品的生产者要对发展风险抗辩负责。笔者认为，考虑到药品对于患者的生命、健康的严重影响，基于法政策考量，不应当允许其生产者主张发展风险抗辩。

二是基因产品的生产者是否可以主张发展风险抗辩。依据《德国基因技术法》第 32 条第 1 款的责任，基因技术产品的生产者也要承担对于发展风险的责任。因为基因技术是较新的技术，社会在此方面的经验也不足，因此非常难以估计其发展风险。[②] 笔者赞成此种做法，基因技术产品的风险，即使是现有科技水平无法预测的，其生产者也应当承担责任，这与基因技术后果的无法预测性是相一致的。

（二）我国还应认可新的产品责任免责事由

在比较法上，产品责任的免责不限于我国法上的上述三项事由，还包括其他两项重要的免责事由。笔者认为，这些免责事由也应当为我国民法典所借鉴，具体来说理由如下。

其一，因遵循政府的强制性法律规范而导致产品存在"缺陷"。《欧共同体产品责任指令》（85/374 号）第 7 条（d）对此做出了明确规定。欧盟国家基本上都在其国内法中采纳了这一免责事由。其存在的合理性在于，如果存在强制性法律规范，只要生产者从事生产，就必须依照具有约束力的法定标准进行，其他生产方式被绝对禁止。[③] 我国现行法对此没有规定。事实上，在我国也有很多产品存在强制性的标准，因这些标准的推行而导致产品存在缺陷，生产者是否免责也是重要的问题。笔者认为，因遵循政府的强制性法律规范而导致产品存在"缺陷"的，应当认定免责，否则就

---

① 参见杨立新主编《世界侵权法学会报告（1）产品责任》，北京：人民法院出版社，2015，第 153 页。
② Dietz, Technische Risiken und Gefährdungshaftung, Köln u. a. 2006, S. 130.
③ 〔瑞士〕雷伊：《瑞士侵权责任法》，第 333 页。

是对生产者过于苛刻。

其二，原材料和零部件的缺陷是因最终产品的设计造成的或者是因最终产品生产者的指示造成的，原材料和零部件的生产者应当可以免责。这一免责事由在比较法上被广泛认可。① 其合理性在于，原材料以及零部件生产者对生产方案不具有可干涉和影响的可能性。② 笔者认为，从利益衡量的角度考虑，此时要求原材料和零部件的生产者负责，似乎过于苛刻。而且，消费者毕竟可以从最终产品的生产者处获得赔偿，也不必再要求原材料和零部件的生产者承担责任。

五 违反产品跟踪观察义务的责任

产品跟踪观察义务可以有广义和狭义两种理解。广义的产品跟踪观察义务，包括狭义的产品跟踪观察义务和反应义务。③ 狭义的产品跟踪观察义务，则指生产者应当负有的持续观察以了解产品是否存在危险的义务。反应义务是指生产者在发现产品存在危险之后，采取措施以避免危险实现的作为义务。如果产品存在危险，生产者负有的采取警示、召回等措施的义务则属于反应义务。④ 本文采纳广义的产品跟踪观察义务的观点。

严格说来，违反产品跟踪观察义务的责任并不属于产品责任的范畴，只能说是与产品有关的责任。因为产品责任是以产品缺陷为核心设计的，而违反产品跟踪观察义务的责任是以义务的违反为核心设计的。另外，产品责任是危险责任，而违反产品跟踪观察义务的责任是过错责任。

目前，侵权法领域的产品跟踪观察义务被很多国家所认可。例如，《法国民法典》第1386-12条第2款通过与发展风险抗辩相互结合的形式确立了产品跟踪观察义务，即若生产者没有尽到该义务则不能援引发展风险抗辩。在德国，产品的跟踪观察义务是通过司法实践发展起来的，其被理解

---

① 参见《德国产品责任法》第1条第3款、《瑞士联邦产品责任法》第5条第2款、《日本制造物责任法》第4条第2项。
② 〔瑞士〕雷伊：《瑞士侵权责任法》，第335页。
③ Haack, Schuldrecht BT 4, 5. Aufl., Münster 2005, S. 150f.
④ MünchKomm/Wagner, § 823, Rn. 645.

为交往安全义务的次类型,生产者违反该义务应当依《德国民法典》第823条第1款的规定,承担侵权责任。① 在美国法上,法院也认可产品跟踪观察义务(包括警示、召回等义务),②《美国侵权法重述·产品责任》(第三版)第10条和第11条对此也有明确规定。

我国《侵权责任法》第46条规定了法定化的产品跟踪观察义务,③ 并明确了违反该义务的责任,该规定是"现代化的规定,它实现了对消费者的全面保护,可以成为西方国家法制的榜样"。④ 但是,在民法典侵权责任编立法中,需要进一步完善《侵权责任法》第46条的规定,具体包括如下三个方面。

其一,区分狭义的产品跟踪观察义务和反应义务。已如前述,广义的产品跟踪观察义务包括狭义的产品跟踪观察义务和反应义务。但是,《侵权责任法》第46条并没有予以区分。就此,可以表述为:"产品投入流通后,生产者应当跟踪观察,发现产品存在缺陷的应当及时采取警示、召回等补救措施。"

其二,明确负有产品跟踪观察义务的主体限于生产者。在比较法上,对产品跟踪观察义务主体的确定存在不同的做法,主要有美国模式和德国模式两种。按照《美国侵权法重述·产品责任》(第三版)第10条和第11条的规定,该义务的主体是商业性的产品销售者或分发者。已如前述,结合该重述第20条的定义和第14条的规定,其义务主体就是生产者和销售者。而在德国,该义务的主体原则上限于生产者,不包括销售者。此处所说的生产者首先是指最终产品的生产者,也包括零配件的生产者(即供应商)。⑤ 另外,拟制的生产者(即进口商)和准生产者(即在他人产品上使用自己的名称或商标者)也负担此种义务。⑥

从我国《侵权责任法》第46条的条文表述来看,似乎生产者和销售者

---

① BGHZ 99, 167.
② Kindler, Produkthaftung und Produktsicherheit im US-amerikanischen Recht, Diss. Bremen 1998, S. 118ff.
③ Brüggemeier, Neues Gesetz über das Deliktsrecht der VR China, PHI 2010, 96.
④ Bollweg/Doukoff/Jansen, Das neue chinesische Haftpflichtgesetz, ZChinR2011, 98.
⑤ Nagel, Die Produkt-und Umwelthaftung im Verhältnis von Herstellern und Zulieferern, DB 1993, 2469.
⑥ BGH NJW 1980, 1219, 1220.

都负有产品跟踪观察义务。不过，在民法典侵权责任编立法时，应当借鉴德国法的经验，原则上仅生产者负有此种义务。"生产者"包括最终产品的生产者、零配件的生产者和准生产者，以及拟制的生产者（即进口商）。

其三，明确违反产品跟踪观察义务的责任属于过错责任。就此种责任的归责原则，《侵权责任法》第46条并没有明确。从比较法上来看，很多国家（如德国①、美国②）都将违反产品跟踪观察义务的责任设计为过错责任。借鉴域外的经验，我国法上违反产品跟踪观察义务的责任也应当界定为过错责任。另外，将其界定为过错责任，也有利于适当减轻生产者的责任，避免因工商业的发展带来不利影响。

六　合同法与侵权法的协调视角下产品责任制度的完善

合同法与侵权法的协调问题是我国民法典编纂中要解决的重要问题。在我国民法典编纂过程中，我们非常注重的就是科学化和体系化。③ 在我国民法典侵权责任编立法时，产品责任制度的完善也涉及合同法与侵权法的协调，其中突出的表现有两个：一是产品责任与物的瑕疵担保责任的关系；二是产品责任是否救济产品自身的损害。

（一）产品责任与物的瑕疵担保责任的关系

在理论上，产品缺陷与产品瑕疵的概念是存在区别的。产品的"瑕疵"，属于物的瑕疵的范畴，是指存在于物之上的品质缺陷，包括交易性瑕疵和技术性瑕疵（或称效用上瑕疵）。④

就制度而言，产品缺陷问题和产品瑕疵问题是分别由不同的制度来处

---

① BGHZ 80，199.
② 参见《美国侵权法重述·产品责任》（第三版）第10条、第11条。
③ 参见孙宪忠《我国民法典编纂中的几个问题》，《中国人大》2016年第19期。
④ 交易性瑕疵，是指标的物具有减少或灭失其交换价值的瑕疵；技术性瑕疵或效用上的瑕疵，是指标的物具有减少或灭失其使用价值上的瑕疵。参见黄茂荣《买卖法》，北京：中国政法大学出版社，2002，第204页。

理的。产品的"瑕疵"问题由合同法中瑕疵担保责任制度予以规范,而产品的"缺陷"问题则由侵权法中的产品责任制度予以规范。在我国司法实践中,有的法官混淆了产品责任和因产品的"瑕疵"而引发的瑕疵担保责任,[①]这实际上是因为法院没有明确区分这两个制度。

虽然具有缺陷的产品,通常也会被认定为存在物的瑕疵,可能会存在侵权责任与物的瑕疵担保责任的竞合或聚合问题,但产品责任制度与物的瑕疵担保责任制度毕竟分属于侵权法和合同法,其二者存在明显的差异,主要表现在如下三个方面:其一,瑕疵担保责任的适用以当事人之间存在合同关系为前提,而产品责任的适用不要求当事人之间存在合同关系;其二,瑕疵担保责任制度的首要目标是通过双方返还或减价重建均衡关系,损害赔偿请求权在此仅居于第二位的功能和意义,而产品责任制度的首要目标在于对缺陷产品造成的法益损害进行赔偿;其三,产品责任制度仅适用于瑕疵结果损害(不救济缺陷产品自身的损害),而在瑕疵担保责任制度中,物的瑕疵本身处于该制度的核心位置。[②]

因此,在我国民法典产品责任制度的构建中,界定"产品缺陷"的概念应当注意其与"产品瑕疵"的区分。

(二)产品责任是否救济产品自身的损害

产品责任救济的对象是否包括产品自身的损害这一问题实际上也涉及合同法与侵权法的关系问题。对此,我国《产品质量法》第41条第1款曾明确规定,产品责任的救济对象限于"缺陷产品以外的其他财产损害"。但是,《侵权责任法》第41条、第43条第1款则仅强调"因产品存在缺陷"造成他人损害,并没有明确地将产品自身的损害排除在救济范围之外。《侵权责任法》的立法者认为,该法中的产品责任既救济缺陷产品以外的其他财产的损害,也救济缺陷产品本身的损害,从而有利于及时、便捷地保护消费者的合法权益。[③]笔者认为,《侵权责任法》立法者的立场,并不值得

[①] 参见冉克平《产品责任理论与判例研究》,第138页。
[②] 参见〔瑞士〕雷伊《瑞士侵权责任法》,第328页。
[③] 参见全国人大常委会法制工作委员会民法室编《〈中华人民共和国侵权责任法〉条文说明、立法理由及相关规定》,北京:北京大学出版社,2010,第174页。

赞同。民法典中的产品责任制度不应当救济产品自身的损害，理由主要在于：第一，这是区别侵权责任与合同责任（尤其是物的瑕疵担保责任）的必要。① 产品缺陷导致产品自身的损害原本属于合同法救济的范围。产品责任制度的产生并非为了削弱合同法的规范功能，如果将其纳入产品责任的救济范围，就会导致侵权责任不当地侵入合同责任的领域。第二，这会破坏合同当事人通过合意确立的风险分配机制。缺陷产品自身的损失属于纯粹经济损失，当事人通过合同自由地分配该损失符合交易原则。反之，如果侵权法亦对缺陷产品自身损失予以规范，则当事人通过协议确立的风险分配机制将遭到破坏。② 第三，这与危险责任原则上不救济纯经济损失的原则有所背离。产品自身的损害并不属于对受害人的所有权的侵害，而属于纯经济损失的范畴，③ 因为受害人的产品自始就存在缺陷。虽然危险责任也并非绝对不救济纯经济损失，但是如果要突破这一原则，则应当有坚实的法政策基础。第四，这并非不利于受害人的救济。主张产品责任救济产品自身损害的学者认为，这有利于在一次诉讼中解决受害人的救济问题，有利于便捷、及时地救济受害人。但是，即使受害人的产品自身遭受损害，其也可以提起合同诉讼，并与产品责任诉讼合并，这并非不利于受害人的及时、便捷的救济。第五，这与比较法上多数国家的做法不一致。在比较法上，很多国家（如德国④、美国⑤、日本⑥、瑞士⑦）的产品责任都不救济纯经济损失，其产品自身的损害主要通过违约责任来解决。⑧

因此，我国的民法典应当借鉴《产品质量法》第41条第1款的经验，强调产品责任的救济对象限于"缺陷产品以外的其他财产损害"。

---

① 王泽鉴：《侵权行为法》（第二版），第325页。
② 冉克平：《产品责任理论与判例研究》，第264页。
③ 参见〔德〕瓦格纳《当代侵权法比较研究》，高圣平、熊丙万译，《法学家》2010年第2期。
④ 参见〔德〕福克斯《侵权行为法》，第303页。
⑤ Reinhard Zimmermann & Mathias Reimann (eds.), Oxford Handbook of Comparative Law, Oxford University Press, 2007, p. 1014.
⑥ 于敏：《日本侵权行为法》，北京：法律出版社，1998，第330页。
⑦ 参见《瑞士联邦产品责任法》第2条。
⑧ 参见詹森林《民审法理与判决研究》，第98页。

未成年人网络保护制度的域外经验与启示[*]

周学峰[**]

摘　要：在网络化时代有必要对未成年人实施网络保护措施以保护其个人隐私，并避免其在上网时接触到不良信息或受到损害。美国、英国、日本等国在未成年人网络保护领域有许多立法经验值得我们借鉴。在对网络信息，特别是色情信息进行监管方面，亟须国际合作，但是，各国认定色情或淫秽信息的标准不一致。在未成年人网络保护体系中，互联网行业自律，特别是网络平台发挥着重要的作用。

关键词：未成年人　网络保护　色情信息　儿童色情　网络平台

The Experiences and Enlightenment of Foreign Legislation of Minors Online Protection

Zhou Xuefeng

Abstract：It is necessary to take some protection measures for the minors to protect their online privacy and prevent them accessing the harmful information when they are online. Chinese legislators can learn lots of experiences from the minors online protection legislation of US, UK and Japan. The international cooperation is necessary and important in the filed of regulation of network information,

---

[*] 本文原载《北京航空航天大学学报》（社会科学版）2018 年第 4 期。
[**] 周学峰，北京航空航天大学法学院教授，法学博士，研究方向：民商法、网络法。

especially the pornographic information, however, the definition of pornography or obscenity is different among the countries in the world. In the regulatory system of minors online protection, the self-regulation of internet service providers, especially the internet platform, plays an important role.

Keywords：Minors; Online Protection; Pornographic Information; Child Pornography; Internet Platform

互联网为我们提供了自由表达的空间，也为我们获取海量信息提供了前所未有的便捷，与此同时，大量的未成年人几乎是在毫无防范的情况下进入了纷繁复杂的网络空间，从而令许多未成年人的父母陷入焦虑之中。当今社会已进入信息社会的时代，使用互联网获取信息、购买商品、接受服务、处理工作事务、从事社交活动等已成为当代人的基本生活技能，因此，通过隔离或避免接触网络的方式来保护未成年人已在实践中无法行得通，所以，通过一系列的制度安排来为未成年人提供一个健康的网络空间就变得至关重要。目前，我国相关立法部门正在制定《未成年人网络保护条例》，该项立法的草案已公开征求意见，① 近期国家互联网信息办公室对抖音、快手、火山小视频等网络直播、网络视频平台企业的处罚亦与未成年人网络保护有着直接的关联，凸显了健全未年人网络保护法律制度的重要性和迫切性。

尽管在有必要对未成年人进行保护这一立法宗旨上容易达成社会共识，但是，关于如何实施保护、如何进行具体的制度设计等问题，往往会产生许多社会争议，其既涉及未成年人家长、学校、互联网服务提供者、信息内容提供者、政府部门之间的责任划分，也涉及对网络信息的监管与言论自由以及获取信息自由之间的冲突。实际上，未成年人网络保护制度是一套牵涉面非常广、内容复杂的制度体系，几乎涉及了网络法的各个领域。本文将从比较法的研究角度出发，通过对美国、英国和日本的相关法律制

---

① 2016年9月30日，国家互联网信息办公室发布《关于〈未成年人网络保护条例（草案征求意见稿）〉公开征求意见的通知》；2017年1月6日，国务院法制办公室发布《关于公布〈未成年人网络保护条例（送审稿）〉公开征求意见的通知》。

度进行介绍，希冀能够从中获取有益的经验，为我国未成年人网络保护法律制度的构建提供借鉴和参考。

由于未成年人网络保护制度所涉及的内容非常多，而本文篇幅有限，因此，本文从中选取了以下几个问题进行论述：第一，未成年人网络隐私保护，即网络服务提供者在未成年人上网时，对前者收集未成年人个人信息的行为进行限制；第二，对未成年人不宜接触的、有害的网络信息（以下简称"不良网络信息"）的监管，特别是对网络色情信息的监管，以保证未成年人在上网时不会接触到此类信息；第三，严禁儿童色情制品的网络传播，所谓儿童色情制品是指以未成年人为对象而制作的与性有关的图片、照片、视频等；第四，未成年人网络社交保护制度，即以保护未成年人为目的而对提供未成年人网络社交服务的网络服务提供者所进行的监管。

一 美国的未成年人网络保护制度

（一）未成年人网络隐私保护

早在互联网出现之前，就有一些机构专门收集和出售有关儿童的个人信息，以用于广告和商业营销等。在互联网出现之后，特别是在儿童开始上网之后，对儿童信息的收集日益引起美国社会的关注，因为儿童在商家的花样营销面前几乎毫无抵抗力，其很容易在外界的诱惑之下向他人披露其个人信息，从而使其暴露在可能会受商业或性侵害的风险下。为了保护儿童的利益不受侵害，美国国会于1998年制定了《儿童网上隐私保护法》（Children's Online Privacy Protection Act，简称COPPA）。美国国会在立法时一方面关注到儿童隐私受保护的重要性，另一方面也认为"熟悉使用互联网将是在21世纪获得成功的必备技能"，[1] 因此决不可因噎废食，不能通过禁止儿童上网的方式来对儿童实施保护，而是应该通过规范网络经营者的

---

[1] Hoofnagle. *Federal Trade Commission: Privacy Law and Policy.* New York. Cambridge University Press, 2016.

行为方式来保护儿童的隐私信息。在该法案通过以后,美国联邦贸易委员会基于立法的授权制定了该法的实施细则。

《儿童网上隐私保护法》规范的对象是网站和其他网络服务提供者通过互联网从儿童那里收集个人信息的行为。该法中的儿童是指未满13周岁的儿童,[①] 个人信息包括姓名、住址、电话号码、电子邮箱、社会保障号码、可以实现线上和线下相对应的可识别的标识、IP地址、Cookies,以及其他可识别儿童或其父母的信息等。

该法所针对的"网站和其他网络服务提供者",既包括桌面应用程序,也包括移动App、各种社交网络、网络广告、定位服务等,但要求其是以儿童为服务对象的,或者实际知道其是在从儿童那里收集信息。在判断一家网站或网络服务是否是针对儿童的,美国联邦贸易委员会会综合考虑多种因素,例如网站的标的内容、是否使用动画形象、音乐的特征、是否使用儿童偶像或儿童明星、网站的用户构成等。在判断网站或其他网络服务提供者是否实际知道服务对象为儿童时,联邦贸易委员亦会考虑多种因素,例如,用户发表的言论内容是否可以显示其是儿童。[②]

《儿童网上隐私保护法》为保护儿童所采取的手段包括以下几种。

第一,网络服务提供者应该在收集个人信息之前披露其隐私政策,并且,需要以清晰的语言向儿童的父母做特别提示,告知其收集、使用以及第三人分享个人信息的政策,该提示的内容应当符合法律的要求。

第二,网络服务提供者在从儿童那里收集信息之前应当先行经过儿童父母的同意。

第三,网络服务提供者应该为儿童的父母提供机会和可能,使其能够审阅被收集的信息,能够对该信息未来的后续使用提出反对,并且可以拒绝与他人分享该信息。当父母提出拒绝其收集、使用个人信息的要求时,网络服务提供者必须终止相关信息收集使用活动。

第四,网络服务提供者必须对从儿童那里收集到的信息数量进行限制,

---

① 该法草案在制定之初规定的儿童是指未满18周岁的个人,后来,提交国会审议时修改为16周岁,最终的立法文本确定为13周岁。

② Hoofnagle. Federal Trade Commission: Privacy Law and Policy. New York. Cambridge University Press, 2016.

应当尽可能少地收集儿童信息。

第五,网络服务提供者应对信息存储的时间进行限制,当超过必要的存储时间后,应当及时将数据删除,并且网络服务提供者对于其存储的数据应采取措施合理地保障数据的安全。

违反《儿童网上隐私保护法》并不会产生民事诉权,即私人不可对违反该法规定的网络服务提供者提起损害赔偿诉讼,但是,联邦贸易委员会、州司法部门和其他监管部门可以基于相关法律的授权,对执法者采取行动,例如,联邦贸易委员会可依照《联邦贸易委员会法》将网络服务提供者的行为作为欺骗性商业行为或不正当竞争行为来进行处罚。

在美国联邦贸易委员会提起的对 Xanga.com 的网站处罚案中,其不仅对该网站的运营公司进行处罚,而且还对其主要责任人进行了处罚,罚款金额高达 100 万美元,系处罚金额最高的一起案件。在该案中,Xanga.com 网站是一家非常流行的社交网站,用户可在该网站上建立个人档案,与他人分享其个人信息。Xanga.com 网站在其隐私政策中声称不允许 13 岁以下的儿童进入,并要求用户在注册时申报出生日期,但事实上,即使用户在注册时显示其年龄不满 13 周岁,该网站仍然允许其开设账户,在过去的五年中,网站为 170 万注册年龄低于 13 周岁的用户开设了账户。并且,该网站并未将其收集、使用个人信息的隐私政策告知儿童的家长,也未在收集信息时征得儿童家长的同意。因此,联邦贸易委员会认定 Xanga.com 的网站及其主要责任人是在明知的情况下从儿童处收集个人信息,违反了《儿童网上隐私保护法》。联邦贸易委员会在处罚命令中要求 Xanga.com 网站经营者和主要责任人不得再次从事上述违法行为,并应将其收集的个人信息予以删除,而且还应将联邦贸易委员会的处罚决定文件以及联邦贸易委员会制定的《儿童网上隐私保护法》的合规准则分发给公司员工,以保证其行为不再违反《儿童网上隐私保护法》。①

为了鼓励互联网服务提供商积极采取措施保护儿童网络隐私,而同时避免对互联网行业的过度管制,《儿童网上隐私保护法》规定了"安全港"项目,鼓励互联网行业采取自律规范。互联网服务提供商只要达到了安全

---

① US v. Xanga.com, Inc., 06-CIV-6853 (SHS) (S. D. N. Y. 2006).

港的要求，就被认为遵守了《儿童网上隐私保护法》。安全港项目实际上是一个受联邦贸易委员会监管的互联网行业自律项目，网络服务商可以自行制定自律规范，并申请被认定为"安全港"。一项自律规范要想被认定为安全港，必须符合《儿童网上隐私保护法》和联邦贸易委员会制定的实施细则的要求，并且建立一起评估机制和自律机制。联邦贸易委员会可以对安全港进行监督，如果发现其存在违规，可以撤销认证。

值得注意的是，美国的《儿童网上隐私保护法》在实施过程中也产生了许多争议。如果完全遵照《儿童网上隐私保护法》的要求来执行，那么对于网络服务提供者和儿童父母而言，都必须付出额外的成本，这些成本有时会显得非常高以至于有些网络服务提供者会想尽各种办法来进行规避。从法律实施的实际情况来看，对于网络服务提供者而言，有些网站做得比较好，有比较完备的儿童隐私保护政策，在收集儿童信息之前按规定向其父母发出通知并征求其同意，但是也有些网站对用户注册时的申报年龄进行了控制，即拒绝13岁以下的儿童进行注册，以避免遵守《儿童网上隐私保护法》所带来的合规成本。有些网站则虽然向儿童提供服务，但仅提供单向的内容服务，如同电视节目那样，避免与用户的交流互动，从而减少合规成本。从用户的角度来看，有些儿童在进行网站注册时若虚报年龄，自称其年龄为13周岁以上，便可以避开一些网站对儿童用户的限制。另外，《儿童网上隐私保护法》的核心内容在于要求网络服务提供商在从儿童处收集个人信息时需要征得儿童父母的同意，如果要保证父母同意的真实性，则需要对父母身份的真实性进行验证，这不仅与网络世界的匿名化传统难以兼容，也引发了人们对身份信息泄露的担忧。[①]

（二）对不良网络信息的监管

互联网上充斥着大量色情、淫秽的内容，如果儿童在上网时接触到此类信息有可能影响其健康成长，正是基于这一考虑，美国的许多儿童保护

---

① Hoofnagle. *Federal Trade Commission: Privacy Law and Policy*. New York. Cambridge University Press, 2016.

组织积极呼吁政府对网络信息内容进行管制。然而，依照美国现行法律，普通色情内容是合法的，但传播淫秽和儿童色情信息是法律所禁止的犯罪行为，特别是儿童色情信息，一直都是美国司法机构严厉打击的对象，因此，网络平台应当采取一定的措施防止此类信息的传播，但是，色情与淫秽之间的界限在法律上并不是黑白分明的，因此，对于在法律上应当如何管控色情和淫秽信息存在许多争议。另外，在美国，对于互联网上的信息内容的管制要受联邦宪法第一修正案的制约。依据联邦宪法第一修正案的规定，国会不得制定任何剥夺言论自由的法律，正是基于这一规定，国会为保护未成年人而制定的对网络信息内容管制的法规也时常面临合宪性的争议。

1. 《通信正派法案》及其宪法争议

美国国会于1996年颁布了《通信正派法案》（Communications Decency Act of 1996）。该法案§223（a）（1）（B）明确规定通过网络在明知的状态下向未满18周岁的未成年人发送或展示"淫秽的或不雅的"的内容的行为属于犯罪；该法案§223（d）则规定禁止任何人在明知的状态下向未满18周岁的人发送或展示依照当代社区标准看来具有"明显的冒犯性质的"（patently offensive）有关性活动或性器官描述的内容。美国一些维护言论自由的组织向法院提起诉讼，认为该法案的上述规定违反了联邦宪法第一修正案关于言论自由的规定。美国联邦地区法院裁定违宪成立，并禁止政府实施上述两个条款，后来该案上诉至联邦最高法院。联邦最高法院维持了联邦地区法院的判决，其认为，该法案§223（a）（1）（B）中关于"不雅的"（indecent）规定，缺乏任何的界定，从而给法律的实施带来极大的不确定性，会侵害成年人的言论自由，因此，其违反了联邦宪法第一修正案而应被禁止实施，但是，对于"淫秽的"（obscenity）和"儿童色情"（child pornography）的内容，法院将其保留下来，允许政府可以继续对其进行调查和起诉。对于法案§223（d）条款，法院则宣布其违宪而被无条件地禁止实施，法院的理由是，该条款所确定的"明显的冒犯性质的"的标准过于宽泛和模糊，从而会影响成年人的言论自由，而且，该法将规制对象从商业言论扩展至非商业言论，亦属不当。另外，该法的规制手段亦不合适，何种内容适合或不适合未成年人接触，应该由其父母来决定，而该法案则剥夺了未成年人父母的控制权。①

此后，美国国会对《通信正派法案》进行了修订，删除了有关禁止"不雅"内容的规定，仍保留了有关禁止"淫秽"内容的规定。虽然仍有人继续以该法案有关在网络禁止"淫秽"内容传播的规定违宪为由提起诉讼，但被法院驳回。②

2.《儿童上网保护法》及其宪法争议

在 1997 年最高法院宣布《通信正派法案》违宪之后，美国国会吸取了教训，决定限缩网络信息内容的管制范围，集中于商业信息内容，于 1998 年制定了《儿童上网保护法》（Child Online Protection Act），旨在限制儿童在上网时接触到"对未成年人有害"的信息，其将基于商业目的而故意在网上发布"对未成年人有害"的信息宣布为犯罪并进行处罚。所谓"对未成年人有害"的信息，是指以不适当的方式描述性行为或性器官的黄色信息，法案指出对此应以"当代社区标准"为判断标准。从界定来看，其含义比法律上关于"淫秽"的标准还要宽泛。在该法案颁布后，随即有人对其提出违宪诉讼，联邦法院判决其违宪而不得实施，因此该法案未能得到实施。③

3.《儿童网络保护法》

《儿童网络保护法》是美国国会于 2000 年颁布的一部法律，其立法目的依然是避免让儿童接触到有害的色情信息，其所采取的措施是要求中小学校和图书馆必须采取一定的技术保护措施以阻止儿童接触到对其有害的色情信息，并以此作为发放联邦资助的条件。尽管在该法通过后，亦有组织以此法要求图书馆安装网络信息过滤软件会侵害言论自由为理由而提起违宪诉讼，但是未得到法院的支持。2003 年 6 月，联邦最高法院判决该法案关于安装信息过滤软件的规定并未违反联邦宪法第一修正案，从而支持了该法案的合宪性。④

---

① Reno v. American Civil Liberties Union, 521 U. S. 844 (1997).
② Nitke v. Gonzalez, 413 F. Supp. 2d 262 (S. D. N. Y. 2005).
③ Ashcroft v. American Civil Liberties Union, 542 U. S. 656 (2004).
④ United States v. American Library Association, 539 U. S. 194 (2003).

4.《通信正派法案》第 230 条款

在网络信息内容方面,《通信正派法案》第 230 条款是最重要的法律规定,其采取的规制方式并不是禁止色情、淫秽信息内容的传播,或课以网络平台对其存储或传播的信息内容进行审查或采取屏蔽措施的法律义务,而是通过为网络平台提供"安全港"的方式,鼓励其自愿采取对网络信息内容进行限制的措施。

首先,法案规定,不应将网络服务提供者(互动式计算机服务的提供者)看作是由其他信息内容提供者所提供的信息的出版者或发布者,从而可以免除网络服务提供者对他人发布的非法信息内容的法律责任。[①]

其次,法案规定,服务提供者基于善意而自愿地对网络上不健康的信息内容的获取采取限制措施的,将不承担民事责任。所谓不健康的信息内容是指服务提供者认为属于淫秽的、猥亵的、下流的、肮脏的、过度暴力的、骚扰的或其他令人反感的内容,无论这些内容是否受宪法保护。[②]

最后,法案还要求网络服务提供者在与未成年用户签订服务提供协议时,应当采取合适的方式,通知未成年用户可以获取家长控制保护服务(如相关的计算机硬件、软件或过滤服务),从而控制未成年人接触到有害信息内容。[③]

从上述规定可以看出,美国法律并不要求网络平台承担信息过滤的法律义务,但是如果网络平台自愿采取对不健康的信息进行过滤的措施,特别是对未成年人有害的信息进行过滤,那么法律将为其提供保护,免除其相关民事责任。这是一种在联邦宪法第一修正案的大背景下的一种妥协方案,先前《通信正派法案》第 223 条款关于"禁止色情和不健康信息的传播"的规定曾被联邦最高法院宣布为违宪,国会是无法通过立法强制网络平台承担信息过滤义务的,所以,美国的网络信息过滤机制是建立在行业自律而非法律强制的基础之上的。美国的谷歌、推特、Facebook 等公司都有网络信息过滤机制,对宣扬种族、宗教仇恨或歧视的言论、恐怖主义内容、

[①] 47 U.S.C. §230 (c) (1).
[②] 47 U.S.C. §230 (c) (2).
[③] 47 U.S.C. §230 (d).

儿童色情内容等信息进行过滤，并且在禁止儿童色情和恐怖主义信息传播方面，多家互联网公司还建立了信息共享项目。

（三）网络平台对于未成年人网络社交活动的法律责任及其限制

在网络环境下，许多未成年人遭遇伤害往往与其网络社交活动有关，然而，基于《通信正派法案》第230条款的规定，网络平台对未成年人网络社交活动的法律责任会受到限制。例如在Doe诉MySpace案中，原告是一名13岁女孩，其自称年满18周岁，因而得以进入在年轻人中十分流行的社交网站MySpace，其通过网上交流认识了一名19周岁的男性，进而遭到了该男性实施的性侵害。于是该女孩及其母亲向法院提起诉讼，指控MySpace没有采取足够的措施对用户的年龄验证，致使该女孩遭受性侵，对此，MySpace应负过失侵权责任。但是，原告的上述主张并未得到法院的认可，法院判决MySpace可以基于《通信正派法案》第230条而获免责。[①]

又如，在Doe IX诉MySpace案中，原告提出：被告创造了用户之间相互交流的信息，因此，其应被看作信息内容提供者而非计算机互动服务提供者，从而不应当受《通信正派法案》第230条的保护。但是，法院认为，MySpace并没有要求用户提交个人主页信息，它是用户自愿提交的，尽管MySpace通过用户群组分类等方式促使用户提交更加详细的个人资料，但这并不足以使其成为信息内容提供者，其仍然有资格享受《通信正派法案》第230条的保护。[②]

二 英国的未成年人网络保护制度

（一）对网络色情的监管

在英国法上，广义上的色情内容被区分为四类：挑拨性（erotic）内容、色情（pornographic）内容、淫秽（obscene）内容和极端内容。对于含有挑

---

① Doe v. MySpace, Inc., 528 F. 3d 413 (5th Cir. 2008).
② Doe IX v. MySpace, Inc., 629 F. Supp. 2d 663 (E. D. Tex. 2009).

拨性内容的制品,可以在英国合法自由地流通,所受管制较少;对于含有色情内容的制品,其出售和流通则受到严格的管制,只能在获得政府执照的经营场所出售,并且通常只能向成年人出售;对于含有淫秽内容的制品,则是非法的,被法律禁止制作、出售、出版或进口;极端内容主要是指儿童受性虐待的图片、视频以及暴力或极端淫秽内容,[①] 对于含有极端内容的制品,则不仅被禁止制作、出售、出版或进口,还被禁止持有。关于区分合法色情与非法淫秽的标准,在《1959年淫秽出版物法案》颁布之前,英国主要是依赖于英国普通法,即法院判例。此后,英国逐步引入社区判断标准,即以社区民众的价值观念为判断标准,从而确定某一信息是否属于淫秽内容。另外,根据1984年《视频记录法》的要求,视频在发布之前必须经英国电影分级委员会(British Board of Film Classification,BBFC)审查。

随着数字化时代和网络时代的到来,英国原有的对色情内容的监管体制受到了挑战,在这种情况下,英国议会颁布了《2017年数字经济法》,对网络色情监管做出了专门规定,其核心内容是在视频分级的基础之上建立用户年龄验证制度。根据该法案的要求,商业色情网站(包括广告支持的"免费"网站)应当建立用户年龄验证制度,以确保18周岁以下的人不会接触到色情内容(pornographic material),同时禁止通过网络向公众提供极端色情的内容。对于"色情内容"的含义,法案做出了具体规定,主要是指被评为18级(18 certificate)的内容,即被评定为不适合未满18周岁的未成年人接触的含有色情信息的内容。[②] 法案还授权设立专门的监管机构"年龄验证监管官"(the age-verification regulator),其有权对违反上述规定的网站进行罚款或发出停止运营的执法通知。

(二)对"儿童受性虐待"网络信息的监管机制

"儿童受性虐待"网络信息是英国重点打击的对象。依照英国《1978年儿童保护法案》和《1988年刑事司法法案》规定,制作、传播和持有涉及儿童色情图像的构成犯罪。欧盟发起的《网络犯罪公约》(Convention on

---

① 对于极端淫秽内容,在英国《2008年刑事司法和移民法案》第63条中有界定。
② Section 15 of Digital Economy Act 2017.

Cybercrime）亦将传播儿童色情制片列为犯罪。2009 年《验尸官和司法法》第 62 条至第 68 条将持有儿童禁止性图像入罪，其中也包括持有儿童色情动漫图片。2015 年《严重犯罪法》（Serious Crime Act）第 69 条将持有任何涉及儿童受性虐待的信息物品（paedophile manual）规定为犯罪，该罪名适用于包括 ISP 在内的信息社会服务提供者（providers of information society services），主要涉及服务提供者的三类行为。

儿童受性虐待的信息物品不仅包括儿童受性虐待的照片和视频，还包括由计算机合成的以儿童受性虐待为主题的虚假的或虚拟的照片或图片。在对儿童受性虐待信息进行监管方面，英国的"互联网守望基金会"（Internet Watch Foundation，简称 IWF）发挥了最为重要的作用，其坚持使用"儿童受性虐待"（Child sexual abuse）的用语，而拒绝使用"儿童色情"（Child Pornography）之类的用语，因为在其看来，儿童不可能也没有能力对性行为表示同意，其更深层次的意义在于，"色情"有可能是合法的而"儿童受性虐待"则绝对是非法的，"儿童色情"的表述会给人一种合法的感觉。从这一点也可以看出，互联网守望基金会对儿童受性虐待内容的严厉打击态度。在基金会看来，从儿童受性虐待的照片或视频本身就可以看出，儿童是受害者，因此，禁止儿童受性虐待照片或视频的传播对于保护儿童具有至关重要的意义。

互联网守望基金会是英国一家注册的慈善基金会，其具有独立的法人资格，其资金主要来自网络服务提供商、移动电话运营商、网络存储服务商、过滤公司、搜索引擎、硬件设备制造商、网络信息内容提供商、通信软件公司、支付清算协会以及欧盟等。互联网守望基金的产生是英国网络服务行业应对互联网内容监管的产物。早在 1996 年，英国城市警察署向英国的网络服务提供商协会（ISPA）发出警告，告知其有一些网络新闻小组在互联网上传播一些涉及儿童受性虐待的照片，认为其违反了《1978 年儿童保护法案》，要求各网络服务提供商对此采取措施，清除非法内容。① 英国政府宣称，如果网络服务提供商们不能通过自律监管屏蔽掉违法信息，

---

① 参见互联网守望基金官方网站对其历史的介绍，网址：https://www.iwf.org.uk/what-we-do/why-we-exist/our-history。

那么政府将对此采取直接监管措施。在政府的压力下，英国的网络服务提供商行业成立了"安全网络基金会"（Safety Network Foundation），该基金即为后来更名的"互联网守望基金会"。

安全网络基金会成立之后，在英国贸易与工业部的协调下，其与英国国内的各主要网络服务提供商、城市警察署、内政府部经共同协商，最终达成了《R3安全网络协议》。所谓"R3"是指保障网络内容安全的三重机制，即分级（rating）、报告（reporting）和责任（responsibility）机制。随后，英国的网络服务提供商协会和伦敦网络协会（LINX）都签署了该项协议。互联网守望基金以《R3安全网络协议》为基础，为网络服务提供商拟定了《执业行为准则》，要求网络服务提供商承担起对内容合法的责任。

互联网守望基金会对网络内容的自律监管措施主要体现在以下方面：一是建立举报热线，公众可以通过电话、电子邮件向基金会匿名举报非法的网络内容，主要包括发生在世界各地的儿童受性虐待的照片、视频等，在英国存储的构成犯罪的淫秽内容，以及极端色情内容。基金会在收到举报后将交由专家进行评估，一旦确认为非法内容，将采取技术措施对其进行追踪定位，确定存储该非法内容的服务器的地理位置，然后再采取相关措施。如果该服务器位于英国国内，基金会将立即通知网络服务提供商将该非法内容予以移除（take down），并告知警察局等执法机构进行处理，通常在几个小时内非法内容就会被删除。如果存储非法内容的服务器设在英国国外，那么基金会可以通知英国的网络服务提供商对此采取屏蔽措施。二是建立黑名单制度。基金会通过公众举报和自身主动查找，识别并追踪非法内容，确定其网络地址（URL），并将其纳入黑名单中，然后将再黑名单内容通知给英国各网络服务提供商、移动电话运营商、搜索服务商和过滤公司，由其自主采取屏蔽措施，并通报给警察局等执法机构。三是基金会与网络服务提供商合作，对于不违法但可能引起用户反感的内容进行分级和标注，以便用户在上网浏览时接到提示，并由用户自主决定是否继续进行浏览。

在英国政府和互联网守望基金会的合作打击下，英国国内存储的涉及儿童受性虐待的照片或视频已经极少了，99%以上的儿童受性虐待的内容都是存储在英国境外的服务器上。对此英国互联网守望基金会积极开展国际合作，发起设立了以保护儿童和禁止儿童受性虐待内容传播为宗旨的国际INHOPE，而且据其宣称，有98%的为儿童受性虐待的照片、视频提供存储或主机代管的服务器都是在INHOPE国家，对于该部分，基金会将依据IN-HOPE设置的程序进行举报，并由其通知相关成员国进行处置。另外，如果服务器是设置在美国，那么依据该基金会和美国的负责打击儿童色情的举报热线和儿童保护机构（NCMEC）之间的谅解备忘录，英国的互联网守望基金会可以直接向有关网络服务提供商发出通知，并同时通知NCMEC，以敦促相关网络服务商及时将非法内容予以删除。如果存储非法内容的服务器是设在INHOPE国家之外，基金会可将其追踪到的信息提交给英国的国家犯罪局，由其提交给国际刑警组织，然后交由有关国家对此进行处置。

在互联网守望基金会成立后的相当长会时间内，英国普通民众对此并不熟知，真正引起人们注意和引发争议是在2008年的"维基事件"之后。1976年德国乐队Scorpions发布名为"Virgin Killer"的专辑，该专辑的封面为一张裸体女童照，该专辑已行销三十余年，但在2008年被人举报至互联网守望基金会。基金会决定对"维基百科"上有关对该专辑的介绍以及相关图片实施屏蔽，由于技术不当导致英国用户无法访问整个维基百科的网站。用户们起初不知道无法访问的原因，在经过调查后才知道是互联网守望基金会的作为。至此，互联网守望基金会浮出水面，被公众所知晓。尽管后来经维基网站的申诉，基金会将其从屏蔽名单中撤销，但是关于互联网守望基金会的监管做法在英国国内产生了许多争议。

首先，由于绝大多数存储儿童受虐待等非法内容的服务器都设在英国国外，因此屏蔽存储非法内容的网址成为最主要的监管手段，然而其在一定程度上限制了公众获取信息的自由和表达自由。对此，尽管英国的电信企业和网络服务商不断优化其技术，从最初的屏蔽整个网站发展到仅屏蔽含有非法内容的网页，但是相关争议仍未消失，特别是基金会将P2P文件分享亦纳入其监管范围后。其次，互联网守望基金会仅是一个民间机构，却可以下达屏蔽网址的命令，其权力的合法性受到质疑。最后，互联网守望基金会的监管规则和做法缺乏足够的透明度。在许多时候，当一名用户在试图浏览一个网页时会得到"404-page not found"之类的回复，用户无从判断是因为网络通信故障而无法打开该网页，还是因为该网页存在非法内容而被基金会列入屏蔽名单。①

三 日本未成年人网络保护制度

(一)《青少年网络环境优化法》

1. 概述

互联网上充斥着大量的不利于未成年人健康成长的内容,为了净化网络环境,保障未成年人的健康成长,避免未成年人接触到不良信息,日本制定了《关于优化青少年可放心上网的环境的法律》(《青少年が安全に安心してインターネットを利用できる環境の整備等に関する法律》),俗称《青少年网络环境优化法》(《青少年インターネット環境整備法》)。②

《青少年网络环境优化法》规定了政府和地方公团体、为未成年人提供互联网服务的企业、未成年人的家长与监护人都负有积极采取措施、防止其接触到互联网不良信息并帮助儿童掌握正确使用互联网的方法的义务。③

为了避免未成年人接触到网络上的不良信息,《青少年网络环境优化法》所采取的最主要的手段是通过过滤软件对互联网上供公众浏览的信息进行筛选,从而限制未成年人接触到互联网不良信息。所谓不良信息,是指对未成年人健康成长有害的不良信息,法案对其做了如下列举:直接且明确介绍或诱导其从事犯罪或触犯刑罚的行为,或者直接且明确诱导其自杀的信息;描述人为性行为或性器官等的淫秽画面以及其他能够引起人强烈性欲的色情信息;杀人、处刑、虐待等惨烈画面的描写及其他内容残暴的信息。④

2. 相关主体的法律义务

网络环境的净化,离不开相关硬件生产厂商、软件开发者和网络服务

---

① Andrew Murray. *Information Technology Law*. third edition. Oxford. Oxford University Press,2017, p. 422.
② 需要说明的是,在日本法中,所谓"青少年"是指未满18周岁的人,而日语中的"未成年人"则是指未满20周岁的人。
③ 《青少年网络环境优化法》第4~7条。
④ 《青少年网络环境优化法》第2条第4款。

提供者的配合，因此《青少年网络环境优化法》也分别对其施加了义务。

对于服务对象是未成年人且具有上网功能的通信设备制造商而言，只有当其设备上安装有互联网不良信息过滤软件，或者采取了其他措施，可以采取互联网不良信息过滤服务的，才可以在市场上销售其设备，但是行政法规所认定的对未成年人浏览互联网不良信息影响甚微的情况除外。[1]

对于开发互联网不良信息过滤软件的企业和提供互联网不良信息过滤服务的企业，《青少年网络环境优化法》要求其采取措施尽可能减少对未成年人有害但未设置浏览权限的不良信息数量的同时，能够根据青少年的成长阶段以及用户的选择设置多样化的浏览权限，并尽可能地减少对无须设置浏览权限的信息设置浏览权限。[2]

鉴于大量的不良信息都是出现在手机互联网领域，因此法律对于提供手机接入互联网服务的企业的义务做出了专门规定：当手机接入互联网服务的签约对象或者手机终端或 PHS 终端的使用者是未成年人时，提供手机接入互联网服务的企业必须将安装互联网不良信息过滤软件作为提供接入互联网服务的必要条件，但是未成年人监护人要求不使用互联网不良信息过滤软件的除外。[3]

对于互联网接入服务提供者而言，如果其用户提出要求，其必须为即提供互联网不良信息过滤服务，但是行政法规所认定的对未成年人浏览互联网不良信息影响甚微的情况除外。[4]

3. 特定服务器管理者的法律义务

《青少年网络环境优化法》还对提供供公众浏览网络内容的服务器的管理者（以下简称"特定服务器管理者）的义务做出规定。这些规定包括以下几方面。

首先，特定服务器管理者在知道他人利用其管理服务器传播对儿童有害的不良信息或者自身计划发送对儿童有不良影响的内容时，必须采取有

---

[1] 《青少年网络环境优化法》第 19 条。
[2] 《青少年网络环境优化法》第 20 条。
[3] 《青少年网络环境优化法》第 17 条。
[4] 《青少年网络环境优化法》第 18 条。

效措施，以确保儿童无法通过互联网浏览这些不良信息。①

其次，特定服务器管理者必须建立健全互联网不良信息举报受理机制，及时受理公众对不良信息的举报。②

最后，特定服务器管理者对于其所采取的防止儿童浏览互联网不良信息的措施，应当进行记录并保存。③

（二）对未成年人异性交友网站的监管

鉴于有许多儿童因接触异性交友网站而成为性犯罪的受害人，日本国会于2003年颁布了《规制利用网上介绍异性的业务引诱儿童的法律》。该法律明文禁止任何人利用异性交友网站从事下列行为：（1）引诱儿童成为性交等行为（包括性交、性交类似行为，或为了满足自己的性好奇心而触摸他人的性器官或让他人触摸自己的性器官的行为）的对象；（2）引诱他人（儿童除外）与儿童进行性交等行为；（3）表示愿意提供报酬，引诱儿童成为异性交际（性交等除外）的对象；（4）表示愿意提供报酬，引诱他人成为与儿童进行异性交际（性交等除外）的对象；（5）引诱儿童成为异性交往的对象或引诱成年人与未成年人进行异性交际的对象。

为了实现立法目的，避免儿童成为性犯罪的受害人，立法除了要求为异性交友网站提供通信服务的电信服务商必须为儿童上网提供信息过滤服务，要求儿童的监护人为供儿童使用的通信终端安装自动过滤软件或采取其他措施防止儿童访问异性交友网站，法律重点对异性交友网站进行如下了规制。④

第一，开设异性交友网站必须要向当地公安委员会进行申报，并且网站的开办人必须符合法律规定的各项资质条件。

第二，异性交友网站的经营者在进行广告宣传时，必须明示儿童不得使用，另外，对于欲访问该网站的用户必须明示"儿童不得利用该网站"。

第三，异性交友网站的经营者在满足希望进行异性交际的人的要求，

---

① 《青少年网络环境优化法》第21条。
② 《青少年网络环境优化法》第22条。
③ 《青少年网络环境优化法》第23条。
④ 《规制利用网上介绍异性的业务引诱儿童的法律》第6条。

通过网络将其相关信息置于公众可浏览的状态并向公众传播或传达给其他人，或将为异性交往提供当事人的通讯信息时，必须提前确定欲进行异性交际的人不是儿童。①

第四，异性交友网站的经营者在知道他人利用其网站实施法律所禁止的对儿童的引诱行为后，必须及时采取措施以确保公众无法浏览相关信息。除了被动采取措施外，网站经营者还应积极采取措施，防止他人利用其网站从事法律所禁止的对儿童的引诱行为。②

为了确保异性交友网站规范运作，《规制利用网上介绍异性的业务引诱儿童的法律》还规定了行政监管措施。如果发现异性交友网站存在法律所禁止的对儿童的引诱行为或其他危害儿童的行为，网站经营者所在地的公安委员会可以对其采取发出指示、暂停营业或终止业务的命令，并有权要求其提交所有资料。

（三）对儿童色情的监管

为了防范对儿童的性榨取或性虐待，保护儿童的利益不受侵犯，禁止与儿童有关的性行为，禁止儿童色情作品的传播，日本国会于1999年（平成11年）颁布了《对买春儿童、与儿童色情制品有关的行为进行处罚的条例与相关的儿童保护法》。③

该法案明确禁止买春儿童、持有或传播儿童色情制品，或其他对儿童的性榨取或性虐待行为。该法中的"买春儿童"（児童買春），是指以向儿童本人、儿童的监护人或儿童性交的中介者提供报酬或约定提供报酬的方式，与儿童进行性交等行为（包括性交、性交类似行为，或为了满足自己的性好奇心而触摸他人的性器官或让他人触摸自己的性器官的行为）。所谓儿童色情制品，是指包含下列内容的照片、可由计算机识别处理的电磁记录或其他可实现视觉再现的存储介质：（1）与以儿童为对象或儿童相互之间实施的性交或类似性行为相关联的儿童形态；（2）能够满足或刺激性欲

---

① 《规制利用网上介绍异性的业务引诱儿童的法律》第11条。
② 《规制利用网上介绍异性的业务引诱儿童的法律》第12条。
③ 童買春、児童ポルノに係る行為等の処罰及び児童の保護等に関する法律。

的，他人触摸儿童性器官或者儿童触摸他人性器官的相关儿童形态；（3）没有穿衣服或者只穿一部分衣服，特别是露出或强调儿童性部位（生殖器或其周边部位、臀部或者胸部），从而满足或刺激性欲的儿童姿态。①

依照该法律，向儿童买春、为向儿童买春提供中介或进行劝诱的均构成犯罪，制造、持有、运输、进口儿童色情制品的，亦构成犯罪。对于网络服务提供者而言，其有义务与政府执法部门合作，积极采取措施防止儿童色情制品的传播。②

四 启示

通过对美国、英国和日本的未成年人网络保护制度的研究，我们可以从中得到以下启示。

第一，在信息社会时代，未成年人接触互联网日渐成为一种常态，在这种情况下，如何保障未成年人在享受互联网所带来的益处的同时避免接触到对其身心有害的信息就变得非常重要，因此世界各国立法者都非常重视未成年人网络保护法律制度的构建。

第二，为了保护未成年人而对出版物的内容及其传播进行监管的法律制度早在网络时代之前就已在许多国家存在，但是随着数字化时代和网络时代的到来，信息内容的存储和传播方式都发生了根本性的变化，原有的对信息内容的监管体制受到了挑战，因此有必要对网络信息进行监管，特别是对网络色情信息的监管，通过单独立法的方式予以特别规制。

第三，构建未成年人网络保护制度时需要顾及多方利益之间的平衡。一方面，出于保护未成年人在网络时代的健康成长，有必要对网络信息的内容与传播进行管制，以避免未成年人在上网时接触到不良信息；另一方面，对网络信息内容的管制会构成对言论自由等公民基本权利的限制，也会限制成年人获取信息的自由。因此，即使是出于保护未成年人利益的目

---

① 《对买春儿童、与儿童色情制品有关的行为进行处罚的条例与相关的儿童保护法》第二条。
② 《对买春儿童、与儿童色情制品有关的行为进行处罚的条例与相关的儿童保护法》第十六条（三）。

的，对于网络信息进行监管也应受到必要的限制，并应符合比例原则的要求。

第四，基于保护未成年人的目的而对网络信息进行监管的一项重要内容就是对色情信息的监管，其困难之处在于，对于"色情""淫秽"等概念的界定标准存在一定的模糊性和争议性，从而会给法律的执行带来困扰。实践中，许多国家的相关立法都是将对色情信息的监管建立在信息内容"分级"的基础之上，因此分级制度非常重要。

第五，网络空间的无国界性给一个国家的网络信息监管带来了许多困扰，例如，英国政府发现，几乎绝大多数色情网站的服务器都设在英国境外，英国政府无法对其进行监管而英国民众却可以通过互联网进行访问。在现实世界中，英国政府可以依据《海关法案》将淫秽物品阻挡在国门之外，而在网络世界中却难以做到。因此，在网络世界对淫秽内容的监管必须进行国际合作，然而，其中的难题在于世界各国对"淫秽"的界定标准不一。例如，美国依据联邦宪法第一修正案对于言论自由予以充分保护，而对于色情内容却持宽松态度。虽然英国和美国都属于英美法系国家，但其对于淫秽内容的界定标准却存在明显差异。

第六，尽管对于未成年人不宜接触的色情或淫秽的标准存在国际差异，但是对于儿童色情（儿童受性虐待）的禁止几乎得到了世界各国的一致认可。因此，相对于其他领域，在这一领域的国际合作是卓有成效的。

第七，欧美国家因受宪法言论自由原则的限制而禁止立法机关通过法律要求网络服务提供商对网络传播的信息进行事先审查或过滤，因此，对于不良网络信息的过滤和管理主要是通过互联行业自律机制来实现的，政府则在背后对其给予支持和加以监督，从而逐渐形成受政府监督的行业自律模式。例如，英国的互联网守望基金会就是一家独立的民间机构，其通知或命令并不具有法律上的强制执行效力，但是英国的各网络服务提供商都会遵照执行，因为基金会的背后有着强大的政府支持。如果网络服务提供商不对非法内容采取措施，其将会受到政府执法机构的直接监管。

第八，在未成年人网络保护体系中，网络服务提供者特别是各类网络平台发挥着极其重要的作用。面对海量的网络信息，任何一个国家的政府执法部门都没有足够的人力和经费对其进行直接的筛查或监管。因此，有效的模式应该是：政府执法部门对网络平台进行监管，网络平台负责对平台上的用户发布的信息进行监管。

第九，鉴于中国网民数量不断攀升且触网年龄呈不断下降的趋势，建议中国立法机关尽快出台《未成年人网络保护法》，以常规化、制度化的方式而非运动式执法的方式给予未成年人保护，在保护未成年人网络隐私和净化网络空间的同时，能够吸取美、英、日等国的经验，处理好各种利益之间的平衡，并将相关规则与标准予以细化，合理地界定各类网络服务提供者的责任，从而将未成年人网络保护制度落到实处。

人工智能智力成果在著作权法的正确定性
——与王迁教授商榷[*]

李伟民[**]

摘　要：发展人工智能（AI）是国家战略的一部分，人工智能成为优先发展的产业之一。人工智能产生的画、动漫、诗集已经普遍出现在我们的生活中，人工智能"智力成果"具有很高的艺术价值，同时具有巨大的经济价值。机器人从原来接受人的指令从事相关行为，发展到具有超强的学习能力和自我超越能力，再一次引发法律和伦理的思考。人工智能"智力成果"已经发展到与人创作的作品无异，但是我国学者尚未达成"人工智能可版权性"的共识。"人工智能智力成果非作品"的观点与社会现实不符、与发展人工智能产业精神相悖、与法的价值矛盾。作品是一个客观存在，不能因为产生作品的主体具有特殊性，而否决作品本质。在互联网环境下，人工智能作品成为常态，尽快完善相应法律制度，以"孤儿作品"制度、"视为作者"原则确认人工智能作品的著作权的归属是不错的选择。

关键词：人工智能　独创性　作品的作者　人工智能生成物　人工智能作品

一　人工智能的发展引发可版权性思考

当今我们生活在一个数字化时代，计算能力、网络和存储是重要核心

---

[*] 本文原载于《东方法学》2018年第3期。
[**] 李伟民，中国政法大学博士后流动站博士后研究人员，中国政法大学知识产权研究中心研究员，法学博士。

内容。人工智能（AI）、基因编辑、纳米制造、自动驾驶汽车、机器人、可穿戴设备和嵌入式计算将重新定义人类的下一个时代。① 随着科技高速发展，人工智能的定义也处于变化之中，历史上具有影响力的定义有下列几种：一、AI就是机器，其可以完成人们不认为机器能胜任的事；二、AI就是与人类思考方式相似的计算机程序，与该定义近似的则认为AI就是遵照思维里的逻辑规律进行思考的计算机程序；三、认为AI就是与人类行为相似的计算机程序；四、认为AI就是会学习的计算机程序；五、认为AI是根据对环境的感知，做出合理的行动并获得最大收益的计算机程序。② 以上五种定义虽各有侧重，但普遍认为"人工智能是一种计算机程序"。美国于2017年12月12日通过了第一个针对人工智能的联邦法案《人工智能未来法案》（FUTURE of Artificial Intelligence Act of 2017），其重新对AI进行了定义，认为AI就是如人一样思考、采取行动、学习、完成任务、理性行动（感知、规划、推理、学习、沟通、决策等）的智能系统。③ 笔者认为，随着云计算、大数据的高速发展，人工智能在深度学习、跨界融合、人机合一、自行操控能力等方面有了突飞猛进的发展，改变了人们对传统计算机程序的认识，人工智能不再是一个简单的计算机程序，而是一种全新的智能系统，是一种具有自我学习和理性行动能力的智能系统。

机器人微软"小冰"的优美诗集已经正式出版和广泛传播，"她"能根据人的不同需要进行情景创作，并且其诗集已经获得高分好评。腾讯机器人记者分分钟可以写出优质新闻稿件，采编效率和质量均不比现实中的记者逊色。机器人已经逐步取代律师助理从事法律检索、法律咨询等工作，精准程度令人感叹。人工智能的"智力创作"代替人的脑力劳动逐步成为社会常态，人在一定程度上得以解放。

以计算机程序为基础的人工智能的发展挑战了传统的智力成果创作方式，使得作品创造性的贡献不再为人类所独有，人工智能所创作的音乐作

---

① 参见〔美〕布雷特·金、亚历克斯·莱特曼、J. P. 兰加斯瓦米、安迪·拉克撰稿《智能浪潮》，刘林德、冯斌、张百玲译，北京：中信出版社，2017，第41页。
② 参见李开复、王咏刚《人工智能》，北京：文化发展出版社，2017，第25~37页。
③ 美国《人工智能未来法案》，https://www.cantwell.senate.gov/imo/media/doc/The%20FUTURE%20of%20AI%20Act%20Introduction%20Text.pdf，访问日期：2018年1月28日。

品、美术作品等在形式上已经与人类作者所创作的作品无法区分。① 在现代电影、游戏竞技中，很多特技镜头、动漫、音乐是由设备和人工智能完成的，这些"智力成果"已经广泛传播于社会并且发挥了重大作用。人工智能的"智力成果"已经和人创作的作品在内容、形式和使用价格方面几乎没有差别，甚至超过人创作作品的水平和价值。我们不得不思考，人工智能"智力成果"的性质是什么？人工智能"智力成果"是不是著作权法保护的作品？如果人工智能"智力成果"是作品，那么作者是谁？这些问题成为当下热门的话题，对传统著作权法理论造成冲击。

王迁教授发表了《论人工智能生成的内容在著作权法中的定性》一文（以下简称王文），王文肯定了人工智能生成物普遍存在的社会现象，认为即使人工智能生成的内容和表现形式与人类所创作的作品类似，也需要从人工智能生成物的生产过程判断其是否是作品。他认为，目前人工智能的生成物都是应用算法、规则和模板的结果，不能体现作者独特的个性，因而不能认定是作品。但是在同一篇文中，该文提出了与前面相矛盾的观点，认为在不认可人工智能生成物是作品的情况下，如果没有披露相关内容的生成情况，人工智能生成物因具备作品的表现形式而被认定是作品且应实际获得保护。②

笔者拟对王文部分学术观点及论证进路进行商榷，并提出一些不成熟的个人意见，以期对我国人工智能领域"智力成果"的可版权性研究有所贡献。

二　"智力成果"是人工智能在著作权法层面的正确表述

目前，国内相关著述在论述人工智能产生的"智力成果"时，表述不一，"人工智能生成内容"的称谓较多，③ 也有"人工智能创作物"的称

---

① 参见曹源《人工智能创作物获得版权保护的合理性》，《科技与法律》2016 年第 3 期。
② 王迁：《论人工智能生成的内容在著作权法中的定性》，《法律科学》2017 年第 5 期。
③ 吴汉东：《人工智能时代的制度安排与法律规制》，《法律科学》2017 年第 5 期。

谓,① 还有少数学者称"人工智能生成物"。以上称谓可谓五花八门,也有令人欣慰的情形,直接采用"人工智能创作的作品"的表述。② 笔者认为,这些称谓其实是在回避人工智能"智力成果"的"可版权性",刻意在掩盖人工智能"智力成果"的"作品性"。"可版权性"是指什么样的"智力成果"能得到著作权法的保护,"作品性"是指什么样的"智力成果"可以被认定是著作权法的作品。部分学者之所以回避使用"智力成果"的表述,是认为"智力"是自然人的专属属性,"智力成果"一定是"人"的"创作活动"的必然结果。如果采用"智力成果"的表述,势必要承认人工智能"智力成果"的"作品性"。其实,这种顾虑是多余的。大陆法系著作权法国家多数坚持"创作作品的自然人是作品作者"的理论,绝对排除自然人以外的主体可以成为作品的作者。③ 但是,随着科技的发展,这种理论受到社会现实的冲击,各国逐步接受了著作权主体扩大的理论,法人或者其他主体可以成为作品的作者。④ 我国《著作权法》制定之初,法人能不能成为作者,法人能否享有作品的精神权利,是争议最大的问题之一。最终,《著作权法》规定了法人可以像自然人一样创作作品,也可以像自然人一样享有作品的精神权利和其他权利。⑤ 足见,把"智力成果"和"自然人"必然联系的观点不能成立。在不承认自然人之外的主体可以是作者的国家,人工智能即使创作出再好的"作品",但因为不承认自然人之外的"人"可以创作及人工智能的"非人性",因此必然不会将人工智能"智力成果"与著作权法制度的"作品"相对应。但是,在承认法人或者法人之外的"非生命"主体可以"创作"、可以是作品"作者"、可以享有作品著作权的国家,⑥ "非人性"的机器人没有被排除在"创作"主体的范围外,"非人性"的机器人有成为作品"作者"的可能性和基础,至少没有绝对障碍,因为

---

① 参见易继明《人工智能创作物是作品吗?》,《法律科学》2017 年第 5 期。
② 袁曾:《人工智能有限法律人格审视》,《东方法学》2017 年第 5 期。
③ 德国《著作权法》第 2 条、第 7 条;法国《知识产权法典》L. 113-1, L. 113-7。
④ 日本《著作权法》第 15 条,中国《著作权法》第 11 条。
⑤ 《著作权法》第 11 条。
⑥ 美国、英国、日本、中国都是承认法人可以是作品作者的国家。

承认"法人作者"的国家普遍采用"法律拟制"技术,法律把一定的主体拟制为法律上的"人"。在著作权法领域,法律把不具有生命力和创造力的法人和其他组织拟制为作者。① 以"视为作者"原则,对作品的"事实作者"和"法律作者"加以正确区分,作品的"创作者"是作品的"事实作者",法律拟制"作者"是作品的"法律作者"。最终,由作品的"法律作者"享有作品的著作权,彻底颠覆了大陆法系国家关于作品的"创作者"只能是"自然人"的理论,作品的"作者"之外的"无生命"主体有机会被法律拟制为"作者",从而享有作品的著作权。② 笔者认为,在承认"视为作者"原则的国家里,人工智能可以被拟制为人工智能智力成果的"法律作者"或者被拟制为"事实作者","法律作者"可以享有人工智能作品的著作权,而"事实作者"不享有人工智能作品的著作权,这只是一个立法技术问题,理论上没有障碍。

人工智能产生"智力成果"是一种正常社会现象,并且产生的"智力成果"有多种,如果产生具有新颖性、创造性、实用性的技术信息或技术方案,则其可能属于专利法保护的客体。③ 但人工智能撰写的具有"独创性"的专利"权利要求书"有成为"作品"的可能,目前已经有法院判决确认"权利要求书"的"作品性"。④ 如果人工智能产生的"智力成果"是具有商业价值并且未公开过的技术信息和经营信息,则属于商业秘密,应该获得商业秘密法律的保护。⑤ 如果产生的"智力成果"属于独创性的表达,则属于著作权法保护的客体——作品的范畴。

人工智能与著作权有关的地方就在于"智力成果",著作权法保护的是

---

① 参见曲三强《知识产权法原理》,北京:中国检察出版社,2004,第107页。
② 17 U.S.C. § 101 (1976). A "work made for hire" is (1) a work prepared by an employee within the scope of his or her employment; or (2) a work specially ordered or commissioned for use as a contribution to a collective work, as a part of a motion picture or other audiovisual work, as a translation, as a supplementary work, as a compilation, as an instructional text, as a test, as answer material for a test, or as an atlas, if the parties expressly agree in a written instrument signed by them that the work shall be considered a work made for hire.
③ 《专利法》第2条、第22条。
④ 北京市第二中级人民法院(2010)二中民终字第20979号民事判决书。
⑤ 《反不正当竞争法》第9条。

一种独创性的智力成果。① 其中的旨趣在于，部分学者尽量不用"智力成果""创作"等表述，就是逾越不过人脑和电脑的关系，也是在回避人工智能代替人进行思考、行动和创作的事实。笔者认为，即使采用人工智能智力成果的表述，也未必必然得出人工智能智力成果是著作权法作品的结论。因而，学界回避人工智能"智力成果"的表述没有实质意义。

笔者认为，人工智能"生成物""生成内容"等表述不是《著作权法》正式意义的表述，采用人工智能"智力成果"或者"智力表达"的称谓，是较为妥当的选择。"智力成果"和"智力表达"的表述在立法上已经得以正式确立，② 并且被学界普遍接受。③

三 人工智能智力成果不可版权性观点的进路之辩

王文认为，即使人工智能生成的内容和表现形式与人类所创作的作品类似，也需要考查人工智能生成物的生产过程，从而判断其是否是作品。④ 笔者认为，该种观点有待商榷。著作权法只保护独创性的表达，不保护作品的创作过程，以创作过程判断人工智能智力成果是否是作品，难免失当。1976年美国《版权法》第102条第第2款规定，"不保护思想观念、程序、工艺、系统、操作方法、概念、原则和发现"。⑤《TRIPs协议》第9条2款规定，"版权的保护仅延伸至表达方式，而不延伸至思想、程序、操作方法或数学概念本身"。⑥ 各国普遍遵循思想和表达二分法的著作权法原理，著

---

① 《著作权法实施条例》第2条，著作权法所称作品，是指文学、艺术和科学领域内具有独创性并能以某种有形形式复制的智力成果。
② 《著作权法实施条例》第2条，著作权法所称作品，是指文学、艺术和科学领域内具有独创性并能以某种有形形式复制的智力成果。《著作权法修改草案》（送审稿）第5条，本法所称的作品，是指文学、艺术和科学领域内具有独创性并能以某种形式固定的智力表达。
③ 参见曲三强《知识产权法原理》，第8页。
④ 王迁：《论人工智能生成的内容在著作权法中的定性》，《法律科学》2017年第5期。
⑤ 17 U.S.C. § 102 (1976).
⑥ Agreement on Trade-Related Aspects of Intellectual Property Rights (TRIPS), Article 9 (2). https://en.wikipedia.org/wiki/Agreement_on_Trade-Related_Aspects_of_Intellectual_Property_Rights, lasted visited, January 8, 2018.

作权法对产生作品的过程不予保护,著作权法只保护最终的"成品"——"独创性表达",也就是保护外在的表达形式。作者的思想、作品中的情节及桥段都不属于著作权法保护的范围。判断"智力成果"是否是作品,著作权法只能依据展现在外的表达判断是否具有独创性,而无法察知创作者的真实意图和想法,作者是如何把作品创作出来,更不是著作权法调整的范围。就如同婚姻法无法深入每一人的内心,探求每一位离婚者离婚的真实意图。婚姻法只能对离婚者的外在手续合法性进行考察,判断是否符合离婚的要件,因而"假离婚"是一个伪命题。同理,著作权法不保护作品的创作过程,无法探知作品创作过程中的真实情况,也无法掌握作品创作过程中参与主体的内心情况。例如,在人工智能生成作品的过程中,无法探知究竟是机器人自身"算法"的结果,还是机器人操控者的"智力创作"的结果,又或者是二者共同的结果,这些已经超出著作权法的范围。

著作权的客体是作品,依据《著作权法实施条例》,智力成果具备以下条件,才是"作品":一是指文学、艺术和科学领域内的智力成果;二是具有独创性;三是有可能被复制。《著作权法实施条例》提到了独创性,但是没有给出独创性的定义和解释,也没有相应的判断标准。有学者认为,独创性也称为原创性,即要求作品是作者独立完成,不是抄袭和剽窃而来,并且作品具有最低限度的创造性。① 著作权法允许作品的偶合,虽然不同作品具有相似性,但只要作品是独立完成,即具有独创性,仍然能各自产生独立的著作权。② 就创作事实而言,思想和情感属于思想范畴,表达属于客观范畴,著作权法保护具有客观性的独创性表达。

王文认为人工智能生成内容是应用算法、规则和模板的结果,③ 也有持类似观点的研究者。④ 笔者认为,该种观点有待商榷。首先,算法、规则和模板不全是著作权法除外保护的范围。⑤ 其次,判断一种智力成果是否是作

---

① 参见李明德《知识产权法》,北京:法律出版社,2014,第33页。
② 参见刘春田《知识产权法》,北京:中国人民大学出版社,2014,第53页。
③ 王迁:《论人工智能生成的内容在著作权法中的定性》,《法律科学》2017年第5期。
④ 参见曹源《人工智能创作物获得版权保护的合理性》,《科技与法律》2016年第3期。
⑤ 《著作权法》第5条,"历法、通用数表、通用表格和公式"不属于《著作权法》保护的范围。

品，应该以其是否具有独创性的表达为标准。即使人工智能是应用算法、规则、模板创作完成"智力成果"，只要其表达具有独创性，也不影响对其作品性的判断。再次，智力成果是否是作品，与作者采用何种方式和方法创作作品无关。就如著作权法保护一幅美术作品，依据是画的独创性，而不论画家采用什么材料和成分，又如何辅助一定的工具和技术把画完成。著作权法对采用何种方法创作作品并不在限定之列，况且大千世界，创作作品的方法和手段千变万化，法律不可能对每一种创作作品的方法予以规制和考量。

另外一个层面，随着科技的发展，机器人深度学习能力不断提高，人机融合现象成为常态，机器人完全可以像人一样思考和推理，甚至可以采取理性行动超越人类。AlphaGo脱离棋谱战胜人类，再一次证明机器人的运算能力、智力活动速度在一定程度上不比人逊色。同理，在机器人创作方面，机器人拥有超大的数据库，短时间可以高效检索、学习、比对海量引用素材，创作出海量作品。微软的"小冰诗集"以丰富的量、优秀的质，赢得了公众极高的评价。人工智能用算法、规则、模板与人类采用各种工具创作作品无异，各种算法、规则、模板等同于人类在创作中所采用的工具。在人机融合过程中，更是难以区分二者的创作，人工智能中有人的因素，人的创作中也有人工智能的因素，单独以人工智能的工作原理和工作过程来否定智力成果的可版权性和作品性，明显是不妥当的。

王文认为人工智能的本质是应用"人"的"智能"，但人工智能生成物不是作品。[①] 笔者认为，此观点有待商榷。该观点否决了人工智能的"创作性"，认为人工智能的本质是应用"人"的"智能"，而非机器的"智能"。如果该观点成立，实质是指人工智能没有人的创作活动，人工智能只是人的工具，人工智能利用了人的智力，间接创作出了作品。笔者认为，如果把人工智能作为工具对待，那么人工智能所创作的作品其实是背后之人的"智力成果"，著作权不是归人工智能享有，而是归人工智能背后之人享有。仅仅认可是人工智能背后之人的作用产生智力成果，但是不认可智力成果的作品性，也不认可由人工智能背后之人享有人工智能的著作权，明显不妥。

---

① 王迁：《论人工智能生成的内容在著作权法中的定性》，《法律科学》2017年第5期。

王文认为人工智能生成物不是作品，因而不考虑人工智能生成物的归属问题。① 笔者认为，该观点有待商榷。如果人工智能智力成果被认定为作品，那么其他著作权法的客体，必然按著作权法关于作品权利的主体和归属制度确定人工智能智力成果的归属，即由作者享有作品的著作权。即使不构成著作权法意义的作品，但是人工智能智力成果可能构成物权法意义的物，也应该以物权法确定物的归属。当人工智能智力成果具有"独创性"则应受著作权法保护，不具有"独创性"但具有价值，根据"物尽其用"原则，也存在物权或者财产权的归属问题。

王文认为，对于那些由人工智能生成的，但在表现形式上与人类创作的作品类似的内容而言，如果人工智能的操控者并未披露其真实的生成过程，相反，此人还在该内容上署名，对外表明自己是创作者，则由于署名有推定作者身份的法定效力，除非质疑者有相反证据证明该内容源自人工智能对算法、规则和模板的运用，那么在实然状态下，该内容仍然会被认定是作品并受到著作权法的保护，人工智能的操控者也将被认定为作者并享有一系列著作人身权和著作财产权。②

王文的前半部分认为人工智能"智力成果"只是算法、规则和模板的结果，即便在表现形式上与人类创作的作品几无差别，如机器人生成的人像素描和财经报道等，由于是应用算法、规则和模板的结果，其生成过程没有给人工智能留下发挥其"聪明才智"的空间，不具有个性特征，该内容并不符合独创性的要求，不能构成作品。③ 但在王文的后半部分，其又有限承认部分人工智能智力成果是作品，并且适用"推定作者"原则确定了人工智能智力成果实际操控者是作者，还进一步确定了人工智能智力成果的归属，由人工智能操控者享有人工智能作品的著作人身权和著作财产权。

笔者认为，王文关于该问题的论述，存在违反著作权法基本原理和违反逻辑的情形。

第一，承认人工智能智力成果与人类创作作品高度类似，但是仍然否

---

① 王迁：《论人工智能生成的内容在著作权法中的定性》，《法律科学》2017年第5期。
② 王迁：《论人工智能生成的内容在著作权法中的定性》，《法律科学》2017年第5期。
③ 王迁：《论人工智能生成的内容在著作权法中的定性》，《法律科学》2017年第5期。

定人工智能的可版权性。承认人工智能智力成果与人类创作作品高度类似、几无差别，其实就是承认人工智能智力成果的外在表现和表达与人所创作作品的表达没有实质区别，根据著作权法保护表达的原理，人工智能智力成果就是实实在在的作品。

第二，判断智力成果是否是作品应该坚持客观标准。王文认为，如果人工智能的操纵者，不披露真实的人工智能智力成果的生成过程，并且还在该内容上署名，对外表明自己是创作者，则推定其作者的身份，认定其享有人工智能作品的著作权，包括人身权和财产权；如果人工智能操纵者对外披露了生成过程，其就不是作品，没有披露的情况下就认定其是作品。这不是一种依据客观标准对客观事实的表述，而是一种主观标准。作品如同孩子出生，是一种实然状态，是一种客观存在，我们不能因为是否披露孩子的父母而决定孩子的存在与否。我们只能说，因为没有披露孩子的父母，孩子可能是"孤儿"，但孩子仍然是孩子，不会因为主观的因素而发生变化。该文关于作品的该观点是主观标准，如果坚守客观标准，则应该是，不论作品怎么创作出来，不管你喜欢与否，作品就是作品。

第三，从实然角度看，披露不披露人工智能智力成果的产生过程，应当不影响作品的成立。作品是一种实然状态，是一种客观存在。如果不承认人工智能智力成果的作品性，不披露其产生过程，那么其就不会是作品。这一点恰恰违反了客观标准，并且有违逻辑。

第四，作品存在是推定作者的前提和基础。如果没有作品存在，何来作者署名权？何来通过署名的外观推断人工智能的操纵者是人工智能作品作者的基础？著作权法关于"推定作者"的前提是必须要有作品的客观存在，既然不承认人工智能智力成果的作品性（就是不披露也没有作品性），那就没有推断作者的存在基础。不能因为在智力成果上署了名，而倒推智力成果具有作品性，只有先认可智力成果的作品性，才有推定作者存在的基础。

第五，如果认可人工智能智力成果的作品性，那么人工智能的操纵者明显不是人工智能的创作者，[1] 由操纵者享有人工智能作品的著作权缺少必

---

[1] 《著作权法实施条例》第5条，创作是指直接产生文学、艺术和科学作品的智力活动。提供辅助性工作的不是创作。

要的理论支撑和过渡。如果承认"视为作者"原则，人工智能的操纵者可以是人工智能作品的"法律作者"，正因为是人工智能作品的作者，则当然享有作品的全部著作权。

当前关于人工智能可版权性的研究正在不断深化，国内部分学者认为人工智能智力成果具有"独创性"，既然是著作权法作品，就应该得到著作权法保护。吴汉东认为，虽然机器人不是具有生命的自然人，也区别于具有自己独立意志并作为自然人集合体的法人，将其作为拟制之人以享有法律主体资格，在法理上尚有斟酌之处，但是人工智能生成之内容，只要由机器人独立完成，即构成受著作权保护的作品。① 易继明认为，应该坚持客观标准来判断人工智能的独创性，只要具有"独创性"，就是著作权法保护的作品。② 王小夏、付强认为，人工智能创作物若符合"独创性"条件，仍应被认定为作品。③

四 不认可人工智能智力成果可版权性的危害

随着互联网科技的高速发展，新型作品不断出现，网络视频、网络直播、网络游戏等作品频现于人们的生活，人工智能在新型作品中发挥了重要作用，人工智能智力成果在生活中逐渐成为常态，不认可人工智能智力成果的法律地位，严重与社会现实不符。

危害一：影响对作品独创性的认知和判断。"可版权性"是指智力成果可以作为著作权法的作品而加以保护，它是一个动态变化的概念。由于英美法系版权法和大陆法系著作权法哲学基础的差异，英美版权法偏重对作品财产权的保护，而弱化作者对作品的影响，其中美国版权法只在视觉艺术方面承认作者的精神权利。④ 而大陆著作权法强调作者于作品的不可动摇的地位，各国著作权法有作品精神权利或者人身权的规定，并且明确规定著作人身权不得转让、不得许可、不得放弃。在实践中，这造成著作人身

---

① 吴汉东：《人工智能时代的制度安排与法律规制》，《法律科学》2017年第5期。
② 参见易继明《人工智能创作物是作品吗？》，《法律科学》2017年第5期。
③ 参见王小夏、付强《人工智能创作物著作权问题探析》，《中国出版》2017年第17期。
④ 17 U.S.C. § 106 (a) (1976).

权与民法人身权难以区分，受制于民法人身权理论的影响，著作人身权成为作品流转和版权贸易最大的障碍，并且造成在实践中作品人身权不得转让理论无法正常坚守。可版权性的范围在发生变化，事实作品也逐步纳入版权法保护的范围。"独创性"是判断智力成果是否是作品的客观标准，独创性包括两个层面的含义：第一，智力成果由作者独立完成；第二，具有最低限度的创作。世界各国认定独创性的标准不一，美国有"额头冒汗"理论，英国有"劳动回报"理论，瑞士、荷兰、比利时等大陆法系国家用"勤奋标准的判断方法"。① 也有观点认为，独创性有高低之分。作者的思想、身份、创作过程等因素不是判断作品独创性的标准和依据。如果不认可人工智能智力成果版权性，将对认定作品的独创性理论造成冲击。

危害二：不利于人工智能产业的健康发展。世界各国纷纷把人工智能产业作为优先发展的产业予以考虑，发达国家把发展人工智能作为国家战略，中国则于2017年发布《新一代人工智能发展规划》，人工智能的发展进入新阶段并对中国的社会造成深远影响。中国正在移动互联网、大数据、超级计算、传感网、脑科学等领域加强进一步的投资和发展，积极倡导"互联网+"的经济模式。当前，新一代人工智能发展，推进了经济转型，加快了经济结构调整，改变了人们的生活方式。人工智能是助力中国科技腾飞的最好机会，中国具有人才优势、市场优势、资金优势、创新的商业模式，在人工智能领域的学术论文数量已经位居世界第一。② 社会各行各业整体推进，正在引发互链式突破，促进经济社会各阶层、社会各领域从数字化、网络化向更高智能化的程度加速前行。

在新兴产业中，人工智能智力成果已经发挥重大作用，人工智能的发展引发法律和社会伦理的再思考。③ 现实情况是，大部分的视听作品、电子游戏和软件是人工智能智力成果。当学界还在讨论这些人工智能智力成果是不是作品的时候，广大消费者早已经在消费人工智能作品，并没有在意

---

① 参见李伟民《视听作品法律地位之确立——以文化安全为视角》，《法学论坛》2018年第2期。
② 参见李开复、王咏刚《人工智能》，文化发展出版社，2017，第263~264页。
③ 参见朱体正《人工智能时代的法律因应》，《大连理工大学学报》（社会科学版）2018年第2期。

这些作品是人创作还是机器人创作。人工智能版权领域也是全新领域，蕴含巨大商机，对版权贸易具有重大影响，不认可人工智能智力成果的可版权性，将严重影响人工智能产业的健康发展。认可人工智能智力成果的法律地位，是产业利益的必然要求。

危害三：不保护人工智能作品，不利于著作权法的发展。因为人工智能的"非人性"，而不认可人工智能智力成果的"作品性"，对客观存在于社会、与人的作品无异的有价值的人工智能智力成果视而不见，不符合著作权法的精神，著作权制度具有鼓励创新、激励创作、保障更多人有学习机会的功能。不保护人工智能作品将会造成版权秩序混乱、版权纠纷增加之风险。

即使法律不承认人工智能的人格或者权利主体资格，或者不认可人工智能"法律拟制作者"地位，人工智能作品也完全可以脱离作品的主体对作品进行保护。社会不断发展进步，大量"无主作品""孤儿作品"出现在社会中，我们不能因为无法确定作品的作者而否决这些作品的本质，也不能消灭这种社会现象。

民事主体是不断扩大的状态，由自然人到法人，再到无生命的其他主体，知识产权的主体也是一样，主体在不断扩张，作品和作者的关系也从天然的依附发展到可以独立存在。至少在部分国家的著作权法中，没有明确排除"非生命主体"可以是作品的作者，人工智能被解释为或者被认可为作品的"作者"没有理论障碍。

笔者认为，目前不认可人工智能可以是作品作者的理论，明显是受制大陆法系著作权法中"自然人是作者""作品精神权利不得转让""由创作者享有作品著作权"等理论的束缚。这些著作权法理论已经受到了国内部分学者的质疑。[1] "作品体现人格"的观念已经成为作者权体系的负累，成为一种负担和限制。[2] 已经有学者认为人工智能具有有限人格，[3] 也有人认为，权利主体的外延不再限缩于生物学意义上的"人"，物种差异不再视为

---

[1] 参见孙新强《论作者权体系的崩溃与重建——以法律现代化为视角》，《清华法学》2014年第2期。
[2] 参见李琛《著作权基本理论批判》，北京：知识产权出版社，2013，第182页。
[3] 袁曾：《人工智能有限法律人格审视》，《东方法学》2017年第5期。

获取权利主体地位的法律障碍，人工智能享有权利。①

笔者认为，人工智能的智力成果不一定体现"人格"，但是可以成为独创性的表达。当人工智能智力成果与人的智力成果无异时，传统版权法制度在确定人的作品作者和著作权归属的时候略占优势，在认定人工智能作品的作者时显得力不从心，会纠结究竟是人工智能的操纵者是作者，还是人工智能是作者，或者另有其主。但是应该遵照一个逻辑，人工智能作品是一个客观事实，本身是有"作者"，只是确定"作者"是谁这一问题变得更为复杂。既然是作品，著作权法应该予以保护，以发挥著作权法之价值。

五　人工智能智力成果的版权保护模式探索

认可人工智能智力成果作品性的学者不在少数，在认可人工智能智力成果作品性的前提下，学者们对人工智能智力成果的保护模式进行了尝试性的探讨。不论观点正确与否，是否能满足社会的实际发展需要，至少这些对推进我国人工智能智力成果立法和保护有所贡献。

（一）现有理论关于智力成果的版权保护模式

模式一：合同约定

易继明教授认为，对人工智能作品的著作权归属首先应该重视投资人的利益，需要重新重视人工智能设计者、所有者、使用者之间的合同安排，并且按照合同优先的原则确定权利、解决权属纠纷。如果在没有约定的情况下，则应该建立以所有者为核心的权利归属制度。②

该模式具有进步意义，首先在认可人工智能智力成果的作品性前提下，在人工智能投资人、人工设计者、人工智能所有者、人工智能作品的使用者之间进行利益平衡，通过契约以各方自由约定人工智能智力成果归属的方式，优先对人工智能作品的归属进行制度安排，可以减少纷争，利于解决实践问题。

---

① 参见张玉洁《论人工智能时代的机器人权利及其风险规制》，《东方法学》2017年第6期。
② 参见易继明《人工智能创作物是作品吗？》，《法律科学》2017年第5期。

笔者认为，该模式虽然具有进步意义，但是面临著作权法基础理论的限制。第一，没有体现人工智能本身的价值和作用。人工智能在人工智能作品的创作中是承担主要作用还是辅助作用，这有待进一步研究。如果人工智能本身在人工智能作品创作过程中承担主要作用，则有成为"作者"的可能性。如果发挥的仅仅是辅助作用，则人工智能不是人工智能作品的创作者，也不是人工智能作品的作者。虽然我们被客观条件所限，无法确定人工智能作品的创作人和作者，或者依据现有法律技术，暂时无法精准确立人工智能智力成果的作者，但我们不能忽略人工智能"人格性"的可能。"合同约定"模式其实是不承认人工智能可以是作者，而把人工智能当作了人的工具，认为其没有人格。第二，受制于作品人身权不得转让的理论限制。大陆法系著作权法普遍规定，作品的人身权不得转让。[①] 在合同约定人工智能作品的著作权归属过程中，作品的精神权利如何处置是一个重大的理论与实践问题。第三，受制著作权法"原始取得著作权"的理论。原始取得作品著作权是指通过创作或者法定的方式，一手取得作品著作权的情形，职务作品是法定原始取得著作权的形式之一。通过继承、转让、合同约定取得作品著作权，是最为常见的继受取得作品著作权的方式。在人工智能智力成果的归属方面，第一层面谈的是人工智能作品的原始取得问题，第二层面则是合同约定取得著作权，实质是著作权的转让问题。

模式二：赋予人工智能人格

即便在世界范围内，人工智能能否成为民事主体也是全新的理论，目前没有先例可循，有零星的消息称"沙特承认人工智能的国籍"。根据民法、国籍法理论，只有当一个个体是一国民事法律的主体之后，[②] 才能称之为"国民"，其才能拥有国籍，享有民事权利。[③] 其是民事主体，才享有民事权利和民事义务。知识产权法是民法的特别法，著作权主体的规定适用于民法关于民事主体的规定，作者的范围包括以下民事主体：自然人、法人、非法人单位、个体工商户、合伙组织等，只要是这些主体创作的独创

---

① 德国《著作权法》第 29 条，中国《著作权法》第 10 条。
② 《民法总则》第 13 条 "自然人主体"，第 57 条 "法人主体"。
③ 《国籍法》第 2 条。

性作品，皆应该一同视为作者。①

有学者认为人工智能具有有限人格，② 也有人认为权利主体的外延不再限于生物学意义上的"人"，物种差异不再视为获取权利主体地位的法律障碍，人工智能应享有权利。③ 赋予人工智能人格，短时间很难被公众所接受，以"非人性"观点反对的为多数，反对者认为智力活动是创作的实质要件，认为人的创作劳动才是作品创作的本质工作。正如笔者前面所阐述的，如果坚持大陆法系作者权法理论，则没有人工智能拟制人格的存在空间；在英美版权法国家，人工智能被拟制为特殊的人格完全有可能，虽然英美法在拟制无生命的法人或其他组织为创作者、法律作者方面具有丰富经验，但是动物能否成为新的民事主体，人工智能能不能成为民事主体，对此其还没有明朗的态度。

其实权利的主体并没有限定在自然人、法人等范围内，物种差异不再视为获取权利主体地位的法律障碍，权利主体的范围并非是固定不变的，而是处于不断的扩张状态中，不同群体之间的实力变化往往直接影响权利主体的外延。④ 承认人工智能的人格仍然需要很长的路要走，最初，法人能创作、法人能犯罪的理论难以被人普遍接受，但现在这些问题已经不是问题。当笔者多次在学术活动中提到动物的民事主体扩张、动物可以享有权利的学术问题时，马上会遭到学界部分专家的反对。大家多以"怎么能把畜生和人相提并论""如果承认动物的民事主体地位，动物不是和人一样了？"的类似观点来驳斥笔者。

笔者认为，"法律拟制"是一种正常现象，"虚假"的民事主体在某些方面虽然能享有和真实民事主体相同的权利，但是关于一些天然的权利，只有"人"才能享有，比如结婚和生殖等。承认民事主体不是与人争权利，而是便于规制一种社会秩序。在解决人工智能民事主体资格的法律问题时，我们依然处在这一尴尬境地，有人始终会认为不能让无生命的机器人超出人的控制范围，所以人工智能不能是人工智能作品的"作者"。

---

① 参见曲三强《知识产权法原理》，北京：中国检察出版社，2004，第105～106页。
② 袁曾：《人工智能有限法律人格审视》，《东方法学》2017年第5期。
③ 参见张玉洁《论人工智能时代的机器人权利及其风险规制》，《东方法学》2017年第6期。
④ 参见张玉洁《论人工智能时代的机器人权利及其风险规制》，《东方法学》2017年第6期。

笔者认为,在未来我们可以把人工智能作为新的民事主体来对待:人工智能享有民事权利,能像人一样思考,同样也能像人一样创作,对人工智能作品享有完整著作权。要想实现这些,一方面需要社会公众在观念和情感上有所转变,另一方面需要在法律层面率先获得突破,对民事主体进行扩张,以至可以涵盖有生命的动物,也可以涵盖没有生命的人工智能等。

笔者认为,作品作者和民事主体之间虽然存在关联性,但是人工智能智力成果的可版权性毕竟是著作权法领域的核心问题,最终需要从著作权法方面予以回应。具体步骤如下:第一步,修改民法,扩大民事主体的范围。至于民事权利,其是民事主体的下位法律概念,承认特殊主体的民事主体地位,这些主体当然享有相关民事权利。第二步,修改著作权法关于作者、权利归属的相应制度。目前,关于人工智能民事主体的理论,主要停留在赋予人工智能民事主体和民事权利方面,对著作权领域作者地位的认定方面缺乏深入论证。以"视为作者"原则为核心,构建新的著作权主体制度、雇佣作品制度、作品权属制度,应当是历史的必然。

(二)关于人工智能智力成果版权保护模式之进路

1. 模式一:把人工智能作品作为"孤儿作品"予以保护

随着互联网科技发展,海量作品涌现网络,有些作品没有作者署名或者查找不到作者的情况多有发生,"孤儿作品"的概念应运而生。对这种著作权人身份不明或著作权人身份确定但无法联系上的作品,参照日常生活中"孤儿"的概念,把该类作品作为"孤儿作品"来对待。"孤儿作品"和其他作品并无实质差异,对"孤儿作品"的利用同样可以达到促进文化传播的目的。① 在人工智能智力成果与人的智力成果没有实质差别的情况下,作品的外观没有区别,作品的艺术价值没有区别,如果存在区别也仅仅在于创作作品的主体不同。一般情况下,发现和认定作品的作者较为容易,确定作品的著作权归属也非常容易。但是在面对人工智能智力作品时,计算机、机器人、人工智能的操纵者和管理者在作品创作过程中的地位和作用较为复杂,造成认定作者困难,大家会认为这是计算机的功劳,但是

---

① 参见王迁《"孤儿作品"制度设计简论》,《中国版权》2013年第1期。

没有几个人愿意把智力成果真正赋予人工智能本身。

现实生活中，公众的注意力集中在作品的使用价值上，至于作品的创作者、作者是谁，显得不重要，作品的作者、创作者的确定只有在作品流转中对确定作品的权利归属具有重要意义。当我们还在纠结人工智能智力成果的作者是谁的时候，作品的使用已经非常普及。虽然我们暂时找不到作品的作者，但这并不影响作品的价值及对作品的保护和利用。对于人工智能作品来说，只是暂时无法确定其作者，暂时对其在流转和作品经济价值的再分配方面造成一定影响。

人工智能作品的作者不好确定或者表面上没有作者，著作权是私权，我们也不能因为作品作者的特殊性情况，而否决作品本身的客观实在，人工智能作品不能成为"免费午餐"，需要尽快确立使用规则。学者建议的"准强制许可 + 提存"模式具有可行性，可以由国家著作权行政管理部门指定专门机构负责批准利用"孤儿作品"的申请。该机构的职能应仅限于批准他人使用"孤儿作品"，而并无转让"孤儿作品"著作权的权限。同时，应该尽快建立"孤儿作品"的数据库，该机构还应及时登记、公示被许可使用"孤儿作品"的信息，以便著作权人知晓作品的利用情况，方便后续使用者使用同一"孤儿作品"。[①]

但是，该种保护人工智能智力成果的方法只是权宜之计。关于人工智能作品作者的确定只是暂时困难，事实上其属于有主作品，只是防止因人工智能作品不被著作权保护而陷入混乱、伤害人工智能产业发展等情况的一种临时保护方法，最终仍需制定人工智能作品的法律归属原则。

2. 模式二：以"视为作者"原则安排人工智能智力成果的归属

美国版权法注重作品财产权的保护，更加适应社会的发展，在应对新型视听作品、计算机软件等多人作品过程中，曾经以"合作作品"原则确认多人作品的作者并安排著作权的归属，所有参与创作的人都是作者，共同享有合作作品的著作权。[②] 但是现实中，权利人众多不利于谈判、不利于交易顺利达成，也不利于作品的传播。经过司法判例的长期发展，美国

---

① 参见王迁《"孤儿作品"制度设计简论》，《中国版权》2013 年第 1 期。
② 参见李伟民《论不可分割合作作品》，《暨南学报》（哲学社会科学版）2017 年第 7 期。

1909年版权法创立了"视为作者"原则,也称为"雇佣作品"原则,1976年版权法对"视为作者"原则进行了重新定义。① 英国也有类似的"视为作者"制度,作品的创作者之外的人可以是作品的"作者",以"法律拟制"技术对作品的事实作者(实际创作者)——创作者和作品的法律作者——雇主、投资人、制片者、委托人、人工智能的操控者等做有效区分。以"法律拟制"技术解决作品事实作者与作品权利人不相符的情形,"拟制血亲""法人制度""收养制度"都是法律拟制的典型制度。在现实生活中,没有生孩子的妇女可以成为孩子母亲,与亲生母亲一样享有法律权利、承担法律义务,她是法律上的母亲,不是生理上的母亲,法律关系并行不悖。

笔者认为,关于人工智能智力成果的著作权归属,我们可以大胆尝试采用"法律拟制"技术,参照美国版权法"视为作者"原则("雇佣作品"原则),把没有实际参与创作的主体(人工智能的投资者、管理者、实际操控者等)视为人工智能作品的法律作者,正因为是作者,所以其享有人工智能作品完整的著作权,我们不再追究他(她)、法人(组织)是否创作作品。真正的事实作者(人工智能的设计者、研发者、人工智能等),不享有人工智能作品的著作权。

中国《著作权法》也有与美国版权法"视为作者"原则("雇佣作品"原则)类似的制度——"职务作品"制度。但是,"职务作品"制度的内涵和外延明显与"视为作者"原则不一致,中国的"职务作品"制度非常复

---

① 17 U. S. C. § 101 (1976). A "work made for hire" is (1) a work prepared by an employee within the scope of his or her employment; or (2) a work specially ordered or commissioned for use as a contribution to a collective work, as a part of a motion picture or other audiovisual work, as a translation, as a supplementary work, as a compilation, as an instructional text, as a test, as answer material for a test, or as an atlas, if the parties expressly agree in a written instrument signed by them that the work shall be considered a work made for hire. For the purpose of the foregoing sentence, a "supplementary work" is a work prepared for publication as a secondary adjunct to a work by another author for the purpose of introducing, concluding, illustrating, explaining, revising, commenting upon, or assisting in the use of the other work, such as fore words, after words, pictorial illustrations, maps, charts, tables, editorial notes, musical arrangements, answer material for tests, bibliographies, appendixes, and indexes, and an "instructional text" is a literary, pictorial, or graphic work prepared for publication and with the purpose of use in systematic instructional activities.

杂，并且与社会实践不符，这与用人制度尚未完全市场化有关。当下，雇主（可以是法人、非法人组织、自然人）雇佣雇员（可以是法人、非法人组织、人工智能、自然人）创作不可分割、共同共有的合作作品的情形已成为常态，如电影作品、视听作品和计算机软件作品等。但是实践中，这些特殊的多人作品并没有被视为"合作作品"，而是被当作"雇佣作品"，由作品的法律作者（投资人、制片者、软件开发者）享有著作权，其他事实参与作品创作的主体不享有作品的著作权，只能依据合同，获得报酬。[1]中国《著作权法》第16条第1款是对"一般职务作品"的规定，员工（雇员）在职务关系（雇佣关系）存续期间所创作作品的著作权归属实际创作人员工（雇员）享有，而不是归单位（雇主）享有，但是在两年内，单位（雇主）享有对作品优先使用的权利。该条第2款是对"特殊职务作品"的规定，员工（雇员）在职务关系（雇佣关系）存续期间利用法人或者其他组织（雇主）的物质技术条件创作，并由法人或者其他组织（雇主）承担责任的工程设计图、产品设计图、地图、计算机软件等职务作品，员工（雇员）享有作品的署名权，作品的其他著作权归法人或者其他组织（雇主）享有。"特殊职务作品"制度与美国版权法"视为作者"原则最为接近，结合《著作权法》第11条"法人或者其他组织视为作者"的规定，视"法人或者其他单位"为作品的法律作者，由法人或者其他单位享有"职务作品"的著作权，但是其与美国版权法"视为作者"存在重大差异。[2]中国在参照美国版权法"视为作者"原则的同时，杂糅了英美法系版权法和大陆法系著作权法思想，并且其中还存在天然的矛盾。为顺利解决人工智能智力成果的可版权性问题，重构中国"职务作品"制度是当务之急，也是重中之重。

结　语

随着科技高速发展，云计算、人工智能成为当下社会的主流，在互联

---

[1] 参见李伟民《视听作品法律地位之确立——以文化安全为视角》，《法学论坛》2018年第2期。
[2] 《著作权法》第11条。

网、电影、游戏、软件等方面，大量人工智能创作作品出现，这些作品具有很高的独创性，同时具有很大的市场价值。这些人工智能智力成果与自然人所创作的作品在某些方面没有差异，让人难以区分。如果不认可该类"非人性"所创作智力成果的"作品性"，无疑是雪上加霜，一面是具有很大价值的人工智能产业市场，一面是不认可人工智能的作品地位，这些势必导致人工智能智力成果成为"免费午餐"，其合法权利得不到保护。这种局面与发展人工智能的国家战略不符，与著作权法激励创作、方便公众学习的精神相悖，与社会现实严重脱节，在法律层面确立人工智能智力成果"作品性"的法律地位，利大于弊，如果纠结在传统著作权法制度之中，以"非人性"而否决人工智能智力成果的"作品性"，就会错失发展人工智能的大好时机。

在法律层面应当尽快正式形成人工智能"智力成果"的规范表述，完善人工智能智力成果的"独创性"判断标准，把"独创性"作为判断人工智能智力成果"作品性"的唯一标准，只要人工智能智力成果具备独创性，其就是著作权法作品，就应该获得著作权法保护。突破民法民事主体制度的限制，逐步扩大民事主体的范围，扩大"无生命"民事主体范围，为"人工智能具有法律人格"争取创造条件。对传统大陆法系著作权法的框架和理论进行调整，逐步偏重保护作品的财产权，减少著作权法"作品人身权（作品精神权利）"制度的束缚，对"自然人是作者""创作人是作者"等理论进行调整。坚持"作者享有著作权"理论，充分发挥法律拟制技术的作用，承认作品法律作者和事实作者的区分，修改著作权法著作权主体制度，重构自然人、法人、其他组织、其他生命体的著作权主体制度，重构我国职务作品制度，确立"雇佣作品"概念和原则，以"雇主""雇员""雇佣关系"原则安排生活中的新型作品、多人作品参与主体之间的法律关系，扩大"雇主"的范围，将自然人、法人、其他组织等纳入其中，扩大"雇员"的范围，把无生命主体纳入其中。

目前，解决人工智能智力成果的归属制度有多种方法，孰优孰劣有待实践的进一步检验。在承认人工智能可版权性的基础之上，面对确定人工智能作品作者较为困难的社会现实，"孤儿作品"制度可以暂时作为替代规则，以缓解市场需求的压力。"视为作者"原则已经深入人心，大胆拟制人工智能为法律作者，由人工智能享有人工智能作品的著作权，事实上则由人工智能的实际操纵者行使相关权利。也可以把人工智能拟制为人工智能作品的事实作者，同时把人工智能的操纵者、管理者、开发者、使用者之一或者几种拟制为人工智能作品的法律作者，由法律作者享有人工智能作品的著作权。这种法律拟制技术的结果，绕开了"作品人身权不得转让"理论的束缚，突破了人工智能非人性对人工智能作品著作权主体的限制，并且不违反"作者享有作品著作权"的著作权法基本理论，也减少了法律体系内部的矛盾。

笔者以人工智能的发展为契机，以人工智能"智力成果可版权性"为研究内容，以相关学术观点为评价目标，探寻人工智能"智力成果"的本质，促进早日达成人工智能具有独创性的"智力成果"是"作品"的共识，以期对建立人工智能"智力成果"的著作权主体和归属制度有所贡献。

政策研究

保护知识产权就是保护和激励制造业创新发展[*]

谭华霖[**]

在 2018 年 9 月举行的第十二届夏季达沃斯论坛开幕式上，李克强总理发表了特别致辞，致辞聚焦在新产业革命中壮大世界经济发展新动能，深刻阐述了当前国际发展形势，介绍了中国经济发展和政策取向，在国内外引发热烈反响。在致辞中，李克强总理特别指出，要以更大力度激励创新，明确提出保护知识产权就是保护和激励创新；强调将实施更严格的知识产权保护制度，对侵犯中外企业知识产权的行为坚决依法打击、加倍惩罚，让侵权者付出难以承受的代价。这为我们进一步强化制造业知识产权保护地位，加快制造强国建设指明了方向。

一 改革开放 40 年：我国制造业创新发展之路正是不断强化知识产权保护之路

改革开放以来，我国制造业发展取得了举世瞩目的成就，逐步建立了门类齐全的现代工业体系，总体规模快速扩大，创新能力不断增强，产业结构持续优化，我国跃升为世界第一制造大国。应该说，40 年的制造业创新发展之路是我国知识产权制度从建立到走向完善之路，也是中国知识产权保护力度不断加大、创新环境持续优化之路。1982 年以来，国家相继

---

[*] 本文原载《21 世纪经济报道》2018 年 9 月 29 日。
[**] 谭华霖，法学博士，北京航空航天大学法学院教授（院聘），北京科技创新中心研究基地常务副主任。

出台《商标法》（1982年）、《专利法》（1984年）、《著作权法》（1990年），快速构建起了知识产权法律体系。以积极姿态签订《中美贸易关系协定》，加入世界知识产权组织，加入《巴黎公约》《马德里协定》等协议。2001年加入世界贸易组织，签订"TRIPS协议"，使得中国知识产权保护在立法精神、权利内容、保护标准、法律救济手段等方面实现了与国际通行规则的一致。具体到制造业领域，以信息产业的基础——集成电路行业发展为例，随着20世纪末国内半导体产业进入快速发展阶段，2001年国务院审议通过了符合"TRIPS协议"标准的《集成电路布图设计保护条例》，建立了集成电路布图设计法律保护体系，从而构建了产业发展的法治环境。2008年国务院颁布《国家知识产权战略纲要》，决定实施国家知识产权战略，进一步对知识产权保护做出了战略部署。改革开放以来数次大规模修订知识产权立法，知识产权保护力度一直在不断增大。知识产权保护40年的短暂历史，被公认为走过了欧美国家几十年甚至上百年的道路，为我国40年来制造业科技进步和产业发展提供了有力的法律保障与制度支撑，涌现了华为等一批具有自主知识产权和核心竞争力的创新型企业。

时代是思想之母，实践是理论之源。党的十八大以来，以习近平同志为核心的党中央将知识产权工作摆在了更加突出的位置，做出了实行严格的知识产权保护制度的重大决策部署。严格保护知识产权不仅是对加入世界贸易组织承担国际义务做出的庄严承诺，也是中国扩大开放和融入经济全球化的需要，更是中国自身实现创新发展特别是制造业转型升级的必然要求。据统计，2017年，我国发明专利申请中超过90%是国内申请，专利合作协定（PCT）国际专利申请超过5万件，居全球第二。正如习近平总书记在博鳌亚洲论坛2018年年会开幕式上演讲指出的，加强知识产权保护"是完善产权保护制度最重要的内容，也是提高中国经济竞争力最大的激励。对此，外资企业有要求，中国企业更有要求"。①

---

① http：//www.xinhuanet.con/politics/2018-04/10/c_1122659873.htm，访问日期：2018年9月10日。

二　新时代使命担当：以更加严格的知识产权保护力度支撑制造强国建设

　　世界范围内新一轮科技革命和产业革命正磅礴兴起，创新周期加速缩短，新技术迭代频繁，人工智能、无人驾驶、无人机等新兴业态不断涌现。经济和科技发展全球化潮流势不可当，人类越来越成为你中有我、我中有你的命运共同体。知识产权保护在国家经济社会发展和国际治理体系中的重要战略地位将更加突出。正如李克强总理指出的，"在新产业革命中，没有谁能包打天下。各方应优势互补，共育创新、共推创新、共享创新，在严格保护知识产权的基础上，支持企业基于市场原则和商业规则开展创新合作，协力加速新产业革命进程"。① 当前我国正在转向高质量发展阶段，制造业处于由大到强的转变期，能否顺利实现由数量扩张向质量提升的战略转变，是建设制造强国和实现世界科技强国建设成败的关键。在这一时代背景下，知识产权保护越来越成为我国高质量发展和制造业转型升级的内在需求，正如总理多次强调的，"不保护知识产权，中国经济转型升级、中国产业由中低端迈向中高端几乎没有可能"。

　　站在未来看现在，未来已来。近年来我国政府态度鲜明地加大保护知识产权力度，在2018年的博鳌亚洲论坛主旨演讲中，习近平主席将加强知识产权保护作为扩大开放的四大重要举措之一。作为知识产权国际规则的坚定维护者、重要参与者、积极建设者，中国正在成为知识产权保护和执行方面的全球领先者。近年来我们严厉打击侵权假冒行为，加大对侵犯商业秘密、恶意抢注商标、专利侵权假冒、网络盗版侵权等知识产权侵权违法行为的惩治力度，强化"互联网＋"背景下知识产权保护。以专利法等法律修改为契机推动建立侵权惩罚性赔偿制度，大幅提高知识产权侵权法定赔偿上限，"让侵权的人一旦犯法终身难逃，让他们在这个领域，甚至在整个市场上难以立足"。纵深推进国家知识产权综合管理改革，重新组建了国家知识产权局。推进知识产权司法体系建设，在北京、上海、广州成立

---

① http：//www.sipo.gov.cn/zscqgz/1132300.htm，访问日期：2018年9月21日。

了知识产权法院，并在15个城市设立了知识产权法庭，在全国法院普遍推行"三审合一"。中国知识产权"严保护、大保护、快保护、同保护"的格局已初步形成。具体到制造业领域，我们不断加强行业知识产权保护，强化制造业重点领域知识产权行政执法，推动建立知识产权侵权黑名单制度，严厉打击网络侵权假冒工作，加强电子数据取证、存证、鉴定能力和生态建设，积极运用新技术手段支撑知识产权保护工作，推动建设知识产权海外保护与维权体系，依法保护企业的知识产权合法权益。

三　弘扬文化自信：为建设制造强国营造知识产权保护的浓厚氛围

思想是行动的先导。优良的文化环境是引导和约束人们具体行为的强大动力。保护知识产权，文化环境至关重要。正如李克强总理所说的，"中国要实现创新发展，离不开一个尊重知识、保护产权的环境"。必须在全社会厚植自觉尊重和保护知识产权的文化，引导公众和企业树立与之相适应的价值观，才能从根本上实现知识产权保护与创新发展的目标，汇聚起新时代建设制造强国的磅礴力量。

据统计，我国规模以上制造业每亿元主营业务收入有效发明专利数（件）从2012年的0.33件增长至2016年的0.71件，平均增长率为21.1%。越来越多的企业将知识产权作为企业的重要资产，主动开展全球知识产权布局，不断加强自身品牌建设，运用知识产权拓展国际市场。在重视自身知识产权储备的同时，充分尊重他人的知识产权，按市场规则办事。加入世贸组织以来，我国企业对外支付的知识产权费增长了14倍。各级政府在改善知识产权保护环境方面取得了显著成效，越来越多的外资企业选择到中国解决知识产权纠纷。全社会知识产权意识明显提高，关注、支持、参与知识产权保护的浓厚氛围已经形成。中小学大力开展知识产权教育，近百所高校增设了知识产权本科专业，30多所高校设立了知识产权学院。知识产权信用体系建设稳步推进，尊重知识、崇尚创新、诚信守法的知识产权文化意识得到大力弘扬。

科技群团的双重属性与改革路径[*]

龙卫球　庞　瑜[**]

摘　要：科技群团作为科技领域具有专业性特征的自我管理的群团组织，对于科技行业内的各个独立主体、对于整个行业发展甚至国家的"科技兴国"战略都有着特殊意义。进行科技群团改革，首先要认识群团组织产生的历史性与独特性。群团组织是中国共产党应对社会发展的一种特殊创造，是在革命和建设过程中，依靠自身组织网络应对复杂社会体系、整合各派政治力量，逐步形成的富有活力的"核心—外围"的一种政治和社会组织体系，在各自的领域发挥着重要的社会引导、组织和管理作用。其次要站在新的时代，正视群团组织性质和组织功能并提出新的要求。由此，科技群团进一步改革与发展需要明确三个逻辑，即中国逻辑、时代逻辑和理论逻辑。总体而言，科技群团在改革上应当关注其政治和社会组织的双重属性；相应地在改革中应采取双主体结构耦合路径，既促进政治属性的贯通，同时也要强调社会组织属性，加强建立一套自我组织、具有自我管理功能的治理结构体系，充分发挥自身的独立性，并坚持以法律、党规和自立章程完成上述改革的规范。

关键词：群团组织　科技群团改革　人民团体　社会组织　双重属性

---

[*] 本文原载于《北京航空航天大学学报》（社会科学版）2018年第5期。
[**] 龙卫球，北京航空航天大学法学院院长、教授、博士生导师，北京科技创新中心研究基地主任，研究方向为民商法、网络与信息法；庞瑜，北京航空航天大学法学院博士研究生。

Dual Nature and Reform Path of Science and Technology Cluster

Long Weiqiu, Pang Yu

Abstract: As self-management cluster with professional characteristics in the field of science and technology, the science and technology cluster has not only a special meaning for any individual subject in this field, but also for the whole development and even the national strategy of "Rejuvenating the Country through Science and Technology". To carry out the reform of scientific and technological cluster, we must first understand its history and uniqueness. As a special creation of the Communist Party of China to govern the society, the science and technology cluster is a political and social organization system with a characteristics of dynamic "core-periphery" gradually formed in the process of revolution and construction, relying on its own network in dealing with the complex social system and integrating various political powers. The cluster plays an important role in respective areas in social guide, organization, and management. In order to carry out the reform of scientific and technological cluster organizations, it is necessary to stand in the new era and put forward new requirements for its nature and functions. Therefore, the further reform and development of the science and technology cluster needs to clarify three logics, namely Chinese logic, times logic and theory logic. In general, the scientific and technological cluster should pay attention to the dual nature of its political and social organizations in the reform. Accordingly coupling paths should be taken in the reform of the double main body structure, promoting political attribute, emphasizing the social organization attributes, and strengthening full self-independence and the establishment of a set of governance structure system with the function of self-organization and self-management. All these should be conducted within the laws, party rules and self-reliance regulations to complete the reform.

Keywords: Cluster Organizations; Science and Technology Cluster Reforms; People's Groups; Social Organizations; Double Attribute

一 群团组织产生的历史性与独特性

(一) 群团组织是中国社会组织发展的特殊产物

研究中国群团发展,需要深度切入中国社会组织的发展脉络中。中国社会组织的生成、发展无不具有中国不同历史阶段的时代特色和场域特征。

近代以前的中国是一个以自然经济为主体的农业文明体,这种文明体的广义社会结构较为简单,可划分为一个居高临下的皇权及其附属的科层式政权体系,以及无数单个外部独立的内部依靠血缘纽带联结的家庭或者家族,这两者之间通过赋税租役和科举制而发生互动联结。这是一种较简单的社会结构,"国"和"家"就能覆盖全部个体而不会留下太多公共空间,只存在因地缘而结成的会馆以及因业缘而结成的行会,但这两种模式的根源还是血缘的扩大与推广,真正如现代意义上的社会组织的生存土壤和需求是不存在的。

但是,中国进入近代以来,社会组织以其历史特殊性而得到发展。中国近代史就是一部革命斗争史。根据费正清的观点,中国的近代化是一种冲击—回应的模式。[①] 中国是由农业文明在外部力量的推动下,迅速转向工业文明而逐步进入近代化进而迈向现代化的。外部力量的冲击导致中国近代不断的革命,以此回应革命条件下发动和组织社会的特殊需要。在这样的历史背景下,中国的主要社会组织异于西方缓慢生长成的民间组织:带有强烈的政治色彩。从开近代化民间组织先声的"强学会"到抗战时期在延安成立的"自然科学研究会",莫不以救亡图存为己任。

中国社会组织在这种特殊历史环境下诞生并且这种特殊背景对其后续发展一直具有潜移默化的影响。到了革命和革命胜利之后的时期,社会组织在中国有了一个政治色彩更加鲜明的名称——群众团体,因为"群众"

---

① 费正清:《美国与中国》,张理京译,北京:世界知识出版社,2000。

一词在中国革命阶段的语境中是指对拥护革命的一种认可。中国共产党作为中国革命和建设的领导力量，其与群团组织的关系也一直处于调整适应的过程之中。

相比较而言，西方社会近代以来以结社自由为基础，社会组织中较为引人注目的是所谓的民间组织，它们也是社会自治的主体。国外关于民间组织的定义、分类有较多研究，但也存在一定的分歧。现代社会学家、公共管理学者一般都认可，民间组织①（包括非营利性组织理论）在西方国家奉行社会自治管理理论。关于民间组织产生的原因，学者们提出诸如政府失灵理论、市场失灵理论、合约失灵理论、慈善理论、自利理论等多种竞争性论述。② 在对民间组织治理方面，则从治理和绩效度量、代理理论、管家理论、资源依赖理论、制度理论、利益相关者理论等多个角度展开分析。③ 这些理论思想延续半个多世纪，针对其社会领域新兴组织及其运作经验进行了总结提炼。这些理论解释中国近代以来的社会组织特别是中国共产党作用下的群众组织或群团组织，明显出现解释力不足的结果。但是这种解释不力，应该辩证看待，因为中国群团组织本身具有社会组织功能的一面，因此从规律上来说不可能无视社会自治管理的需求。

（二）群团组织的演变过程

群团组织是中国共产党治理社会的一种特殊创造。党在依靠自身组织网络来应对复杂社会体系、整合各派政治力量的过程中，逐步形成了一个富有活力的"核心—外围"政治体系。④ 这个核心就是党组织，外围就是工

---

① 关于民间组织、第三部门、非营利组织、非政府组织等称谓的争论屡见于学者的论著之中，本文不详细展开关于称谓的争议，本文以民间组织指代以政治、经济、社会三分理论为基础的社会系统内的组织。国外学者如莱斯特·M.萨拉蒙（Lester M. Salamon）、列维特（Levitt）、麦克劳夫林（Curtis P. Mclaughlin）、安瑟尼·杨（Anthony Y.）等从不同角度围绕这一概念内涵均有展开论述，具体参见李晓明所写的《国内外非营利组织研究述评》，载《西北大学学报》（哲学社会科学版）2007年第5期。

② 李晓明：《国内外非营利组织研究述评》，《西北大学学报》（哲学社会科学版）2007年第5期。

③ 田凯：《西方非营利组织治理研究的主要理论述评》，《经济社会体制比较》2012年第6期。

④ 林尚立：《轴心与外围：共产党的组织网络与中国社会整合》，《复旦政治学评论》2008年第1期第340~358页。

会、妇联、共青团等群团组织。党与群团组织的关系分为四个层面，即党是群团组织的领导者、党对群团组织主要是政治领导、坚持党领导下的独立自主的原则、群团组织是党的重要依靠力量。[①] 党在革命、建设、改革的不同时期，根据实际情况，逐步探索出一种与群团组织关系应对的模式。

1. 革命时期

这个时期党组织力量比较弱小，组织群众成为"党的基本任务"，因此，党着力组建各类群团，"不拘任何形式创造非党的工农组织"，并在斗争实践中形成共生型领导关系。有研究指出，在革命时期，党最大限度地发动和组织民众，创造工会、青年抗日救国会（简称青救会）、妇女救国会（简称妇救会）等群团，并采取各种政策措施鼓励和支持根据地工会、青救会、妇救会等群团的发展，在尊重群团独立性的同时，逐步加强党对群团的领导和管理。

2. 建设时期

这个时期革命任务已经完成，因此，党在主观上开始强调群团组织的独立性，但高度统一的政治经济体制的施行，客观上还是造成群团组织自主活动空间的急剧压缩，加之党在组织、动员人力和资源等方面强大的能力和巨大的优势，群团组织也难免被附属化、形式化、边缘化。

3. 改革时期

这个时期国家与社会的关系在社会市场经济背景下不断重构，党与群团组织的关系也随之不断调整。基于越来越复杂的社会治理的需要，党与群团组织的关系就由改革前的主宰型演变为主导型，而且后期主导型进一步深化，由行政主导型逐步向法规主导型转变。[②] 随着单位制的松散，社会流动化、碎片化、多样化、陌生化的程度不断加深，原本属于群团组织所联系和服务的对象不再完全依靠于单位，党和政府也很难再通过单位把这些对象集聚在自己周围，这时候群团组织的枢纽、桥梁和杠杆意义就凸显出来了。

[①] 袁纯清：《人民群众团体论》，北京：北京教育科技出版社，1993。

[②] 朱庆跃：《改革新时期以来党对权力运行外部监督群的培育路径探索——以党与群众团体关系的调构为例》，《理论研究》2014年第2期。

二 当前群团组织存在的问题与挑战

（一）当前群团组织存在的问题及其成因

群团组织在长期发展过程中积累了较多问题，具体表现在以下四个方面。第一，官办色彩浓，代表民意不足。"工青妇"等群众团体的机构设置、人员配备、机构经费、活动主要方式等实质上都是党政机构的一部分。在利益表达上，"官本位"思维严重，多数群团组织重协助党和政府的工作，轻维护和增进其所代表的群体利益；重参与党和国家的各项决策的贯彻与落实，轻能动地影响党和国家做出反映自己群体利益要求的各项决策。第二，基层覆盖面窄，凝聚功能下降。群团组织的吸引力和凝聚力不强、工作有效覆盖面不够，是长期困扰群团发展的两大难题，尤其基层组织"空壳化""空转"现象比较严重。第三，官僚作风重，工作方式单一。群团组织的运作方式行政色彩浓厚，缺乏灵活性；资金来源渠道单一，主要依靠行政拨款；工作理念陈旧，缺乏活力和动力。第四，群团组织越来越出现被替代的现象。尤其是进入 21 世纪以来，随着民众权益意识的提升和网络技术的发展，民间组织发展迅速，为公民表达意见、参与社会生活提供了舞台，部分地代替了工会、青年组织、妇联等人民团体的桥梁功能。

群团组织存在的问题是多方面的，而产生这些问题的原因也是复杂的。总的说来，这些问题有一个发展过程。随着改革开放，社会主义市场经济不断发展，国家与社会原本高度重合的状态析解，国家与社会逐步出现分界。由于历史原因，群团组织在国家建设时期长期依附于国家权力机构，此时随着国家与社会的分离，其与国家权力机构一并被带离社会场域，于是逐渐出现上述问题。这一过程也被冠名为"带出效应"。① 具体说来，可以归纳以下三点：第一，在体制方面，适应性配置不够。群团组织的属性配置受制于转变缓慢的"国家—社会"关系战略理念，体制性嵌入权力结

---

① 李威利：《转型期国家治理视域下党的群团工作发展研究》，《中国青年社会科学》2016 年第 1 期。

构体系,造成群团组织地位的依附性和作用的边缘化。第二,在机制方面,竞争性驱动不强,造成政治社团服务的主动性和独立性不强。第三,在功能方面,结构性赋能不足。党和政府自上而下的结构性赋权改革探索,在加强政治社团社会属性方面的功效并不明朗。

(二)当前新的社会组织的需求与挑战

当前,随着改革开放深入,社会越来越凸显新的空间发展。经济的快速发展推动了社会的分化,尤其是市场经济这种以市场"无形的手"推动经济发展的模式必然会要求政府在某些领域的社会管理以最低要求为限,这就使得在广义的社会内形成了一个广阔的公共空间,这个空间亟需一种有别于政府和企业的新形态组织进行覆盖管理。可以说,经济的高速发展是对新的社会组织需求的最根源的推动。同时,随着改革开放的进一步深入,经济发展要求政府逐步转变职能,不断简政放权,这也为新的社会组织的发展留下管理空间。今天,中国的宏观制度环境有利于公民社会生长。[1] 宪法把结社自由作为基本权利明确宣示,这种积极态度为群团组织社会属性的发挥提供了合法性基础。[2] 此外,社会原子化和价值观多元化也成为群团组织新发展的激励吁求,这种发展注重大众公共利益的发现,而政府更注重集体利益的保障。

三 关于科技群团双重属性的辩证认识

(一)群团组织的属性功能

关于群团组织的属性和功能分析,首先可以从现实政治出发来观察,各个时期中国共产党中央发布文件中的表述是重要的观察点。

1982年,党的十二大报告指出:"必须大大加强党在工会中的工作,使

---

[1] 俞可平:《改善我国公民社会制度环境的若干思考》,《当代世界与社会主义》2006年第1期。
[2] 《中华人民共和国宪法》第35条规定:"中华人民共和国公民有言论、出版、集会、结社、游行、示威的自由。"

工会成为联结党和工人群众的强大纽带。""党要进一步加强对共青团的领导,支持它按照青年的特点进行工作,使它充分发挥党的助手和后备军作用,真正成为广大青年在实践中学习共产主义的学校。""党一定要加强妇女工作,关心她们的特殊利益,重视培养、选拔女干部,领导和支持各级妇女联合会执行自己的任务。妇联应当成为代表妇女利益,保护和教育妇女,保护和教育儿童的有权威的群众团体。"1987年,党的十三大报告提出:"工会、共青团、妇联等群众团体历来是党和政府联系工人阶级和人民群众的桥梁和纽带,在社会主义民主生活中具有重要作用。"1989年12月发布的《中共中央关于加强和改善党对工会、共青团、妇联工作领导的通知》也继续明确:"工会、共青团、妇联是党领导的工人阶级、先进青年、各族各界妇女的群众组织,是党联系群众的桥梁和纽带,是国家政权的重要社会支柱。"1997年,党的十五大报告提到:"工会、共青团、妇联等群众团体要在管理国家和社会事务中发挥民主参与和民主监督作用,成为党联系广大人民群众的桥梁和纽带。"2015年,《中共中央关于加强和改进党的群团工作的意见》也再次重申:"群团组织是党和政府联系人民群众的桥梁和纽带。"

这些文件说明,党的重要文献对群团组织属性和功能一直有比较明确的论述,那就是"桥梁纽带论"长期在党和国家的重要文献中一以贯之。但是"桥梁纽带论"只是一种形象的比喻,其具体内涵还是没有发掘出来。

群团组织从历史中走来,必然会烙刻上深刻的历史印记。"桥梁纽带论"的内涵是指,群团组织应当兼具"人民团体"属性和"社会组织"属性。只有两种属性都充分地表达才能完全充实"桥梁纽带论"的内涵。"人民团体"的表述具有浓厚的政治色彩,强调其公共功能属性,在中国政治的现实语境中,诸如"人民""群众"等概念一般指向得到党和政府认可的多数公民,通常具有强烈的政治内涵。"社会组织"更多的是强调其社会功能属性,亦即其运作以自发自愿为基础、日常存续以非营利为基本特征,前者使其区分于政治领域,后者使其区分于经济领域,从而凸显其狭义的社会属性。

(二)科协群团属性的分析

科协群团是中国共产党领导下形成的二十几个群团之一,特别是五大群团之一。一方面，它与其他群团组织一样具有双重属性；另一方面，因其特殊专业化领域群团的特点而具有自己的具体化、差异化内涵。

1. 科协系统的二元属性

科协系统作为一种群团组织，兼具政治性和社会性。这种二元属性之间是有机统一的，因此也必须辩证把握。只有辩证地把握群团组织的二元属性，结合时代的变化与党的工作要求，不断地探索与更新群团工作的方法与思路，才能认识和驾驭好群体。如果只强调"政治性"则会滑向机关化、行政化、官僚化的窠臼；如果只强调"社会性"，又会有脱离政治的风险。习近平总书记在讲话中着重指出了群团组织中普遍存在的行政化与娱乐化，以及联系群众不紧密的问题，这些恰恰是群团组织二重性被畸重一方后产生的结果。

2. "社会性"专业化内涵的凸显

作为科技领域的社会组织，科协系统既需要坚持"自主性"的社会组织本质特征，还要凸显"专业性"的科技人员群体特色。作为社会组织，科协系统需要通过一定的机制安排，来促使其组成部分的学会主体实现一定程度的自主，这是对科协系统活力激发的一种策略性尝试。在"专业性"方面，则是智力密集群体组织的显著特征。"专业性"又可分为专业代表性、专业服务能力和专业创新性三个方面。首先，科技群体的群众性特征就是专业代表性。在科协群团中，群众有其特点，即为科技工作者，联系起来与一般群众有所区别，应该是以有利于联系科技工作者的方式联系着，旨在促进科技工作者团结并且能够更好地发挥其作用。其次，科技群团的先进性特点是专业服务能力。科技群团应当成为具有专业服务能力的先进组织。最后，科技群团还要具有专业创新性，这也是一种先进性的要求。科技群团的先进性应当按照科技发展的规律，具有动态特征，即必须保持持续创新。

四 科技群团深化改革的逻辑

科协群团应当依据符合自身实际的逻辑和理论进行改革。在当前时代变革中，既要看到科技群团与其他群团组织在党的工作全局中共同的特征和一致的定位，又要看到科协群团的特殊作用即服务科技强国的职责定位，这是科协系统区别于其他群团组织的重要特征。

目前，群团改革主要针对"四化"问题，增强"三性"。① "四化"和"三性"在科协系统中具有有别于其他群团组织的具体表现形式和逻辑表达。"四化"是对"三性"的破坏，"三性"是对"四化"的纠正，两者之间存在互为角力的紧张关系。

科技群团进一步改革与发展，需要明确三个逻辑：一是中国逻辑；二是时代逻辑；三是理论逻辑。

从中国逻辑来看，科技群团改革必须坚持中国特色。群团组织诞生于中国革命洪流之内，成长于中国建设环境之下，发展于中国改革时代之中。从诞生之初，就以其政治性站稳脚跟、以其先进性壮大发展、以其群众性吸引队伍。新的形势下，群团组织必须以自我革新的勇气祛除"四化"、再塑"三性"，在新的历史条件下充分发挥应有作用，才能再次赢得历史与时代的肯定。

从时代逻辑来看，科技群团改革必须坚持在路上。当前，"我国发展站到了新的历史起点上，中国特色社会主义进入了新的发展阶段"。面对新时代、新任务提出的新要求，必然要求包括科技群团在内的党和国家机构设置和职能配置同实现国家治理体系和治理能力现代化的要求相适应。②

从理论逻辑来看，科技群团改革必须坚持自身独特的系统论。从生态关系的角度讲，科技群团组织与各个其他组织或个体关系的总和构成科技群团组织的生存环境。这种环境需要处理好四对关系：与党的关系、与政府的关系、与其他民间科技组织的关系、与群众的关系。党与科技群团组织的关系是领导与被领导的关系，这无论是从法理还是现实政治的运行来看，都是如此；科技群团与政府的关系，前者应该扮演一个中介的角色，科技群团组织需要代表所联系和服务的对象加强与政府之间就各种管理事项进行协商协调，以维护确保各方利益的均衡；科技群团组织与其他民间

---

① 参见2015年7月9日新华社授权发布的《中共中央关于加强和改进党的群团工作的意见》和2016年3月11日中共中央办公厅印发的《科协系统深化改革实施方案》。
② 参见2018年2月28日中国共产党第十九届中央委员会第三次全体会议通过的《中共中央关于深化党和国家机构改革的决定》。

科技组织的关系,针对其中同类的民间组织,全国性的科技群团组织应当积极担负起枢纽的地位,以开放平台的建设将这些社会组织纳入一个整体体系之中;与其他同属全国性的群团组织,应该是相互补充和合作的关系,是一种共生共赢的结构;科技群团组织与所联系和服务的对象——群众的关系,则是群团组织要维护群众合法权益、表达群众合法诉求、沟通群体情绪,同时需要及时将党和政府的相关政策、意见做好宣传与解读的关系。

从结构功能的理论出发,结构和功能互为影响,结构完善,功能才能协调。从制度逻辑讲,功能有效才有结构存在的理由,而结构再造则是功能调整的基础。科技群团组织的结构要应因时代的发展,逐步实现组织结构重心下沉、组织机关智慧精干的局面,彻底解决"头重脚轻根底浅"的顽疾。

五 科技群团双重属性并重且互动作用的改革路径

(一)科技群团深化改革的基本思路

党的领导、自主性、透明化是中国群团组织发展的多重要求和特性。坚持党的领导是引领群团组织发挥好人民团体属性和健康发展的前提。其中,党建工作是核心。群团组织依法自治的核心是健全的法律和章程,其中,资金的来源和使用是法律规范和监管的核心。群团组织依法自治的重要前提是资金筹集能力,这也是其自主性的关键。透明化是群团组织在信息化当下的特殊保障,也是组织公信力提升的基础。

中国科学技术协会作为科技领域唯一的群团组织,由全国学会、协会、研究会(总体简称学会)和地方科协组成。针对深化改革,从组织结构上看,科协改革的重点是科协机关、全国学会和地方科协。从功能上看,则是要求科协机关健脑、全国学会激活、地方科协等基层组织唤醒。

学会是科协的组织基础,学会工作是科协的主体工作,也是推进工作的主要抓手。中国科协按照《社会团体登记管理条例》,负责对其所主管的全国学会、科技类社会团体进行监督管理。科协改革最重要的就是抓住学会主体这个关键突破点。首先，赋予学会主体地位，使其发挥必要的自主性。学会主体在科协系统的"自主性"方面大有可为。其次，学会同样应坚持二重属性的辩证统一。学会既承载人民团体延伸而来的政治属性，本身也是特殊领域的社会组织，二重属性在此交汇整合。此外，学会还应当介入科技行业发挥整合作用、连接作用，通过鼓励（贴牌）的方式，构建开放性平台。

（二）科技群团双主体结构耦合路径

科技群团要保持双重属性凸显，从主体论来看，就必须实行双主体结构耦合。一方面，必须建立党组织主体，以其促进政治属性的贯通。另一方面，必须强调社会公共属性，建立一套可以体现自我组织、自我管理功能的治理结构体系，充分保持组织的独立性。

但是建立两个主体，要防止"两张皮"的问题，既不能是推诿扯皮，也不能是争权夺利。要形成两个组织深度耦合、良性互动。一种直接的方式就是两个组织的成员互相兼职，这种互相兼职既要做好交叉，也要做到"党政"分清、"党政"分工，同时又要杜绝"党政"分家，但这样也只是静态耦合，是在体制上做的一种外观适应性调整，易落入形式化的境地。因此，还必须在日常运作存续中坚持动态耦合，将之在行为体系中予以规范化、制度化和惯常化。

这种动态耦合，要求党务和业务并重，两者不能偏废。一方面，党组织必须充分发挥政治机关的作用，认真贯彻上级党组织的各项要求。第一，要充分发挥党要管总的思路，但是这种管总主要体现在政治方向上，只要政治方向不偏，党组织不应当干预管理机构的决策；第二，组织内的全体党员必须过好党的组织生活，使组织生活和业务工作有机结合；第三，充分发挥党组织的督查追责功能。另一方面，要充分发挥主观能动性。第一，充分发挥民间组织灵活性、人性化的优势，鼓励吸引志愿者参与，更加专注和持续解决社会问题，在倡导社区建设、实现价值监护、推动社会创新等关键职能方面充分发挥作用；第二，在吸引多元资助、吸收社会资本、推动政府购买民间组织服务、创造经济效益等方面持续发力；第三，做好与政治关联的均衡，既要保持独立性，又要通过政治渠道争取资源。

上述静态和动态耦合的实现，还需要构建一个完善的制度环境，包括自治环境、法律环境和党规环境。

自治环境是内部环境，是组织自我发展的基础。需设计一个结构优化的包含党组织和管理机构的组织架构，权利分配合理的权利义务体系，以及一个规范、透明、有效的督查追责程序，以确保组织的自主性。群团的社会属性要求参与人员都是自发自愿的，因此这种自治环境的形成也应以参与成员的协商一致为基础，具体集中体现在群团的章程中。与此同时，还要强调的是，自治环境的重要目标之一应当是充分激发全体成员的积极性。

法律环境和党规环境是组织存在的生态体系，是一种外部环境，只为组织发展划定边界，不逾矩就不介入，以确保组织发展的独立性。这种外部环境主要涉及如下要素：定性和定位；成立、登记和注册的规定；资助、税收、审计等扶持措施和激励政策；监管的范围、要求、方式、途径；准入、资格、特许、撤销、退出等限制和处罚；党的领导；等等。

现有的外部环境体系中存在若干矛盾，具体体现为：第一，从发展规律来讲，自主组织在承接部分社会管理职能、监督政府部门提高行政效能、维护社会稳定和促进和谐等方面有着其先天的内在优势，但是自主组织被法律赋予的地位与现行其实际被赋予的能量不相称。第二，外部环境在对自主组织的态度上，存在宏观和微观的不协调。宏观上，外部环境对自主组织的发展持积极态度，这从宪法对公民结社自由权利的赋予可以推见，但在现行具体的各种法律规章中，处处可见对其发展的限制与约束。第三，登记成立管制严格，日常监管却存在无人管理、空白管理的真空，这种"前紧后松"的矛盾使自主组织疏于监管，甚至是放任自流。可见，改革要针对上述三点矛盾精准施策。

结　语

中国科技群团改革势在必行。

首先，必须正确认识中国科技群团作为中国群团组织之一所共同具有的产生与发展的特殊性。中国的群团组织天然具有强烈的政治光环，同时具有联系和团结广大社会的使命。中国群团组织从其历史发展来看,有其深刻的时代和历史场域特性;从其形态、结构关系、功能作用等方面来看,与一般意义的社会组织或民间组织也存在明显的差异。

其次,必须正视中国科技群团改革正在面临的社会与科技发展的新形势以及由此产生的科技组织条件和方式以及全新治理需求的挑战。当前,社会与科技发展到了一个更加复杂的阶段:一方面,新时期的社会治理,要求发挥更多的有别于政府的社会自主管理功能,从而实现社会治理体系更强的科学现代化和社会治理能力的更好提升;另一方面,科技领域更加凸显专业深化、专业服务和专业创新的要求,甚至产生了全球科技命运共同体的构建趋势。为此,当前科技群团改革必须顺应这种新形势和新要求,总体而言,应当坚持人民团体和社会组织两种属性并重,同时应当按照科技领域的特点,重点提升过去一直偏弱的社会组织属性的强化建设,基本路径是采取双主体结构耦合,进行静态耦合和动态耦合的结合,同时辅助构建完善的自律、法律和党规制度环境作为保障。

日本的科技政策与科技团体概观[*]

王天华[**]

摘　要：科技团体是科技政策的要素之一。在科技团体改革中,二者的紧密联系使改革的考量因素更加多元化。日本的科技政策经多次修正,日臻成熟,科技团体的构建、责任及功能也相对完善。对其发展历程进行研究,不仅可以给中国科技协会的定位和改革提供一种探索路径,更能够以经验相辅。通过对日本的科技政策与科技团体的规范与发展现状进行研究,建议中国科技协会与其他学术机构建立开放交流体系,立法上借鉴日本的公益法人认定制度,吸纳人文、社会科学的知识或资源,面向社会就热门议题举办讲座或研讨。

关键词：科技团体　科技政策　科技协会　科技团体规范　科技团体改革

Japan's Science and Technology Policy and Technology Group Overview

Wang Tianhua

Abstract: The scientific and technological community is one element of science and technology policy, and the close relationship between the two makes the reform of the scientific and technological community more diversified. Japan's science and technology policy has been matured many times in the past, and the construction, responsibility and work of the science and technology community are relatively perfect. Studying its development process, the positioning and reform of

---

[*]　本文原载于《北京航空航天大学学报》(社会科学出版社) 2018 年第 5 期。
[**]　王天华,北京航空航天大学教授,博士,研究方向为宪法行政法。

China's science and technology associations can not only provide a path of exploration, but also complement each other with experience. After researching the status quo of Japan's science and technology policy and the normative development of science and technology missions, it is recommended that China's science and technology associations propose to establish an open communication system with other institutions in the society, and draw on the laws recognized by relevant Japanese legal persons in legislation to absorb knowledge or resources of humanities and social sciences. Organize lectures or seminars on hot topics for the society.

Keywords: Science and Technology Groups; Science and Technology Policy; Technology Associations; Standardization of Science and Technology Organization; Reform of Science and Technology Group

引 言

科技政策（science policy）概念在国际上形成共识是在20世纪70年代前后。按照美国科技政策专家哈维·布鲁克斯（Harvey Brooks）的理解，科技政策①是国家为了对科研投资、科研制度、创造性和应用施加影响，进行检讨、决断时的那些考虑。在1971年OECD著名的布鲁克斯报告中，有过这样的表述，科技政策既可以是一般所理解的"为科学的政策"（policy for science），也可以是"为技术发展的政策"（policy for the development of technology）。也就是说，科技政策作为一种国家理性，具有目的志向性，总是表现为国家试图对科技活动施加影响乃至确定方向，使之服务于国家目的。

这种共识性理解意味着，科技既是政策（国家行政）的对象，也是其手段。由于科技活动是以"人"为主体展开的，"人的组织形式"是科技活动得以展开的一个（可能是决定性的）条件。所以，科技团体可以被理解为科技政策的一个要素。至少可以说，国家如何对待科技团体，与国家如何对待科技（即科技政策）有着不可分割的内在关联。鉴于此，本文对日

---

① 本文不对"科学政策"与"科技政策"做严格区分。

本的科技团体与科技政策一并加以考察。

二 日本的科技政策

日本的科技政策即关于科技的日本的国家理性。国家理性是通过法律、政策性文件、各类机关的抽象或具体的意见与举措来表达的，难以一锤定音地加以概括。

（一）沿革

在日本，与科技相关的重要的法律、政策，按时间顺序可以列举如下。

1959年，设置科学技术会议。

1983年，科学技术会议设置政策委员会。

1986年，《科学技术政策大纲》通过阁议。

1994年，自民党"科学技术部会"开始检讨以议员立法制定《科学技术基本法》。

1995年，《科学技术基本法》施行——确立"科学技术创造立国"方针特殊法人等，推进基础研究制度出台。

1996年，《科学技术基本计划》通过阁议（第1期：1996~2000）。

1997年，《大学教员等的任期法》施行，内阁总理大臣决定《关于国家研究开发评价一般性实施方法的大纲性指针》。

1998年，《大学等技术转移促进法》（TLO法）起草，《研究交流促进法》修改。

1999年，《新事业创出促进法》施行，《产业活力再生特别措置法》施行，设立"日本技术人员教育认定机构"（JABEE）。

2000年，《产业技术力强化法》施行，自民党"政务调查会"提出《改革研究评价的建议》。

2001年，《循环型社会形成促进基本法》完全施行，[①] 内阁府设置"总合科学技术会议"（俯瞰日本国整体的科技，起草科技政策，并就其实施加

[①] 在日本，一部法律的施行可能是分阶段、分步骤的，有的还包括过渡期。"完全施行"意味着一部法律的全部法条都付诸实施，已完成过渡。

以总体调整）内阁府第 2 期《科学技术基本计划》（2001~2005）通过阁议，内阁总理大臣决定《国家研究开发评价的大纲性指针》。

2002 年，"知识财产战略会议"决定《知识财产战略大纲》。

2003 年，《知识财产基本法》施行，"IT 战略本部"决定《e-Japan 战略Ⅱ》，《关于知识财产的创造、保护及其利用的推进计划》由日本知识产权战略本部公布。

2004 年，《国立大学法人法》施行。"知识财产战略本部"决定并公布《知识财产推进计划 2004》，"总合科学技术会议"制定《关于科学技术人才的培养与利用》。

2005 年，内阁总理大臣决定《国家研究开发评价的大纲性指针》，"总合科学技术会议"制定《科学技术基本政策制定的基本方针》。

2006 年，《中小企业制造基础技术高度化法》施行，第 3 期《科学技术基本计划》（2006~2010）通过阁议。

2007 年，长期战略指针《革新 25》通过阁议，《产业技术力强化法的修改》施行。

2008 年，日本学术会议提出《为了构筑安定持续的 Ubiquitous 时空信息社会基盘》建议。

2009 年，《新成长战略（基本方针）》通过阁议。

2010 年，知识财产战略本部制定《知识财产推进计划 2010》。

2011 年，第 4 期《科学技术基本计划》（2011~2015）通过阁议。

2013 年，《科学技术革新总合战略》通过阁议。

2014 年，修改《内阁府设置法》，将"总合科学技术会议"改组为"总合科学技术革新会议"，以根本性地强化其科技革新政策的推进功能；《科学技术革新总合战略 2014》通过阁议。

2016 年，第 5 期《科学技术基本计划》（2016~2020）通过阁议。

（二）特点

对上述各种法律、政策、意见、举措中所表达的日本科技政策，可以从多个角度归纳其特点。关键是选择哪个角度，以什么为参照系。关于这个问题，日本学者铃木一人（北海道大学公共政策大学院教授）从国际比较的角度，提示了一种颇具启发性的观点。在铃木教授看来，"日本科技政策的固有性"体现在三个方面。①

第一，作为潜在抑制力的科技政策。

表面上，日本的科技政策严守"科学技术要和平利用，不能用于开发军事技术"的底线。但是，潜在地可以用于军事、战略的研究与开发实际上一直没有中断。这使核技术、宇宙技术、生物技术、材料研究等所谓"军民两用技术"（可以转用于军事的技术）在日本获得了较好发展。这些技术在"安保体制"下，在国际政治舞台上可以对来自外国的压力，特别是军事压力构成"潜在抑制力"。

第二，以追赶为目标的科技政策。

"赶上欧美苏的技术水准"是日本科技政策曾经的具体目标。其逻辑是：为了获得潜在抑制力，必须达到美苏的技术水准，以显示其可以在短期内转用于军事的技术水准。

问题是"追赶导致追随"。从政府到具体的科研单位，日本的科技活动有一个主线：科学技术厅与文部科学省主导→调查外国的科研动向→立项与分配预算→对承担研发任务的技术人员和企业等持续性地进行确认、调整等。这一主线使"为什么要研究这个问题"的答案自动链接到"为了追赶某外国"，束缚了日本对科技发展的自我思考，限制了日本科技的引领性与独创性。

第三，与产业政策相剥离的科技政策。

日本的"技术力"在国际上有所展现，不是日本科技政策成功的结果，而是其产业政策比较成功的结果——企业单独展开研发，技术开发总是在回应市场需求。如，宇宙技术主要是日本政府推动研发的，三菱电机、NEC这些人造卫星厂商在国际上基本没有竞争力。而在电子消费品市场，日企对国内市场与国际市场区别对待，导致所谓"加拉帕格斯现象"——各企业在国内市场以"过剩的技术"生产和竞争，并形成可观的技术储备。

---

① 〔日〕铃木一人「日本の科学技術政策」国立国会図書館『調査資料o科学技術政策の国際的動向』(2011) 所載。

一言以蔽之，日本科技在国际上的声望主要是靠"民间"博得的。

三 日本的科技团体

日本科技政策的上述特点，无疑与其国家的相关政策有关。

（一）总体情况

《日本国宪法》第21条规定："保障集会、结社与言论、出版及其他一切的表现自由。"这一宪法保障就科技团体而言，核心有两个：结社自由和言论自由。这两个自由使日本的科技团体总体上呈现出令人眼花缭乱的多元化状态。本文根据笔者所掌握的材料，将之概括为如下三个特点。

第一，官方与民间的科技团体并立，数量众多。

日本并不乏官方的学术（含科技）团体，最为突出的是"日本学术会议"。"日本学术会议"是1948年根据一部专门的法律《日本学术会议法》成立的。[①] 根据该法的规定，"日本学术会议"是"日本科学工作者的代表机关"（第2条）。作为"内阁的特别机关"，其经费由国库负担（第1条），但独立行使职权（第3条）。

"日本学术会议"法定职责之一是"推动有关科学的研究联络，提高其效率"（第3条），故而其专门在2005年建立了一个联络各学术团体包括科技团体的机制，与之建立联系的团体被称为"日本学术会议协力学术研究团体"（以下简称"协力学术研究团体"）。[②] 为了推进与各学术团体包括科技团体的联络，"日本学术会议"在2007年委托"三菱总合研究所"，以所有学术团体为对象进行了一次摸底问卷调查，其中的一个重要设问是"贵团体是否定期与'日本学术会议'联络？"。对此，回答"没有联络"的团体数量占回收问卷总数（650份）的49%，回答"时有联络"的占37%，回答"频繁联络"的只有7%，另有7%不明。

这一调查结果表明，"日本学术会议"作为官方创立的"日本科学工作

[①] 参见『日本学術会議法』昭和23年法律第121号。
[②] 参见日本学術会議会则第36条。

者的代表机关",其对科技团体的统合作用是柔和和有限的。

第二,"法人"与"任意团体"并立,数量众多。

在"日本学术会议"实施的上述摸底问卷调查中,还有一项设问"贵团体的现状是下列选项中的哪一项?"所列选项为团体的性质,包括社团法人、财团法人、NPO法人、任意团体、中间法人等。在回收的650份有效问卷中,回答"任意团体"的占65%,"社团法人"的占20%,"财团法人"的占1%,"NPO法人"的占2%,"中间法人"的占3%,不明的占9%。从这一数据可以推断,科技团体中的"任意团体"数量众多。

所谓"任意团体",是指没有法人资格的团体。在法律上,任意团体属于"没有权利能力的社团"。由于没有权利能力,任意团体欲缔结合同,只能以团体成员的名义。如果它有财产,也不能以团体的名义,而只能以其成员的名义。任意团体数量众多意味着日本科技团体的多元化与自由化。

这里需要将社团法人、财团法人、NPO法人、中间法人几个法律概念加以简要说明。具体如表1所示。

表1 日本法中的"法人"类型

法人	概念	目的	范围	法律依据
社团法人	人的集合	结社自由	包括股份公司	一般社团法人与一般财团法人法(2006年法律第48号)
财团法人	财产的集合	财产权的自由行使	一定是非营利	一般社团法人与一般财团法人法(2006年法律第48号)
NPO法人	"门槛"低(不需要注册资本等)的人的集合	公益活动	彻底的非营利	特定非营利活动促进法(1998年法律第7号)
中间法人	既不以营利为目的,也不以公益为目的的人的集合(为社员谋利,但不以将剩余金分配给社员为目的)	结社自由	工会、同学会等	中间法人法(2001年6月15日法律第49号)①

"法人"作为"法律上的人"的简称,其概念本身暗含着一个前提:法律上的"人"≠事实上的"人"(自然人)。也就是说,"法人"其实是为

---

① 2008年,该法被废止,中间法人全部转为一般社团法人。

确定法律上的权利归属而拟制的一个概念。当人们说某个人的集合或财产的集合是"法人"时,实际上是在说其构成了法律上权利义务的一个归属点。① 以赢利与否对各类"法人"进行(特别是税收和活动范围、方式上的)区别对待——赋予不同的权利义务,是一种法律理性。由此可见,表1所显示的纷繁复杂的法人制度本身,意味着法律理性的精细化。

第三,科技团体表达政治主张的情况很多。

由于存在前述之宪法保障,日本科技团体表达政治主张的情况非常多见。以"日本科学工作者会议"为例,其官网设有专门的"见解、声明等"栏目,表达政治主张。以下为其近期一些主张。②

2017年12月17日(決議)住民無視の基地運用に強く抗議し……(强烈抗议美军基地无视居民意愿)

2017年12月17日決意表明9条改憲ノーの取り組みを強めよう!……(强烈反对修改宪法第9条)

2017年12月17日伊方原発運転差し止め決定を支持する声明(支持伊方核电站停止运转的决定)

2017年8月1日核兵器禁止・廃絶条約の採択を心から歓迎し……(欢迎加入禁止和取消核武器条约)

……

当然,从日本政府来看,这些略显过激的政治主张出自"日本科学工作者会议"这个特定的科技团体,无法轻率地将之一般化。但值得注意的是,"官方"团体的顶点与典型即上述之"日本学术会议"(法律上的定位是"内阁的特别机关")也在明确表达政治主张。如,2017年3月"日本学术会议"发表了《关于军事性安全保障研究的声明》。③ 该声明以"防卫装备厅"2015年发起"安全保障技术研究推进制度"(政府介入、推动用于军事目的的技术开发)为契机,重申了其1950年做出的"绝对不进行以战争为目的的科学研究"声明和1967年做出的"不进行军事目的的科学研

---

① 〔日〕文部科学省『科学技術要覧』(平成25年版),见于http://www.mext.go.jp/b_menu/toukei/006/006b/koumoku.htm,访问日期:2018年3月26日。
② 参见http://www.jsa.gr.jp/03statement/index.htm,访问日期:2018年4月15日。
③ 参见:http://www.scj.go.jp/ja/info/kohyo/division-2.html,访问日期:2018年4月16日。

究"声明,指出政府介入、推动军事目的的科研与学术自由、学术的健康发展有"紧张关系",对政府介入科研表达了担忧。

这种科技团体表达政治主张的情况,一方面意味着日本法为此预备了宽缓的空间,另一方面也表明科技、科技政策与政治从来不是"老死不相往来"的关系。在21世纪的当下,两者之间的关联更是不能忽视。

(二)公益法人制度改革后的科技团体

2008年,日本以下列三部法律即《一般社团法人与一般财团法人法》《公益社团法人与公益财团法人认定等法》《伴随一般社团法人与一般财团法人法、公益社团法人与公益财团法人认定等法的施行,整备有关法律等法》(所谓"公益法人制度改革三法")为基础启动了"公益法人制度改革"。

公益法人制度改革的基本框架是:①修改公益法人设立中的许可主义,将取得法人资格与公益性判断区隔开来,不论是否有公益性,都可以通过登记简便地设立一般性的非营利法人。②对各个行政机关通过裁量对公益法人的设立进行许可的制度进行根本性改革,创设了民间有识之士组成委员会并根据该委员会的意见对一般性非营利法人的目的、活动等的公益性进行判断的机制。

之所以要设立上述之复杂的公益性判断机制,是因为特定团体一旦被认定为公益法人,将获得诸多"特权",特别是税收上的特别优待。《公益社团法人与公益财团法人认定等法》第56条明确规定:"鉴于公益法人所从事的公益目的事业所发挥的重要功能,为了促进其活动,同时确保正确的课税,关于公益法人及对其进行捐款的个人与法人的所得税,应当采取所得税、法人税及继承税、地方税的课征上的必要措施,以及其他必要的税制上的措施。"[1]

该法第5条还详尽地规定了"公益认定基准",其要点如下:
(1) 将从事公益目的事业作为主要目的。
(2) 具备从事公益目的事业所必要的经理基础与技术能力。
(3) 从事该事业时,不对社员、评议员、理事、监事、使用人及其他

---

[1] 公益社团法人及び公益财团法人の认定等に关する法律(平成18年法律第49号)。

政令所规定的该法人的关系人，给予特别利益。

（4）从事该事业时，不对为了股份公司及其他营利事业的经营者或者特定个人或团体的利益而展开活动、政令所规定的人，做出给予赠与及其他特别利益的行为。但是，对公益法人有特殊规定，即为了该公益法人所从事的公益目的事业而做出给予赠与或其他特别利益的行为的，不在此限。

（5）不从事投机性交易、高利融资及其他有损公益法人的社会信用的，政令所规定或者有损公序良俗的事业。

（6）所从事的公益目的事业，收入不超过实施该事业所必要的正常费用。

（7）从事公益目的事业以外的事业（以下称为"收益事业"）的，从事收益事业等不得给公益目的事业的实施带来妨碍。

（8）从事其事业活动时，第15条所规定的公益目的事业的比例应当超过50%。

（9）从事其事业活动时，第16条第2款所规定的游休财产额不得超过同条第1款所规定的限额。

（10）配偶以及"三亲"等内亲属（包括政令所规定的与此类似、与理事有特别关系的人）关系的理事人数不得超过理事总数的三分之一。监事同样。

（11）其他同一团体（政令所规定的公益法人或者与此类似的团体除外）的理事或者使用人及其他与此类似的相互处于密切关系、政令所规定的理事人数不得超过理事总人数的三分之一。监事同样。

（12）应当设置审计人。但是，每事业年度中该法人的收益、费用及损失的金额及其他政令所规定的核算金额均未达到政令所规定的基准的，不在此限。

（13）对理事、监事和评议员的报酬等（指报酬、奖金及其他作为职务履行之对价所接受的财产上的利益以及退休金，下同）根据内阁府令的规定，考虑到民间事业者管理人员的报酬等以及从业人员的工资、该法人的经营状况及其他情况，其支付基准不构成不当高额。

……

根据"日本学术会议"针对科技团体的调查，43%的团体对公益法人制度改革给出了否定性评价，39%给予了肯定性评价，余者不明。给予否定性评价的理由包括：

（1）申请书过于复杂；

（2）法律对公益法人的要求过于严格；

（3）公益认定基准不明确或过于严格；

……

结果正如前面所提到的，根据上述调查，提交回答的科技团体中，65%为任意团体。由此可以推断，公益法人制度改革并不意图缩减任意团体的生存空间。

（三）科技团体的几个典型案例

下面以"日本学术会议"（内阁的特别机关）、"日本科学协会"（财团法人）"日本科学工作者会议"（JSA）为典型例，分别对"官方"科技团体、法人化科技团体和任意团体加以个案观察。

1．"日本学术会议"

该团体是根据一部特别法——《日本学术会议法》设立的。该法对其目的、性质、职能有明确规定，具体如下。

第1条，本法称为日本学术会议法，依据本法设立日本学术会议。日本学术会议由内阁总理大臣管辖。日本学术会议的经费由国库负担。

第2条，日本学术会议的目的是，作为日本科学者在日本国内外的代表机关，致力于科学的进步和发展，将科学反映、渗透于行政、产业和国民生活中。

第3条，日本学术会议独立履行下述职责。

（1）审议并努力实现有关科学的重要事项。（2）推动有关科学的研究联络，提高其效率。

从第3条的规定来看，本文倾向于将"日本学术会议"视为一个科技团体，尽管其在法律上属于内阁的特别机关。事实上，如前所述，该会议并不惮于表达自己的政治主张。同时，它还会以"劝告""建议"等方式，以独立的立场表达政策性观点。如，早在 1991 年，该会就以"大学等单位人文、社会科学系的研究基础的整备"为题，劝告日本政府注意自然科学与人文、社会科学的均衡发展，指出其关系着国家与社会的健康发展。

这种独立的立场，源自其特定的组织方式。《日本学术会议法》第 7 条规定：

日本学术会议由 210 名日本学术会员（以下称为"会员"）组成。

（2）会员经第 17 条规定的推荐，由内阁总理大臣任命。

（3）会员的任期为 6 年，每 3 年任命其半数。

（4）补充任命的会员的任期为前任的剩余任期。

……

（8）会员可以兼任国会议员。

该法第 8 条规定：

日本学术会议设会长 1 人、副会长 3 人。

（2）会长由会员互选产生。

（3）副会长由会长经总会同意在会员中指定。

另外，该法第 11 条规定该会由三部组成。第一部由以人文科学为中心的科学领域中，具有优秀的研究或业绩的会员组成，处理前章规定的日本学术会议的职责与权限中与该领域有关的事项；第二部由以生命科学为中心的科学领域中，具有优秀的研究或业绩的会员组成，处理前章规定的日本学术会议的职责与权限中与该领域有关的事项；第三部由以理学和工学为中心的科学领域中，具有优秀的研究或业绩的会员组成，处理前章规定的日本学术会议的职责与权限中与该领域有关的事项。会员分别隶属于前条规定的各部之一。

从比较法的观点来看，可以说，"日本学术会议"的特点在于官方性、独立性与全学科性。

2."日本科学协会"（财团法人）[①]

该会于 1924 年取得文部科学大臣的法人设立许可，作为"财团法人科学知识普及会"而设立，由日本国内 200 余名学者充任理事和评议员。1944

[①] "日本科学协会"的官网为 http://www.jss.or.jp/。

年该会与日本科学协会合并，改称为"财团法人日本科学协会"。2002年改组为公益财团法人。其事业内容包括以下几项。

（1）培养科学者、技术者，奖励和资助科学研究；（2）召开研究会、研讨会、展览等，普及科学技术知识；（3）就科学技术进行调查研究；（4）就科学技术提供信息服务；（5）收集和提供教育研究图书；（6）科学者、技术者等的国际交流与亲善；（7）其他达成本法人目的所必要的活动。

从现有掌握的材料来看，该会作为财团法人，较少言说政治。

3."日本科学工作者会议"（JSA）[①]

如前所述，该团体较多地表达了政治主张，这一特质与其法律上的"身份"有关。笔者在该会章程（会则）、官网及其他检索渠道，均未确认该会是否为法人。从其沿革来看，笔者初步推断：其并非社团法人或财团法人，这本身是一种态度或立场的表达。

"日本科学工作者会议"的前身是创立于1946年的"民主主义科学者协会"（以下简称"民科"）。首任会长为数学家小仓金之助。创立当时有会员180人，后来，进步文化人、一般市民乃至学生不断加入，到1950年前后达到鼎盛期，设有114个地方支部，1772名专业会员、8243名普通会员。在美军占领期间，该会在学界和舆论界发挥了巨大的影响力。

"民科"的领导者深受日本共产党的影响，但在创设当时，日本共产党对民科的政治领导是宽松和缓的。进入20世纪50年代后，日本共产党开始将政治性课题植入民科内部。1952年，民科的路线也转向"国民性科学的创造与普及"。到了1955年，日本共产党召开第六次全国协议会（放弃了"农村包围城市"的武装斗争路线）后，"民科"领导机关发生混乱，失去了凝聚力。1956年，随着苏联开始批判斯大林，"民科"所支持的米丘林育种法遭到否定，"民科"本身也遭遇了巨大的挫折，结果是其机关报《国民的科学》停刊。1956年第十一次全国大会召开后，"民科"本部已经不能正常运作。次年，本部事务所关闭，事务局解散。到20世纪60年代上半期，其大部分分科会实质性解体。

作为"民科"的"转世"，"日本科学工作者会议"强调科学工作者的

[①] "日本科学工作者会议"的官网为 http://www.jsa.gr.jp/。

社会责任，强调本会"必须民主地运作，以使每个会员能够发挥其创意和自发性"。其会则明确规定："本会为个人加入的全国单一组织"（第4条）；会员须缴纳会费（第5条）；大会为最高机关，由支部选举的"代议员"组成。这种组织方式确保了其独立立场。

传统上，"日本科学工作者会议"在环境、粮食、思想文化等领域，通过各委员会开展了积极的活动。近年，其在生命伦理领域也很活跃。如，其设有"消灭核电站全国联络会之运营委员会"；安倍政权实施"防卫省与研究机构合作展开军事研究"政策后，其对此开展了反对运动。另外，诺贝尔获奖者益川敏英近年常在其机关报上发表文章，拥护宪法第9条，呼吁科学振兴政策。该会还曾明确反对国立大学的独立行政法人化。

值得注意的是，"日本科学工作者会议"尽管在日本社会被定位为"左派"科技团体，但它是"最高官方学术团体"即"日本学术会议"的"协力学术研究团体"。这表明，日本法为其准备了生存空间，其活动也是在法律框架内展开的。

结　语

一国的科技政策与科技团体深深地植根于该国的"水土"（文化、传统、社会、体制、制度等），特别是国家理性得以明确表达的法律和政策，如果说科技团体通常不是或不应当是国家理性的产物，而是其规整的对象，那么人们至少可以一般性地说，一国的法律和政策对于科技团体的生存空间、组织形式、活动范围与样态而言，是一种条件。

由于中日之间"水土"有诸多差异，无法简单地评价两国科技政策与科技团体现实状态的优劣，也无法简单地挪用或借鉴日本的经验。这里，只能将具体论证加以省略，基于对日本科技政策与科技团体的概括性考察，就两国科技群团改革的方向言说一二。

第一，如果说中国科协在日本法中有一个对应的机构或团体，那么只能是"日本学术会议"——作为内阁的特别机关，代表日本学者。

第二，如果以"日本学术会议"为参照系是妥当的，那么中国科协首先可以考虑的是：加强与人文、社会科学相关群团的联络，或者设置相应的联络机构；未来甚至可以考虑吸纳人文、社会科学的会员，或者将人文、社会科学纳入职能范围。

第三，其次可以考虑的是：在立法技术上，借鉴日本的《公益社团法人与公益财团法人认定等法》等法律，在科技群团推进法人化治理的过程中，构建一种确保相关团体公益性的机制。

科技强国背景下高校专利转化难点与对策研究[*]

谭华霖　贾明顺[**]

摘　要：推动专利转化运用已成为当前高校支撑科技强国建设、实施创新驱动发展战略和开展产学研协同创新的一个重要举措。高校专利管理作为技术转移的前端业务在一定程度上决定了后续技术转移的难易程度和效果。本文以高校专利管理工作为切入点，结合专利的基本属性，重点探讨了专利学术性评价及专利申请质量对转移转化的影响，并从法律风险防控的角度探讨了高校技术转移的困境，给出了以技术转移为导向的专利管理工作的合理化建议。

关键词：科技强国　高校　专利转化

引　言

党的十九大报告指出，创新是引领发展的第一动力，是建设现代化经济体系的战略支撑；坚定实施创新驱动发展战略。建设世界科技强国，是党中央在新的历史起点上做出的重大战略决策。高校是科技创新的源头和重要力量，汇聚了各类创新要素，创新优势显著，在科技强国建设过程中

---

[*] 本文原载于《中国高校科技》2018年第6期，有部分修改。本研究成果受北京市社会科学基金研究基地项目资助支持，项目名称"转型背景下的北京科技创新中心建设现状、问题与对策研究"（编号16JDFXB002）。

[**] 谭华霖，法学博士，北京航空航天大学法学院教授（院聘），北京科技创新中心研究基地常务副主任。贾明顺，北京航空航天大学法学院博士研究生。

处于举足轻重的地位，理应成为科技强国建设的推进器。因此，面向国民经济主战场加速科研成果转化，推动科技与经济深度融合，把研究成果散播到祖国大地上，正是我国高校科技创新所应承载的重要使命。

科技成果转化，即应用技术成果向能实现经济效益的现实生产力的转化。① 近年来，随着国家科技体制改革向纵深推进，加速高校科技成果转化的社会热度前所未有。特别是2015年以来，我国密集出台了系列政策，不断着力推动高校科技成果转移转化。2015年3月13日，中共中央、国务院印发了《关于深化体制机制改革加快实施创新驱动发展战略的若干意见》，强调要强化科技同经济对接、创新成果同产业对接，着力打通科技成果向现实生产力转化的通道；2015年8月29日，全国人大常委会审议通过了新修订的《促进科技成果转化法》，重点突出要加快高校、科研机构的成果向企业和社会转化的速度，提高转化效率，并针对高校科技成果使用、处置和收益分配进行了较为系统的规定；2016年2月26日，国务院印发《实施〈中华人民共和国促进科技成果转化法〉若干规定》，对科技成果的定价、科研人员的企业兼职以及担任领导职务的科技人员成果转化收益等问题作了进一步规定；2016年4月21日，国务院办公厅印发《促进科技成果转移转化行动方案》，部署了与科技成果转化密切相关的8个方面、26项重点任务。

专利是高校科技成果转移转化的主要载体。专利作为西方舶来品，即针对具有新颖性、创造性和实用性的发明创造，经由政府主管部门审批而授予的在一定期限内的技术实施垄断权。专利制度通过对做出发明创造的专利权人给予一定期限的独占权，使权利人可以在该期限内独占实施或许可他人实施发明创造的内容从而获得经济利益，通过"为天才之火浇上利益之油"，实现了鼓励发明创造的目的。与此同时，由于专利制度"以公开换保护"，社会公众可以从公开的专利文献中获得有用的技术情报，从而又达到了促进社会科技进步的目的。

专利转化运用的过程就是实现高校科技成果转移转化的过程，因此，

---

① 贺德方：《对科技成果及科技成果转化若干基本概念的辨析与思考》，《中国软科学》2011年第11期。

高校科技成果转化与专利有着密不可分的天然联系。专利转化运用是其最典型的表现方式，也是大学等专门研究机构实现技术转移的主要方式。同时，专利天生与市场经济相结合，存在"运动"的基因，闲置的专利只能给权利人带来成本。以企业为例，专利作为企业重要的无形资产，企业通过投入资金研发获得专利权，再将专利转化运用以获得经济利益，反哺后续技术研发工作，形成良性循环，从而不断实现企业与市场的共赢。

一　我国高校专利转化运用的现状

高校是知识和技术创新的源头，集中了丰富的技术资源和科技力量，是我国产生自主创新成果的重要基地。随着我国日益加大对高校科学研究的支持力度，并强调要促进高校产学研相结合，注重与行业产业间协同创新，近年来我国高校专利申请量逐年递增，专利年授权量已达超高水平。然而，高校专利转化运用和技术转移活跃度却依旧处在较低的水平。据统计，截至2015年我国高校有效发明专利量约14万件，约占国内有效发明专利总量的20%，仅次于企业，高被引专利占比超过30%，但高校专利转化率却持续低于5%，难以对行业产业发挥应有的支撑作用。

二　从管理视角看我国高校专利
　　转化存在的主要问题

造成我国高校专利转化率低下的原因是多方面的，[①] 其中，对专利权的认识不清、专利申请和运用的导向不明是重要的考量因素。一个普遍的现象是，我国不少高校将专利作为教师开展科学研究的学术性评价指标之一，对专利申请与授权数量实行量化了的科研绩效考核。在这种政策导向下，不少教师"为了专利而专利"，只关注专利申请与授权数量，不考虑后续转化运用的可能性，以至于甚至在获得专利授权后便不愿再进行维护（这一

---

① 郭强、夏向阳、赵莉：《高校科技成果转化影响因素及对策研究》，《科技进步与对策》2012年第6期。

点从高校专利平均维持年限可以看出，据统计，以专利申请排名前20位的高校为例，其平均的专利维持年限仅3.5年[①]）。此外，不少高校的专利质量不高，被企业认为是"垃圾专利"，既无法在产业上得到直接应用，更难以对产业发展形成有效的保护。再者，高校管理层往往因过于担心技术转移存在法律风险和国有资产流失的责任而缺乏推进专利转移转化的动力。实际上，对于国内高校而言，不少专利的产生早已偏离了其本质属性，大部分远离转化运用、远离市场，而成为教师评职称、科研业绩考核等的工具，失去了专利权的价值。这种"异化"了的专利大部分沦为"泡沫专利"。回归面向市场而生的专利制度，我国高校在这一问题上究竟应何去何从？从高校专利管理的角度，如何看待后续科技成果转化所面临的困境，怎样从政策上积极引导，从而实现使专利本质属性"回归"，激活高校科技成果转化？

（一）不恰当地将专利作为教师学术性评价指标

自20世纪80年代我国专利制度建立以来，专利一度被视为高精尖技术的象征，特别是专利制度建立的初期，由于我国科技水平薄弱，专利甚至带有相当的神秘色彩。后来在政府部门的主导下，设置了各式各样的奖励机制。不少高校积极响应国家政策，将专利作为师生科研业绩的重要衡量指标，并逐渐与评价学术能力挂钩。那么，专利是否构成一种学术性评价指标呢？

"学术乃天下之公器"（梁启超语），真正的学术成果应是经得起考验的。当前，各类大学学术评价体系普遍将论文作为关键性指标。对上述问题的回答，我们不妨先从论文发表的过程来分析。众所周知，发表论文需经过严格的同行评议，特别是权威性较高的杂志期刊，具有高度创造性（学术观点）的文章才可推荐发表。但专利权的授予过程却并非如此，根据《专利法》规定，我国专利分为发明、实用新型和外观设计三类，尽管法律要求专利应当具备新颖性、创造性和实用性，但在我国，仅发明专利的授权经过了实质性审查，实用新型和外观设计专利的授权初步审查合格即可，并不需要经过创造性审查。对发明专利的创造性审查与发表学术论文前的

---

① 张平、黄贤涛：《高校专利技术转化问题研究》，《中国高校科技》2011年第4期。

同行评价特征亦截然不同，很难将发明专利审查过程视为一种客观的、完整的学术性评价，二者的区别主要体现在：一是审查人员不同；二是评价标准不同，如表1所示。

表1 学术论文与发明专利的审查评价

类别	审查人员	评价标准
学术论文	本领域专家，具有一定的学术权威，级别较高	同行评议，标准较高
发明专利	"本领域普通技术人员"，级别较低	通过"三步法"判断，标准较低

根据我国最近修订的《专利审查指南》规定，对发明专利进行实质性审查的所谓"本领域普通技术人员"，是指一种假设的"人"，假定他知晓申请日或者优先权日之前发明所属技术领域所有的普通技术知识，能够获知该领域中所有的现有技术，并且具有该日期之前常规实验手段能力，但他不具有创造能力。对创造性的评判完全依赖于审查员检索到的"最接近对比文件"，通过所谓"三步法"判断发明专利申请是否具备创造性：第一步，检索出最接近的对比文件；第二步，找出专利申请文件与该最接近对比文件的区别技术特征；第三步，判断该区别技术特征是否显而易见。[①] 一般而言，只要该区别技术特征在专利技术方案中的作用未被公开文献披露，即认为专利申请具备创造性。

因此发明专利仅需具备法律规定的"最低限度的创造性"即可获得授权。事实上，专利的创造性也不是通过专利权的授予而体现出来的，一些发明专利，甚至实用新型、外观设计专利均可能具备高度的创造性，而它们的创造性和社会价值往往是通过专利技术的广泛应用或商业成功而展现的。

（二）普遍不重视专利质量

高质量的专利是实现转化的基础和前提。在类别上，高校往往以发明专利为主，实用新型和外观设计专利所占比重较小，由于发明专利的授权需经过实质审查，说明高校专利技术方案具备一定程度的创造性。高校科

---

① 参见国家知识产权局最近修订版《专利审查指南》。

研偏重基础前沿研究，往往技术成熟度稍有欠缺，多数有待进行二次开发或通过生产中试等环节才能投入市场。① 高校发明专利中方法专利权占有相当大比重，产品专利普遍较少，这也从另一方面说明了上述问题，是后续技术转移困难的一个影响因素。除了以上科学研究特点和技术本身的因素，怎样评价高校专利的质量呢？

专利权作为披着法律外衣的技术，其质量在本质上必然取决于发明创造的创新程度。但作为一种法定权利，专利权必须将无形的、抽象的技术方案用具体的语言文字表现出来，从而实现以公开换保护的权利目的。先进的技术方案并不能天然形成完美的专利，这与专利申请文件的撰写密切相关。根据《专利法》有关规定，专利申请文件的核心包括说明书和权利要求书，说明书是一种技术文献，负有对专利技术方案进行充分公开披露的任务，以本领域普通技术人员能够实现为标准；权利要求书是一种技术和法律文件，以说明书为依据，通过对技术方案的技术特征进行抽象和概况性说明，形成配置合理的独立权利要求（和从属权利要求），清楚、简要地限定专利的保护范围。高质量的专利文本应当具有说明书公开适度，权利要求概括合理、梯度配置，所限定的保护范围尽可能宽泛的特点，能够对发明技术方案形成立体有效的保护，使他人无法在产业上轻易绕过。②

在上述意义上，我国高校专利申请文件的撰写质量并不乐观。笔者围绕高校教师专利申请设计了一份调查问卷，面向某知名研究型大学主要理工科学院教师进行了专项问卷调查，共发放调查问卷300份，收回246份。问卷统计结果如表2所示。

表2　高校教师专利申请调查问卷

序号	问题	选项	占比（%）	选项	占比（%）	选项	占比（%）
1	您每年申请专利的数量？（作为第一发明人或第一发明人的导师）	A.1~2件	60.6	B.3~4件	34.1	C.5件以上	5.3

---

① 郝建华等：《中国高校专利转化现状及发展对策研究》，《科技管理研究》2009年第12期。
② 尹新天：《中国专利法详解》，北京：知识产权出版社，2012，第265~273页。

续表

序号	问题	选项	占比（%）	选项	占比（%）	选项	占比（%）
2	您申请专利的目的是什么？	A. 拿到授权，应对各种考核	40.7	B. 完成项目任务	36.6	C. 保护自己的技术	22.8
3	您的专利申请文件是如何撰写的？	A. 委托专业机构撰写	78.5	B. 学生撰写	19.9	C. 教师亲自撰写	1.6
4	您知道权利要求的作用吗？	A. 清楚	13.7	B. 略知	34.2	C. 不知道	52.1
5	（自己撰写）一般您会撰写几条权利要求？	A. 1条	45.1	B. 2~4条	50.0	C. 5条以上	4.9
6	（委托专业机构）一般您会仔细审查专业机构撰写的文本吗？	A. 认真审查	13.8	B. 简单看一遍	73.2	C. 不看	13.0
7	您申请专利时，想过专利未来的市场应用吗？	A. 认真考虑过	5.7	B. 偶尔觉得可能	29.1	C. 没想过	65.2
8	您申请专利时，一般保留必要的技术诀窍不公开吗？	A. 不保留	51.6	B. 保留	18.3	C. 没想过	30.1
9	您认为撰写专利申请文件与撰写论文的区别大吗？	A. 没有明显区别	36.2	B. 区别很大	24.0	C. 没想过	39.8
10	关于专利申请，您认为以下哪一点最重要？	A. 一定要授权	85.8	B. 必须能保护技术（但不一定授权）	14.2		

通过分析调查问卷可以发现，多数教师并不重视专利申请文件的质量，专利申请仅仅以获得授权为目的，并未充分考虑所授权的权利是否对其技术形成了有效保护。笔者在工作中发现，不少教师称申请专利为"发专利"，这种以论文式思维撰写专利申请文件的行为令人深感意外，多数教师在专利申请过程中将技术细节披露到极致，生怕读者不理解其技术方案，不考虑为以后可能的专利转让活动保留适当的技术诀窍以增加谈判筹码。多数教师对权利要求书这一法律文件的认识严重不足，不重视权利要求的提炼和布局，一是权利要求普遍项数太少，二是所概括的权利要求往往容易过于具体下位（甚至仅作为一种技术方案示例），根本不能对发明创造形成有效保护。这样的授权专利不仅难以转化，即便被人侵犯也很难进行有

效维权。究其原因，不难发现以下几点：一是高校教师虽具备技术能力和一定的知识产权意识，但对于专利的认识不深，不了解专利、不懂专利法，不会提炼和概括专利权利要求，不具备专利申请文件撰写能力；二是高校教师申请专利通常仅为了获得授权，没有考虑到后续转移转化的问题，而根据《专利法》原则，将权利要求概况的越具体下位，越容易通过专利局新颖性、创造性的审查，因此容易获得较高的授权率；三是不少教师出于绩效方面考虑，希望将技术方案分解开来申请专利，以获得多项专利权，而忽略了技术方案的整体性，导致权利要求项数较少、布局不合理。

综上可见，高校大部分专利并非不具创新性的"垃圾专利"，而是教师不重视专利申请文件撰写、不懂得专利挖掘和布局等，从而导致专利权存在一定的瑕疵，对后续专利转化造成了一定的影响。

（三）因不清楚法律风险而过于担忧"国有资产流失"

由于高校专利申请数量庞大，专利权的价值也越来越难以预料，学校难以聘请大量的律师等专业人员对每项专利申请进行风险把控，因此往往较易潜伏风险。从源头上看，高校专利产生于师生的科研活动。由于高校汇聚创新要素，普遍承担着国家或企业委托的大量科研项目。对于完成国家科研计划任务所产生的专利，根据法律规定，一般由高校享有所有权；对于完成企业横向科研项目所产生的专利，则需依据合作协议明确权利归属。

从现实情况来看，高校与企业开展横向合作确实具有一定的风险性，而专利作为校企合作的关键纽带，又是较易出现纷争的环节，需从源头上做好风险防控。近年来，随着科技发展日新月异，产业竞争不断加剧，不少企业不断将技术研发推向基础研究，由于高校位于技术创新的前端，具有强大的研究基础、学科交叉优势以及人才优势，企业往往在面临技术难题时投入适量资金委托高校开展技术攻关，由此衍生了大量横向合作课题。近年来相关法律纠纷不断增多，一方面说明了产学研合作愈发活跃，另一方面也说明了高校对横向合作的风险掌控能力较低，法律意识不强。例如，部分企业以投资、布局科研项目为渠道不合理地取得高校积累的大量研究成果；又如在专利共同申请过程中，对于权属约定不清楚导致日后产生纠纷；等等。

在高校专利转化方面，由于2015年10月1日《促进科技成果转化法（修订稿）》开始实施，此前全国范围内对高校专利转化缺乏统一的法律规范，中央政府各部门以及地方政府对各自主管的高校往往采取不同的规范性政策或开展区域性试点，整体上高校还不能享有完整的科技成果对外使用、处置自主审批权和收益分配权。推动高校科技成果转化，不可回避的首先是职务发明制度。[①] 在这种政策尚未"解禁"的背景下，由于担心承担国有资产流失的责任，同时囿于专业队伍缺乏而对与市场接触的潜在风险难以充分识别，加之高校从中可期的利益点又不够突出，国家和社会并未将专利转化成效纳入高校的评价体系，因此多数高校往往采取过于保守的专利转化管理措施和政策，设置较为烦琐的审批流程，以达到"免责"目的。这种对专利转化采取不积极、不主动作为的态度，阻碍了专利转化工作的开展。

三 从管理视角推进高校专利转化的建议对策

（一）改革专利在高校人才评价体系中的作用

近年来，我国高校专利申请与授权数量呈逐年递增的趋势，已形成十分庞大的专利数量。随着社会对专利权认识的不断深入，有关部门和机构在大学评价、学科评估等过程中对专利指标的设置进行了科学化调整。例如，2017年教育部第四次学科评估中，仅将已转化运用的专利纳入评价，未被转化运用的专利不作为评价指标。再如，ARWU（Academic Banking of World Universities）等世界大学排名也未将专利作为学术评价指标。2013年教育部在《关于深化高等学校科技评价改革的意见》（教技〔2013〕3号）中指出，实施科学的分类评价标准，对主要从事技术转移、科技服务和科学普及的科技活动人员，重点评价其所产生的经济社会效益和实际贡献。专利权作为一种无形财产权，对其评价应当交由市场和产业主导，与学术

---

① 朱一飞：《高校科技成果转化法律制度的检视与重构》，《法学》2016年第4期。

并没有必然的关联。

况且,将专利作为教师学术性评价指标存在诸多弊端,例如:①导致重数量、轻质量。鼓励以授权为导向,而非以专利转化运用为导向的专利申请,造成了专利申请及授权量激增,专利质量差,技术转化率低下,扭曲了专利的意义;②开辟了教师逃避严格学术性评价的"灰色通道"。通过申请获得专利权,逃过了发表论文等更为严格的评价考核方式,不利于大学坚守"学术至上",再者,专利的"学术性"水平不一,获得授权并不能形成区分,将专利作为学术评价指标一视同仁,缺乏公平性;③专利申请、维持费用开支浩大,造成了科研经费浪费。

因此,建议降低授权专利在高校人才评价体系中的指标权重,并对有效转化运用的专利权进行重点激励。此外,对于教师所获专利权还应当进行差异化评价:一般的实用新型、外观设计专利权不应当视为学术性评价;获得发明专利权仅仅具备了较低限度的创造性,在学术评价方面或可等同于较低层次的论文发表。

(二)着力提升专利质量

随着新形势下国家知识产权强国建设的推进,政府日益着力提升专利创造的质量和运用效益。对于高校自身而言,专利数量庞大而转化率低下,不仅耗费了大量的成本,还容易滋生潜在的法律风险。笔者曾赴美国实地调研了多所大学专利转化状况,从国外大学的成功经验看,高校专利数量恰恰应与技术转移活跃程度成正比。以 MIT(麻省理工大学)为例,2012年,MIT 获得美国授权专利 199 项,当年批准实施专利技术许可 81 项,孵化高技术企业 16 家,现金收入近 1.5 亿美元。①

鉴于此,应当对近年来我国高校专利数量剧增的趋势进行必要和合理的调节。建议妥善协调专利数量与质量的关系,通过激励引导措施稳步提升高质量专利所占的比重,不再鼓励教师"不拘一格"地申请专利,而强调面向市场化、产业化的专利布局。此外,近年来各级政府积极组织专利奖评选活动,激励质量高、实际运用效益好的专利,建议引导和鼓励教师

---

① MIT(Technology Licensing Office),详见 http://web.mit.edu/tlo。

积极参与。

（三）开展知识产权全过程管理，做好风险防控

高校科技成果转化需要跨越所谓"死亡之谷"和"达尔文之海"，并不是一步实现的，需要关注高校科研活动的整个链条。专利转化应当始于针对具有市场前景的技术方案的前期培育和挖掘布局，而不是等专利形成以后再进行所谓的"专利运营"。建议将知识产权管理纳入高校科研管理的全过程，从科研项目立项开始介入，从合同签订贯穿至项目结题验收。为有效地规避各类法律风险，建议将专利申请审批与科研项目合同审批纳入一体化管理，在合同中尽量明确专利申请权与专利权权属、专利申请的时机与驳回风险分担、申请费用的负担、后续专利运营模式等，争取最大限度降低潜在风险。2016年，国家知识产权局、教育部、中国标准化研究院联合组织编制了《高等学校知识产权管理规范》（GB/T 33251-2016）。[①] 高校应当在积极贯彻标准过程中不断完善自身知识产权管理水平，强化市场运用导向，进一步活跃技术转移，为真正地实现高校科技成果转化的春天和支持科技强国建设添油加力。

---

① 关于就《高等学校知识产权管理规范（征求意见稿）》公开征求意见的通知，http://www.sipo.gov.cn/tz/gz/201506/t20150630_1138053.html，访问日期：2015年10月5日。

个人信息大数据与刑事正当程序的冲突及其调和[*]

裴 炜[**]

摘 要：信息革命引发现代国家治理发生相应变革，这集中体现在国家权力与公民权利的互动上。在此背景下，个人信息保护不仅针对信息本身，还应防止因个人信息被滥用而侵害公民的合法权益。具体到刑事司法领域，以个人信息为基础的大数据在介入犯罪治理活动后，其具有的过程性和算法依赖性、以行为模式为前提假设的预测性、基于数据挖掘的新认知范式和数据碎片性等特性，引发犯罪治理思路和模式的相应转变，这尤其表现在两个方面：一是服务于刑事诉讼的数据收集、存留及共享义务的扩张，二是风险防控思维下犯罪治理活动启动时点的前移。个人信息大数据在助力犯罪风险评估从而优化刑事司法资源配置的同时，亦与刑事正当程序发生冲突，其中又以无罪推定原则、控辩平等原则和权力专属原则为甚。鉴于社会信息化的总体趋势，要调和这些冲突，需要以信息革命引发的"权力—权利"二元互动关系变革为出发点，寻求犯罪控制与保障人权两项刑事司法基本价值之间的新平衡点，并对具体的程序规则进行修正。

关键词：个人信息 大数据 犯罪治理 正当程序 比例原则

自20世纪50年代起，社会活动通过网络媒介不断数字化、信息化。而在大数据技术得到广泛应用的背景下，个人信息的搜集、存储、分析、使

---

[*] 本文原载于《法学研究》2018年第2期。
[**] 裴炜，北京航空航天大学法学院副教授、荷兰法学博士。

用在成为社会治理重要手段的同时，也面临着被不当使用的风险。具体到犯罪治理领域，一方面，个人信息大数据在打击新型网络犯罪方面开始发挥越来越重要的作用；另一方面，这种新型犯罪治理手段也在更深的层次上撼动着传统刑事司法的运行规律和基本模式。更重要的是，这种变动不仅体现在以事实真相为依托的犯罪控制层面，也体现在以保障公民基本权利为核心的正当程序层面。

一 基于个人信息的"权力—权利"二元互动

在刑事司法领域，法律一方面确认公安司法机关侦查、起诉、审判、惩罚犯罪的权力，另一方面通过确认犯罪嫌疑人、被告人的程序性权利来划定刑罚权的合理边界。信息革命时代，社会的数字化、网络化使得传统法律构建的"权力—权利"制衡关系面临新的挑战。一方面，以包括隐私在内的公民个人信息为中心而展开的权力与权利的角斗不断升温；另一方面，在这场角斗中，原本身处二元格局之外，包括网络中介在内的第三方主体的介入不断强化。

在这一新格局中，各方的互动呈现出多种形式，且彼此之间存在张力。例如：用户依靠集合化的评论对网络服务提供商施加压力，同时其个人信息亦由网络服务提供商搜集，用户受其引导，甚至用户由此养成新的消费习惯；国家通过网络和大数据强化犯罪控制能力，而这种能力很难与泛化的社会监控相剥离，与此同时，犯罪能力的强化也发生在犯罪领域；网络中介出于经营目的或法律规定，承担着维护用户个人信息的职责，但同时也负有配合国家执行特定行政或司法任务的义务。

毫无疑问，通过信息这一媒介而发生的国家权力与公民权利互动模式的变革，将随着社会数字化、网络化的不断深入而继续下去，进而对法律规定的修正、补充乃至重构产生影响。在进一步探讨个人信息大数据对刑事诉讼基本原则和制度构成的挑战之前，需要处理三个层层递进的前提性问题：第一，如何理解信息革命背景下的"信息"；第二，国家权力在社会信息化的背景下会发生何种变化；第三，公民权利在该背景下会发生何种变化。

（一）信息革命与信息的质变

一般认为信息至少包含以下两个特征：首先，信息不同于"数据"和"知识"。信息是经过加工且有意义的数据，知识则是发展成熟且真实的信息；其次，信息具有可为人类理性认知和理解的意义。信息意义的形成，一方面依赖理解该意义的主体所处的特定时期、环境和背景，另一方面则取决于该主体的目的、逻辑和经验。在以上内外两重因素的共同作用下，作为信息形成基础的数据被筛选、分类和结构化。

基于上述两个特征，"信息"可以大致定义为"数据＋意义"。符合该公式的信息自古就存在，但信息真正成为人类社会发展的关键力量，或者说引发所谓信息革命，则始于"二战"之后。信息革命的核心在于，信息开始被赋予传统的工具意义之外的角色，信息可以演化为资源、商品、财产、中介甚至是社会建构力。与之相对应，信息自身的价值与其内容价值发生剥离，其本身成为组织管理或社会治理的对象。例如信息生命周期管理理论，即着眼于信息"从生到死"的各个流程，进行系统性分析，以及在该系统下对特定类型的信息进行管理规则的建构。

在信息革命初期，就有学者预言信息管理及信息价值的实现将面临三重挑战：其一是基于信息量体量的技术性挑战；其二是针对含义和真实性的语义学挑战；其三是基于该含义与真实性所形成的针对人类行为模式的影响性挑战。随着全球数字化、网络化的不断深入，上述三重挑战已不仅限于事物的局部或孤立的个体或事件，而且演变成社会整体治理中不可回避的事实。特别是在全面进入大数据时代之后，社会面临的问题已经不单单是技术层面的问题，而更在于伦理道德层面，即如何理解这种技术对公民、社会组织以及政府在权利义务规则方面产生的深远影响。个人信息在成为公民基本权利对象的同时，也是国家权力行使的重要资源和媒介，两者之间的张力在"权力—权利"二元互动最为典型和直接的刑事司法领域被进一步强化。

（二）信息革命背景下的权力演化

在社会治理的语境下，权力概念总是涉及权力行使者与权力行使对象，以描述两者之间的一种特殊关系。通过行使权力，权力对象的行为可能向着更符合权力主体所欲之方向或效果发展。从上述"权力主体—权力对象"的关系出发，社会心理学家提出了权力的五种基础：强制、奖励、正当性、专业性、集体参照。有学者进一步将信息视为社会权力的第六种基础，认为一方主体通过占有信息并控制另一方主体获取信息的渠道和程度，同样可以构成前者的权力来源。信息之所以能够成为独立的权力基础，是因为如何处理信息是个人认知、判断和行为的前提。一方面，信息作为一种社会资源，可以促成"权力关系的非对称性"，即可以"不顾参与该行为的其他人的反抗而实现自己的意志"。另一方面，在社会数字化、网络化的背景下，信息对权力的基本属性和实现形式形成了区别于其他权力基础的独特影响。就前一方面而言，权力的运行存在一种从潜在状态发展为现实状态的过程。这种潜在状态不仅意味着使用已知的权力资源或技术的可能性，还意味着基于权力主体占有的其他资源生成新的权力资源或技术的可能性。在信息性权力的语境下，信息并不必然直接构成权力本身，而是更多扮演使权力得以实现和有效运行的能源和催化剂的角色，这是信息作为软性权力的核心特征。就后一方面，即信息之于权力实现形式的具体作用而言，这种催化效果可以从权力关系的广延性、综合性和强度这三个维度加以分析："广延性"用于描述权力对象的规模，即权力的行使是只涉及特定社会组织中的部分对象还是全部对象；"综合性"用于描述权力所涉及的事务的类型和范围；"强度"则用于描述权力影响权力对象的行为的程度。具体解析如下。

　　首先，社会信息化主要从权力的物理边界和权力的执行主体这两个层面扩展了权力的广延性。现实世界的物理边界是权力广延性的重要限制因素之一，而信息革命的一大特征就是，物理边界之于社会治理的意义开始弱化；国家权力得以充分触及主权辖区内的各个角落，从而前所未有地扩展了权力的广延性。就权力的执行主体而言，数字技术为社会规范的执行提供了相对成本较低的手段，原先国家权力机关对规范执行的垄断借由同意或者协商而被打破和稀释。在这个意义上，执行主体的分散化在一定程度上使权力延伸至更为广阔和细微的社会层面。

　　其次，从权力的综合性视角看，同样可以观察到信息化社会带来的影响,这种影响更多依赖认知范式的转变。有学者将人类历史上处理数据的范式归纳为经验范式、理论范式和计算范式,而数字时代的新范式是数据挖掘范式。相对于前三种范式,数据挖掘范式最典型的特征是转变了传统的围绕特定认知对象或假设而进行的数据搜集模式,取而代之以基于广泛、全面、深度的数据搜集而形成认知对象或假设的过程。通过此种范式转变,权力行使伊始所针对的领域及对象变得模糊,跨界的数据搜集和共享成为常态,权力运行可能辐射的事项范围也因难以事前预测而呈现出泛化的趋向。

最后,信息社会对权力的影响也反映在权力的强度层面。对此,可从信息输入及输出这两个角度进行分析。就信息输入而言,不同主体之间因信息输入的质与量上的差异而形成在互动过程中的不平等地位。就信息输出而言,信息作用于权力的强度,表现为权力主体通过对数据进行选择性收集、筛选、拼组以形成信息,从而在此基础上强化其说服权力行使对象的能力。

从世界范围来看,信息在权力运行中的角色随着20世纪福利国家和风险社会理论的发展而不断强化,国家权力的运行和实现形式呈现出以下四个主要特征:首先,国家越来越少成为执法行为的唯一提供者,执法活动越来越多采用"分包"的形式进行,私主体逐渐转变为权力中介;其次,在权力中介的生成与参与下,国家权力呈现出外溢的特征,传统意义上的公私边界逐渐模糊;再次,在公私边界模糊的背景下,围绕着作为信息基础的数据收集、分析和共享,政府机构之间以及机构与中介之间的网状结构不断强化;最后,这一信息网络的构建逐步融入社会机理,以开放式、扩散式的生长方式取代原先针对特定目标或对象而实施的信息收集活动。

(三)基于个人信息的权利应对

当信息被定义为权力基础而作用于社会时,其产生的效果不仅是规则体系发生变化,更在于原先以宪法为核心而构建的基本权利体系以及相应原则出现适用上的困难。在信息革命兴起之时,这种困难首先表现为隐私权与言论自由之间的冲突。彼时基于信息而产生的规则冲突,其核心关注点是权利位阶划分及异类权利之间的衡平,国家权力更多扮演调停者的角色。20世纪七八十年代之后,权利体系的对应方逐渐转变为系统性、大规模的数据搜集和存留行为,隐私权概念难以应对这类新的现象,政府公共行为也开始成为权利互动的另一方关键主体。21世纪之后,恐怖主义活动和严重、复杂犯罪活动的升级、变异,使得"权力—权利"二元互动进一步复杂化:一方面,围绕个人信息保护形成了被遗忘权等在内的一系列新型权利;另一方面,为实现高效的犯罪治理,强化国家权力的呼声也在高涨。

随着权力呈现出新的特质,权利概念也随之开始发生变化。从个人信息保护的角度来看,这种变化在权利的主体、性质、客体、对应者或义务主体、正当性基础或依据等五个方面均有所体现。

就权利主体而言,数据以及在数据基础上形成的信息,其权属并不清晰。特别是在大数据的背景下,数据的权属是基于存储、处理而产生,还是基于相关性而产生,以及在此基础上,"个人信息"之"个人"描述的是信息客体还是主体,围绕这些问题目前均未形成较为合理的权利体系;由此进一步引发实践中针对个人信息收集、存储、分析、推断、使用、交易等行为的合法性争议。就权利的性质而言,个人信息属于财产权、人格权亦或混合型新型权利的争论,随着网络革命的深入而愈演愈烈;其背后则是个人信息难以嵌入以民事权利体系为基本模型、以侵权损害赔偿为主要救济手段、以实害而非风险为导向的传统法律框架这一现实。

以隐私权举例来说,隐私权作为一项基本权利,其所依赖的价值基础开始被反思。传统上认为隐私权根源于群体之间的相对隔离,这种隔离使人们得以进行创造性活动并得出不同的观点,进而形成不同的生活方式,尊重多元化和自由的社会也由此产生。这种价值基础变异的一个显著表现是,在技术语境下描述的数据保护与法律或道德层面的隐私出现了语义上的偏差。

在反思隐私权的基础上,权利客体呈现出多元化的发展趋势,衍生出包括被遗忘权、可携带权等在内的新的权利概念。新型权利的一个共同特征是关注点由实害转向风险,由此引发个人信息保护中的"隐私困境"。一方面,潜在的侵害风险使公民的个人信息保护诉求不断增多和复杂化,直观地表现为侵犯个人信息的行为界定由非法交易、披露等行为向搜集、存留等行为扩张,权利边界呈现出模糊化的趋势。另一方面,基于风险形成的侵害结果的间接性和延迟,使得个人识别和保护其信息的意识难以与其权利诉求相匹配。换言之,人们在呼吁保护个人信息时,自己往往首先成为个人信息的泄露者。如果说在传统的隐私权语境下,权利主体在隐私诉求与自我保护能力之间还可以保持一定的同一性,那么当前基于切实的技术和分析能力上的差异则呈现出权利诉求者与权利保护者相剥离的发展趋势,后者转归于国家、网络平台等主体。

综上,在信息质变为权力基础的当下,国家权力与公民权利的二元互动呈现出紧张而又相互依赖的关系。一方面,信息革命带来的风险化社会使得权力和权利双方的诉求均呈现扩张趋势,这集中体现在界定个人信息时规则的游移不定,无论这种界定是着眼于"可识别性"还是"同意"。这种双向扩张不可避免地造成特定领域的紧张态势,特别表现在个人信息权与国家或社会公共安全之间的竞争关系。另一方面,权利诉求的扩张并未同步强化权利主体实现该诉求的能力,相反,信息革命使得这种能力无论在识别侵害风险方面,还是在有效救济方面,均不断弱化,从而强化了权利主体对于国家基于公权力进行保护和救济的依赖。具体到刑事司法领域,权力与权利之间紧张却相互依赖的关系,在个人信息大数据的背景下尤为明显。

二 犯罪治理活动中个人信息大数据的介入

个人信息大数据介入犯罪治理活动,一方面与社会生活整体的数字化、网络化密切相关;另一方面,就具体的介入方式和产生的影响而言,则受制于大数据的基本特性。

(一)认知范式转变背景下的大数据特性

大数据并非简单地指向规模化的数据量,而是指向认识论与方法论上的重要变革。在认知范式转变的意义上,大数据具有以下四个核心特性。

首先,大数据是行为而非行为客体。大数据呈现的事实或规律并非自始以完整形态存在,而是随着数据挖掘、分析的不断深入而逐渐成型。目前在刑事司法裁判领域出现的以"镶嵌论"为代表的事实认知模式,正是对大数据这一特性的直接反映。该理论认为,分散的数据碎片尽管对其占有人价值有限,但将这些碎片通过特定模型组合起来,则会产生不可估量的整体价值。

其次,大数据引发认知范式转变基于一个基本前提,即假设特定主体的行为或偏好存在相对稳定的模式。从该假设出发,大数据所做的是通过积累和分析海量的"数据足迹"以发现目标对象的运行趋势,并以此为基础激活相应的解释、监控、预测、规划等机制。这种假定存在某种行为模式并试图通过大量数据计算以发现该模式的思维,意味着传统的预先设定问题再进行数据分析的思路难以为继,取而代之的是将数据分析前置并在分析中逐渐发现问题的思维过程。

再次,大数据采用的是"数据—理论模型—特定现象"的认知范式,即以数据挖掘为分析起点,在此基础上概括出一般模型,最终以包括可视化等在内的方式实现精准定位或作业,这恰与传统的"特定现象—理论模型—数据"的认知范式相反。

最后,大数据的后续应用目标与前期数据收集之间难以确保精准对应。就大数据而言,对半结构化或非结构化数据的前期搜集和存储尤为关键,其中特别需要注意的是对动态数据和碎片数据的及时固定或实时处理。从另一个角度看,这一特征也意味着在数据处理过程中"数据噪音"增多,而数据分析最终要适用于特定情形,因此,如何在即时性与精准性之间求得平衡,是大数据给数据处理技术和应用带来的新挑战。

基于大数据的基本特性,以及由此带来的认知范式转变,犯罪治理活动也呈现出一些新的重要变化:一是服务于刑事侦查活动的数据存留及共享义务开始大幅度扩张;二是以犯罪风险防控为指导的犯罪治理活动启动时点的前移。

(二)服务于刑事侦查活动的数据存留及共享义务的扩张

大数据的具体运用依赖规模化的数据挖掘。数据碎片经由大规模搜集、重组、认知之后形成有效信息,而这一模式发挥效用的前提是数据搜集的常规化、普遍化。基于此,大数据介入犯罪治理通常引发三种相互联系的制度设计:其一是明确特定主体的数据存留、共享、披露义务;其二是鉴于大规模数据搜集可能引发与公民基本权利的冲突，设立以个人信息权为核心的基本权利保障机制；其三是为实现犯罪治理目的，形成刑事司法领域个人信息保护的例外规定。以《网络安全法》为例，首先，《网络安全法》第24条明确了特定业务中网络运营者收集用户真实身份信息的义务；其次，基于个人信息保护诉求，第40条至第45条就个人信息的收集、使用等行为，设定了条件和边界；再次，为实现犯罪治理目的，第28条进一步规定，"网络运营者应当为公安机关、国家安全机关依法维护国家安全和侦查犯罪的活动提供技术支持和协助"。从以上相关法律规定可以看出，在大数据导致数据存留及披露义务一般化的大背景下，立法基于个人信息保护目的而设定的限制性规定，主要指向网络服务提供者等私主体。而对于公安司法机关，只要符合法律规定的合理目的，在信息准入层面公安司法机关基本不存在获取信息的实质性障碍，其职责主要是在获取信息后履行保密、保管、专用以及销毁等义务。

权力机关之间以提升社会管理职能为目的的信息收集与共享平台，正在逐步建立。例如，根据2016年国务院《政务信息资源共享管理暂行办法》第2条，各部门之间信息交流与共享的适用范围，被扩展至"政务部门直接或通过第三方依法采集的、依法授权管理的和因履行职责需要依托政务信息系统形成的信息资源等"。结合2010年中纪委及中组部等联合发布的《关于建立和完善执行联动机制若干问题的意见》、2011年公安部等十五部门联合发布的《关于建立实名制信息快速查询协作执法机制的实施意见》、2014年最高人民法院及证监会联合发布的《关于加强信用信息共享及司法协助机制建设的通知》、2016年最高人民法院及公安部联合发布的《关于建立快速查询信息共享及网络执行查控协作工作机制的意见》等规范性文件，可以更加清晰地看出国家权力机关之间信息共享的大趋势。在此规范框架下，数据仓库建设、联机分析以及数据挖掘形成了一整套犯罪治理模型，并且，随着大数据的进一步推广，其很可能在未来成为犯罪防控与侦查的核心手段。

（三）基于风险防控的犯罪治理活动启动时点的前移

基于风险防控理念，犯罪治理活动的启动时点不断前移，这一方面表现为以预测警务为代表的一般犯罪防控,另一方面体现为具体案件中侦查活动的提前启动。

预测警务一般被定义为基于相关数据采用量化分析等技术,协助警察识别犯罪风险并进行犯罪预防或犯罪治理等的活动。其有以下三项主要特征:①以识别和预测犯罪风险为主要目的;②以大数据分析为主要模型;③预测结果将触发相应的犯罪控制措施。依据功能差异,可将预测警务区分为四种类型:预测犯罪活动、预测潜在犯罪人、预测犯罪人身份、预测犯罪被害人。其中,预测潜在犯罪人和预测犯罪人身份均指向可能实施犯罪行为或具有犯罪嫌疑的特定个人。其间的区别在于,前者用于预测已知个人未来可能实施的特定犯罪行为,后者则用于预测已知犯罪可能对应的有特定犯罪记录的个人。无论基于何种模式,预测警务均要求执法人员以数据分析结果为依据,将人与犯罪行为进行预判性匹配,并基于该预判采取针对特定个人的犯罪控制措施。在此基础上,"犯罪地图"技术也同步发展起来,即通过强化监控与数据分析形成特定地区的犯罪热点可视化地图,从而引导警力分配和公民日常活动。通过将犯罪治理活动在时间轴上前移,预测警务被认为能有效提高犯罪防控效率。

我国的犯罪治理同样关注到了预测警务的应用。2015 年,中共中央办公厅和国务院办公厅联合印发了《关于加强社会治安防控体系建设的意见》,强调通过"强化信息资源深度整合应用,充分运用现代信息技术,增强主动预防和打击犯罪的能力"。基于该工作思路,各地纷纷开始建立或强化预测警务系统,例如北京市怀柔区的犯罪数据分析和趋势预测系统、江苏省苏州市的犯罪警情预测系统、四川省推动的"雪亮工程"公共安全视频监控建设联网应用、江西省特殊人群大数据平台等。预测警务系统使当地公安机关可以在犯罪高危地区提前布控,从而实现针对犯罪活动的有效精准打击。目前国内通过大数据进行侦查主要有两种模式,第一种模式是预测犯罪高发区。如江苏省苏州市自 2013 年起推行犯罪警情预测系统,该系统收录了十年来苏州市 1300 余万条警情数据和 7.8 亿条商铺信息,为科学配置警力、提速应急反应奠定了技术基础。第二种模式是数据比对预测犯罪嫌疑人。例如,自 20 世纪初我国开始研发并逐步推广全国公安机关 DNA 数据库应用系统,至 2015 年 9 月,该数据库已经收录近 4000 万条

DNA 信息，为个人信息比对和案件侦破提供了强大助力。

除预测警务外，犯罪治理活动启动时点的前移还体现在具体案件的侦查上。首先，只有通过应用第三方数据记录、大型数据库、预测性分析等手段，刑事诉讼启动标准的实现方可能发生重大转变。我国目前的立案标准仍是"有犯罪事实需要追究刑事责任"，而应用大数据技术的关键问题是，基于个人信息数据库分析而做出的行为预测，能否被用于犯罪事实补强或犯罪嫌疑人的确定。其次，侦查活动启动时点的前移，还体现在对立案前证据收集行为的效力确认。2016 年，最高人民法院、最高人民检察院、公安部（"两高一部"）出台《关于办理刑事案件收集提取和审查判断电子数据若干问题的规定》（下文简称"刑事案件电子数据规定"），其中明确规定初查过程中收集、提取的电子数据可以作为证据使用。在大数据的背景下，数据收集与分析先于侦查人员对犯罪事实及刑事责任的认知而进行，这或许将成为常态，强制侦查措施先于立案行使的情况恐怕难以避免，而在大数据形成和应用的过程中，对公民个人信息的干预恐怕也难以避免。

三 个人信息大数据与刑事正当程序的冲突

个人信息大数据在服务于查明事实这一实体性刑事司法价值的同时，其与以正当程序为依托的基本权利保障之间的紧张关系，尚未引起足够关注。基于当前大数据在犯罪治理领域的主要运用模式，这种紧张关系主要体现在三个方面：与无罪推定原则的冲突、与控辩平等原则的冲突、与权力专属原则的冲突。

（一）犯罪治理活动提前启动与无罪推定原则的冲突

如前所述，个人信息大数据介入刑事司法导致犯罪治理活动提前启动，一方面，犯罪预测将应对犯罪的模式由被动转为主动，由事后打击转向事前预防；另一方面，在案件调查取证的过程中，侦查权得到扩张。基于这两方面的原因，产生了犯罪治理过程中个人信息大数据与无罪推定原则之间的冲突。

2012 年刑事诉讼法第 12 条规定，"未经人民法院依法判决，对任何人都不得确定有罪"。这是无罪推定原则在我国法律中的体现。无罪推定原则的要义在于，对审前预判以及基于该预判进行的干预或限制公民基本权利的行为进行严格限制，这种限制与审前具有风险防控性质的措施存在紧张关系。其核心问题是，基于风险考量，对尚未形成犯罪嫌疑的特定主体，是否以及在何种程度上可以对其基本权利进行干预或限制。自"9·11事件"之后，这种紧张关系在打击恐怖主义犯罪等严重威胁国家及公共安全的犯罪方面，呈现出向强化犯罪控制方向倾斜的趋势。在我国，这种趋势也反映在反恐怖主义法第五章关于"调查"的规定和国家安全法第28条关于反恐工作的规定之中。

个人信息大数据在犯罪治理中的应用使得上述冲突开始向一般犯罪案件扩张。仍以预测警务为例，北京市怀柔区警方的预测系统目前主要针对盗窃类案件；江苏省苏州市的犯罪预测系统在2015年就已经覆盖91种违法犯罪行为，2016年又搭建起非法集资预测预警处置平台；江西省的特殊人群大数据平台（可容纳47万余人）可实现对包括服刑人员、刑满释放人员、戒毒人员和社区矫正人员等重点特殊人群的管控与帮扶。

犯罪预测以及由此触发的后续治理措施在目标人员和目标犯罪这两个层面的一般化趋势，意味着犯罪风险防控的预防性措施与无罪推定原则的冲突已经由例外成为常规。此外，大数据在助力犯罪侦查并补强立案依据的同时，还会在一定程度上强化有罪推定的假设。侦查人员在案发之初凭借经验和逻辑推理形成假设，以用于指引取证活动，并根据搜集到的证据碎片进行反复修正，最终形成完整的排除内在矛盾的证据链条，这种做法符合一般的侦查逻辑。但目前大数据多用于建立或强化有罪链条，执法人员在运用大数据之前已经形成的思维倾向，在经过基于碎片化信息重组的大数据分析之后，会被进一步强化和合理化。

（二）大数据调查取证与控辩平等原则的冲突

个人信息大数据的应用基于两个前提：一是具备规模数据的积累或获取能力；二是具备与该数据量相适应的分析能力。目前，数据集成主要由政府部门、网络平台以及大型研究机构等承担；数据共享则主要发生在政府部门之间以及政府部门与商业机构之间，由此引发个人信息大数据与控辩平等原则的冲突。

1. 基于数据获取能力差异而形成的控辩不平等

刑事诉讼之举证责任在控方，为保障有效行使辩护权，辩方也被赋予一定的取证方式。2011年《律师办理电子数据证据业务操作指引》规定了律师搜集和提取电子数据证据的四种主要方式：指导当事人取证、自行取证、申请包括司法行政机关在内的有权机关取证、请求包括网络服务提供商在内的第三方取证。在大数据介入刑事司法的背景下，后两种方式的重要性日益凸显，但目前尚未有规范性文件明确规定个人或其委托的律师如何以这两种方式从大数据的占有机构获取与案件相关的数据。同时，基于信息泄露、系统干扰、数据篡改等信息安全方面的考量，相关规则在不同程度上都会对数据准入设置障碍，从而可能进一步扩大控辩双方在数据获取方面的能力差距。具体而言，这些障碍主要包括：基于国家安全考量而设置的限制、基于个人信息保护考量而设置的限制。

第一，就国家保密特权与数据开放之间的关系而言，辩方在获取有利于被指控人的信息方面存在困难。以保守国家秘密法、刑法、网络安全法、反恐怖主义法等法律为框架，我国已经形成一整套国家保密机制。而相关法律和规范性文件一般着重强调有关单位的保密义务，对相关权利人的知悉权则缺乏明确规定。例如，政府信息公开条例第14条规定，行政机关不得公开涉及国家秘密、商业秘密、个人隐私的政府信息，其例外则包括权利人同意公开以及不公开可能对公共利益造成重大影响等两种情形，并且例外情形仅针对商业秘密与个人隐私信息。与此同时，保守国家秘密法第9条明确将"维护国家安全活动和追查刑事犯罪中的秘密事项"列入国家秘密的范畴。通过将刑事追查活动的特定信息列为国家秘密，使权力机关原则上不得开放相关大数据的进入、提取、分析、使用，辩方基于辩护权能否以及如何从有关部门获取相关数据，法律和规范性文件的规定尚不明确。同时，在大力推进政府部门间信息共享的背景下，侦查机关的取证能力借助与其他政府部门的信息共享以及以网络运营商和网络服务提供者为代表的商事主体的信息披露义务而大幅提升，这与辩方面临的取证限制形成鲜明对比。

第二，个人信息保护同样能够成为辩方取证的障碍。以网络安全法为例,其第 40 条规定了网络运营者的用户信息严格保密义务;第 42 条则以信息被收集者同意作为网络运营者向他人提供个人信息的前提条件。如前所述,这种保密义务并非绝对,其例外情形主要限于第 28 条规定的公安机关、国家安全机关依法维护国家安全和侦查犯罪的活动。与这一例外相对应,2012 年刑事诉讼法第 52 条规定,公检法机关在收集、调取证据时,对涉及国家秘密、商业秘密、个人隐私的证据,应当保密。但是,在大数据的背景下,个人信息碎片化愈发严重,以是否侵犯个人权利为标准划定取证行为边界的传统规则,已经难以在事前有效制约公权力的行使。换言之,通过运用大数据技术,任何信息碎片都有可能经过重组而转化为涉及个人隐私的信息。大数据的这一特性,一方面导致信息被收集者的同意例外变得模糊不清和难以适用;另一方面亦使任何信息都有可能基于前述第 52 条的规定被列入保密范畴,从而构成包括辩方在内的主体获取相关证据的制度障碍。

2. 基于数据分析能力差异而形成的控辩不平等

控辩双方在数据分析能力方面的差异尚未引起我国立法与司法实践的充分关注,但近年一些热点案件已经或多或少触及这一问题。以 2016 年的"快播案"为例,针对作为本案关键证据的四台服务器,司法机关实施了一系列数据提取和分析活动,例如委托鉴定中心筛选服务器远程访问 IP 地址,检验视频格式文件修改痕迹,提取 29841 个视频文件并认定其中 21251 个为淫秽视频等。一方面,以上数据提取和分析活动需要大量专业技术人员的参与以及相应的物力、财力支持,以单个或少数几个律师进行辩护的传统策略已难以从证据内容本身进行有效应对;另一方面,相对于传统证据类型,电子数据证据的真实性或完整性在很大程度上依赖于取证过程的规范性和科学性,而在当前的机制下,辩方很难有效参与并监督取证过程。

已有域外学者指出,利用数据的庞大体量进行审前证据交换,已经演变成一种通过抬高诉讼成本来增强一方谈判筹码的诉讼策略。在美国 2009 年的"斯基林案"中,法院认为,通过向被告方开放特定数据库,政府已经充分履行证据开示义务,而不论数据库包含的数据量是否已经庞大到被告方不可能有效查找和提取文件。有学者将这种只提供数据库入口或最终证据,却不考虑控辩双方实际的数据分析能力和实质的程序参与的做法称为"文件倾倒",并认为其构成控辩双方的实质不平等。即便控辩双方掌握了同样的原始数据,但由于大数据的碎片化特征,双方也有可能以同样的素材拼组出截然不同的"事实"。可以预见的是,随着以信息碎片为核心要素的大数据不断深度介入刑事司法,数据本身的质量以及算法的可靠性,将成为大数据应用的关键。如何赋予辩方挑战控方分析方法与结论的能力,以及如何在控辩双方的解读之间以相对中立的方式进行评价,是大数据带给犯罪治理的新挑战。

有鉴于此,无论是在数据搜集、获取层面,还是在数据分析层面,大数据的应用都会使控辩双方的能力差异日益扩大。有鉴于此,我们可以做出以下推断:基于形式平等的审前取证与庭审质证建立起来的刑事诉讼规则将难以为继。如果刑事司法未来计划强化而非放弃控辩平等原则,就必须改革现有规则,以实现控辩双方在面对包括大数据在内的电子数据证据时,在数据搜集、获取、分析、呈现等方面具有大致相当的能力。

(三) 司法外主体介入与权力专属原则的冲突

在大数据的背景下,谁掌握数据源,谁就有可能成为权力的实际执行者。人们在日常生活中遗留的大量数据痕迹并不会自动全面、及时地被录入政府数据库,而是会遗留在各类存储介质中,由包括网络平台在内的主体搜集并形成具有商业价值的数据分析基础。而大数据引发的数据存储及披露义务的扩张,以及犯罪治理活动启动时点的前移,意味着需要司法机关以外的社会主体介入犯罪治理,从而产生大数据侦查与权力专属原则的冲突。

2012年刑事诉讼法第3条规定,除法律特别规定的以外,由公安机关、检察机关和法院行使特定的刑事司法权力,其他任何机关、团体和个人都无权行使。立法者之所以将这些权力归属于特定主体,一是以职权特定化防止权力扩张,二是以分工明确化来落实分权制衡,三是以程序法定化来避免法外行权。但是,在大数据的背景下,司法权特别是侦查权被稀释,"侦、控、审"之间的界限由于公众的普遍参与而有模糊化的趋势,由民众自主发起的包括监控、追查、公布、谴责等在内的犯罪治理活动在现有法律框架下也难以得到有效规制。

在众包模式下，监督和评估潜在犯罪行为，为实际发生的案件提供线索和证据的工作，开始由传统意义的执法机关向不特定社会群体转移。这种任务转移不仅针对已经发生的特定案件，还被广泛用于犯罪预测等活动。即便针对已经发生的案件，众包模式下相关参与群体的活动也区别于传统意义上被动提供证据或线索的证人。这些群体会主动向特定算法提供数据，后者会自动生成分析结果。借助众包模式进行犯罪风险治理的典型实践是2006年美国得克萨斯州采用的虚拟边境观测系统，该系统允许个人通过网络摄像头观测并实时汇报违规穿越美国与墨西哥边境的行为。就我国而言，众包式执法表现为有明显公私合作性质的模式。同时，大型网络平台也逐渐成为司法运行的常规合作方。例如，2015年，浙江省高级人民法院与阿里巴巴合作，以淘宝搜集的用户收货地址作为司法文书送达地址。

个人信息大数据介入犯罪治理所引发的上述三个层面的冲突，势必要求立法者对现有规则进行调整。从"权力—权利"二元互动出发，这种调整一方面需要秉持刑事正当程序背后的基本价值，从而维持国家行使刑罚权的合理边界和正当性基础；另一方面则需要依托大数据的特性，直面这种特性对现有规则形成的冲击。

四 基于无罪推定原则的规则修正

个人信息大数据对于无罪推定原则的冲击主要体现在两个方面：一是犯罪治理活动启动时点前移的普遍化，二是执法人员有罪推定倾向的强化。两者在侧重上有所区别，可以采用的对策也应加以区分。

（一）犯罪治理活动启动时点的前移

大数据介入犯罪治理导致以干预基本权利为基本特征的刑罚权提前启动，应对这一现象的关键在于，通过细化的程序设计，将可能干预包括个人信息权在内的基本权利的措施控制在合理范围内，并理清前期干预行为与后期刑事裁判之间的关系。同时，刑罚权的提前启动意味着刑事司法与治安管理之间的界限将进一步模糊，在大数据的背景下理清两者的关系无疑具有现实必要性。关于干预基本权利的措施的适用范围，应强调比例原则的合理引入与应用，具体包括以下四个方面。

首先，从比例原则的基本要求出发，对刑罚权的介入时点和阶段进行明确划分，以此在后续的"权力—权利"衡平过程中构建基本框架。结合2012年刑事诉讼法、相关司法解释以及"刑事案件电子数据规定"可以看出，侦查取证活动已经由立案阶段提前至行政执法阶段甚至更早，犯罪初查的证据效力也已经得到普遍确认。在此背景下，根据大数据在当前的实际应用，有必要将刑罚权的启动划分为三个阶段：预测警务阶段、犯罪初查阶段、犯罪侦查阶段。后两者主要以立案与否作为阶段划分标准，较为模糊的是预测警务阶段与初查阶段的区分时点。2015年"两高一部"《关于办理网络犯罪案件适用刑事诉讼程序若干问题的意见》（下文简称"办理网络犯罪案件意见"）规定的初查启动要件是"案件事实或者线索不明"以致无法判断是否达到犯罪追诉标准。据此，初查的启动至少应当具备具体的、特定的犯罪事实或线索，这意味着由概括性数据分析得出的类似"犯罪地图"的预测警务所获得的信息，不应成为启动初查的条件。

其次，需要依据预测警务、初查和侦查三个阶段划分各个阶段可以干预的个人信息类型，并在此基础上配置相应的调查取证措施。具体而言，隐私权仅是个人信息权的下位概念，对公民基本权利的保护不仅包括相对完整的电子记录，还应扩展至敏感性较低的"关于数据的数据"。对敏感类信息的干预仅限于立案侦查阶段；初查阶段以不干预个人敏感信息为原则，并以经特殊程序许可的有限干预为例外；预测警务阶段则严格禁止对个人敏感信息的干预。就可以配置的调查取证手段而言，"刑事案件电子数据规定"并未做限制性规定。《人民检察院刑事诉讼规则（试行）》（下文简称"刑事诉讼规则"）第173条规定，初查阶段只能采取"询问、查询、勘验、检查、鉴定、调取证据材料等不限制初查对象人身、财产权利的措施"，并明确将强制措施、查封、扣押、冻结初查对象的财产以及技术侦查排除在外。该规定尽管对比例原则有所体现，但仅针对检察机关。"办理网络犯罪案件意见"尽管对初查环节可以采用的侦查措施进行了限制，但该规定的缺陷是未涉及技术侦查措施。笔者认为，初查仅仅构成侦查活动的一个"引子"，其本身并无必要拓展为相对独立的环节。目前立法与司法解释对初查的规定也主要旨在定性，因此，应当维持对初查阶段调查取证活动的严格限制。如果需要采用的取证手段超出该限制，且该手段属于专业取证指南或规范规定的必需手段时，侦查机关若计划推进取证，则应当进入立案程序。

再次，就侦查而言，对于基于接受网络服务或日常工作、生活、学习等活动而由网络服务提供者、工作单位、就学机构、研究机构等搜集的个人信息大数据，法律应当设置高于政府数据库的数据接触门槛，并以正式立案为界限；对于预测警务和初查阶段，则确立以不得获取为原则、以有限披露为例外的基本规则。

最后，从证据属性的角度出发，一方面，可以考虑在立法中明确规定根据大数据分析得出的不利于被指控人的过往行为模式仅能作为侦查线索使用，而不得作为证据使用，但是，有利于被指控人的大数据分析意见则可以经证据补强印证后作为定案证据使用。另一方面，通过制定司法解释和执法机关行为规范，明确各类数据所适用的事项、途径、手段、限度等。例如，针对执法合法性问题，应明确以执法记录仪的记录为准；没有按照规定配备执法记录仪或者相关记录灭失却无合理解释的，应做出不利于执法人员的推断。

（二）执法人员有罪推定倾向的强化

目前，大数据主要用于构建有罪或风险成立的论证链条，但其本身也可以成为证明当事人行为合法的依据。公安司法机关对后者已有所认知，但主要适用于执法人员而非被指控人。例如，2016年《关于深化公安执法规范化建设的意见》就要求"建立健全执法全流程记录机制，全面推行现场执法活动视音频记录制度"；"刑事案件电子数据规定"第14条明确规定，"在条件具备的情况下，应当对收集、提取电子数据的相关活动进行录像"。这些规定本身有助于提高侦查人员调查取证活动的规范性，反之也可用于证明或否定其执法行为的合法性。

基于上述考量，国际学界逐渐发展出了"数字无罪"概念，以应对大数据背景下出现的数据挖掘偏见和数字证据选择性忽视等现实问题。这一方面意味着需要在规则设计上向有利于被指控人的方向进行倾斜；另一方面则体现了基于数据存储与提取的跨部门、跨行业属性，这种规则变动需要通过综合立法的形式协调进行。

首先，就规则倾斜而言，新的规则需要对大数据拼组和重新演绎信息的属性形成明确认识，并强调这种"拼组"和"再演绎"本身就有可能构成对事实的合理怀疑，从而成为案件定罪量刑的障碍。之所以判断其有可能成为定罪量刑的障碍，是基于这样一项基本假设，即最终呈现于庭审并作为判断罪与非罪依据的证据链条，只是依赖逻辑与经验对以往事实的重组而非完整再现。证据规则上区分直接证据与间接证据、实物证据与言词证据，就反映出对这一特性的考量。实践中出现的电子数据证据关联性证明困难，也从侧面折射出碎片化信息在形成较为完整的证明链条的过程中所存在的问题。

其次，就规则的跨部门、跨行业协调而言，立法者应当考虑基于当前三大诉讼法推行的电子数据证据立法规范，建立起刑事司法主体与其他政府部门在包括大数据在内的电子数据提取、分析、处理等活动中的衔接配合机制，其中需要特别关注基本权利受到干预的公民在以上活动中所享有的权利及其救济途径。

五　基于控辩平等原则的规则修正

就大数据应用与控辩平等原则的冲突而言，需要分别在数据获取能力与数据分析能力这两个层面，对控辩双方的力量对比加以调整。

（一）数据获取能力的平衡

就数据获取能力而言，立法的关键是明确在何种情况下、以何种方式、在何种程度上可以对辩方开放特定数据库或提供特定数据。相关制度建设应当区分两种情形：一是辩方知晓存在有利于本方的数据，二是控方知晓存在有利于辩方的数据。

首先，就第一种情形而言，关键在于如何在确保数据安全的前提下，尽可能保障辩方有效获取该数据并提交法庭审查。从数据安全的角度看，以立法的方式原则性地要求包括政府机构、市场主体等在内的大数据占有者向个人直接开放全部数据，并非理想的问题解决方式。从更为现实的角度看，较为合理的方式是，基于个案的特定线索或依据，基于相关权利人的申请，由特定机构代为收集和提取数据。

在控辩平等原则的框架下，这种制度设计至少应包含两项要求。其一是通过立法在原则上明确特定主体的配合义务，以及不履行该义务时的救济措施。其二是明确证据收集、提取程序的启动要件，以及整个过程中辩方的参与权、知情权及其保障措施。在设计制度时需要特别注意的是，由于大数据可能涉及国家机密、商业秘密与个人隐私，所以，在特定机关的配合义务以及相应的收集、提取程序上，需要根据数据类型做区别处理。

基于此，立法者可以考虑引入专门的审查和令状制度。具体而言，可以考虑由相关权利人提出申请，由检察机关或法院对申请进行审查，并在条件符合时发布令状，交由侦查机关和占有或控制申请所涉大数据的第三方主体进行取证。针对任何特定类型的大数据，申请收集、提取的相关权利人应就以下两个基本事项提供初步的证明材料：一是该大数据为特定主体占有或控制，二是该大数据与案件具有关联性。在整个过程中检察机关应当发挥监督职能，在确保取证行为规范、合法的同时，保障特定数据在后续处理及使用过程中的安全。

其次，就第二种情形而言，关键在于如何确保控方在取证和举证过程中兼顾有利于辩方的证据。可以预见，控方掌握大数据证据材料将是更为常见的情形。而前文的分析已经表明，大数据证据材料容易强化侦查人员的有罪推定倾向。因此，就有利于辩方的信息而言，除了强化数据搜集和分析者的信息共享和开放义务以外，还需要适当强化控方对证明被指控人无罪或无违法犯罪风险的信息的搜集。这种强化可以从以下两个层面入手：一是在侦查取证环节引入第三方评价或裁判，就数据搜集与分析是否存在前置性偏见进行审查；二是明确启动干预活动对应信息的正面和负面清单，为司法、执法人员提供详细指引。这两个层面是相互联系的，当前者实施到一定阶段并积累了一系列案件经验之后，即可以规范性文件的形式形成针对特定大数据收集、提取的正、负面清单。

（二）数据分析能力的平衡

强调数据获取能力的平衡主要针对的是有利于辩方的大数据证据，而数据分析能力的平衡则主要着眼于强化辩方针对不利于本方的证据的质证能力。从前文的分析可以看出，就可能作为刑罚权启动依据的大数据而言，其形成过程可能早于刑事诉讼程序的启动。因此，被指控人或权利受到干预的主体能否在这一阶段介入，或者获取该阶段证据材料所处理的相关信息，将直接影响本方的质证能力。从这个角度讲，在大数据领域，随着侦查活动启动时点的前移，基于控辩平等原则的要求，有必要将辩方的程序性介入也相应提前。由此进一步衍生出三项制度设计要求：第一，在条件允许的情况下，尽可能保证权利受到干预的主体或其代理人参与到取证的过程中来，或者至少应保证相关权利人的知情权；第二，应当明确参与诉前大数据收集、提取、分析等活动的人员的出庭做证义务；第三，控方在举证时需要对诉前搜集并用作证据使用的大数据及其搜集、分析、处理过程加以说明。

除在介入时间上的平等对待，更重要的是在实体层面确保辩护权的有效实施。基于大数据自身的特性，同时从保障辩护权有效行使和庭审实质化的要求出发，首先有必要建立审前大数据证据开示制度，在保障辩方知情权的同时，确保辩方充分了解此类证据的收集、提取、分析、存储、使用等情况。从制度设计的角度看，可以考虑依托 2012 年刑事诉讼法第 182 条设立的庭前会议制度，由审判人员主持，由控辩双方就大数据证据材料进行开示，并在必要时引入专业人员进行说明。

在此基础上，立法者有必要完善专家辅助人制度，以适应大数据介入犯罪治理的现实要求。2012 年刑事诉讼法第 192 条规定的专家辅助人制度，主要针对鉴定意见这一静态的证据类型。"刑事案件电子数据规定" 第 21 条对此做了扩展，即规定控辩双方在展示电子数据时，亦可在必要时聘请专业人员进行操作，并就相关技术问题做出说明，从而将专家辅助人制度扩展至对电子证据的展示。这对于强调数据处理过程的大数据证据而言，无疑是一个重要的进步。但是，结合之前的分析可以看出，过程性作为大数据证据的基本属性，其并非只有在需要当庭展示时才体现出来，而是贯穿数据收集至最终呈现的整个过程，而这种过程性本身会直接影响该类证据的真实性、关联性甚至合法性。从这个角度讲，就大数据证据而言，专家辅助人的作用不限于法庭展示，还应当涉及对审前程序中证据收集、分析过程的说明，无论该证据在提交法庭审查时是否需要借助多媒体设备出示、播放或者演示。此外，当大数据证据的提取早于刑事诉讼程序的启动时，彼时处理数据的相关人员不仅应当在特定情况下负有出庭做证或进行说明的义务，其证言也应当在必要时由专家辅助人进行说明。同时，从前面的分析可以看出，如果在庭前会议中针对包括大数据在内的电子数据证据进行交换，则可以考虑将专家辅助人制度也适用于该环节。这样一方面便于控辩双方更有效地理解大数据证据，另一方面也有助于防止采用"数据倾倒"的诉讼策略。

六 基于权力专属原则的规则修正

数据的资源化衍生出前文论及的社会治理权力的外溢。在犯罪治理领域，这种权力外溢不仅体现在司法机关与其他传统上不具有司法职能的机关、组织、个体之间，同时也体现在司法机关与以商业主体为代表的其他社会主体之间。侦查取证活动时点的前移、网络平台等主体的介入、众包式警务的出现等，这些现象无一不对传统的以公检法机关为核心的司法运行模式形成挑战。要应对这些挑战，尤其需要关注两个问题：一是非司法行政主体的参与方式，二是证据规则在立案前调查环节与侦查环节的衔接。

（一）非司法行政主体参与犯罪治理的方式

如前所述，无论是大型网络平台或其他社会机构所负担的数据存留及披露义务，还是众包式侦查，社会公众参与犯罪治理的方式已经因为大数据发生了深刻变化。相对于传统侦查活动中相关主体承担的配合义务，大数据介入刑事司法使这种配合义务由个案演变为一般性义务，从而在一定程度上使这些主体成为国家行使刑罚权的必然延伸。

从这个角度讲，基于以平衡国家权力与公民权利为核心的比例原则的要求，针对预测警务、初查与侦查这三个阶段，占有或控制大数据的社会主体在存留及披露相关数据的义务方面应当有所区别。其中，在侦查环节大数据占有主体的配合义务最高，初查环节次之，预测警务环节再次之。就数据存留义务而言，由于在收集和存留之初难以预判数据的后期用途，所以，其存留期限的划分不应以大数据后续可能适用的领域为标准，而应当根据大数据所涉个人信息的敏感程度来加以区分。就数据披露义务而言，则应当将数据的敏感程度与预测警务、初查、侦查三个阶段进行匹配。其中，涉及个人隐私的大数据仅能在正式立案之后向侦查人员提供；在初查和预测警务阶段，则仅能针对一般个人信息进行调取和分析。

对于就数据占有而形成的社会主体所承担的犯罪治理义务，需要通过法律对其设置必要的限度。一方面，以司法行政机关为主导的犯罪数据库建设应当发挥主导功能，避免向包括网络平台在内的社会主体施加过重的配合义务。另一方面，在侦查层面，数据中介是否承担以及以何种方式承担配合义务，应基于个案进行判断，对该中介的行为授权、具体的案因、侦查目标、对象、范围、期限、方式等要素进行审查。

（二）刑事立案前后的证据规则衔接

在司法实践中，立案前的证据调查活动已成通行做法，并且，大数据的应用使这一活动的启动时点不断前移，由此引发立案前后证据调查与侦查活动的衔接问题。如果在不受立案后的刑事诉讼程序对取证行为有所限制的情况下，过早地赋予在此期间获取的大数据以证据资格，则一方面可能因大数据的质量得不到保障而影响定罪量刑的合理性与准确性，另一方面则可能损及法院审查认定对审前环节的引导。

就初查阶段而言，目前相关法律和规范性文件对于在此期间取得的证据，原则上予以认可。但由于该证据的搜集发生在刑事诉讼程序正式启动之前，所以，犯罪嫌疑人的诉讼权利保障在这一阶段无法适用。根据《最高人民法院关于适用〈中华人民共和国刑事诉讼法〉的解释》第65条的规定，行政机关在行政执法和查办案件的过程中收集的电子数据作为定案根据需满足两个条件：一是法庭查证属实，二是收集程序合法。这两个条件尽管同样适用于立案后的取证活动，但对程序合法的解释则存在差异。以"刑事案件电子数据规定"第7条规定的"收集、提取电子数据，应当由二名以上侦查人员进行"为例，初查时相关人员在收集、提取大数据证据材料时如未遵守该规定，是否属于程序违法，从而影响该证据材料的证明力甚至是证据能力，以及建立在该证据基础上的案件事实认定是否因程序瑕疵而导致合理怀疑，规定中对于这些问题缺乏明确表述。究其根本，这是因为行政程序与刑事程序的核心理念和基本运行逻辑不同，所以，在程序瑕疵对证据证明力的影响上，认定亦有差异。

从大数据的特性及现实应用的角度出发，笔者认为至少可以从以下几个方面入手构建初查与侦查阶段的证据衔接机制。首先，在条件允许的情况下，初查活动应尽可能保持与侦查活动在规则适用上的一致性，以确保此阶段取得的证据材料的质量向侦查阶段看齐。其次，在无法达到刑事诉讼规则对侦查行为的要求时，初查阶段取得的证据材料仍可作为证据使用，但非经实质性证据补强不得单独作为定案根据。最后，在上述第二种情况下，强化相关取证人员的出庭做证义务，并在原则上应当有专家辅助人对此类证据的真实性和关联性进行论证。

就预测警务而言，其基本原理是通过大数据分析发现特定的犯罪行为模式，由此引出证据衔接方面的一个关键问题：在案件进入刑事诉讼程序之后，该行为模式对于事实认定的效力如何。此类证据基于已经存在的记录或观察推断当前案件中犯罪嫌疑人与犯罪行为之间的联系，但这种推断存在两个主要问题：其一是逻辑层面的可靠性，其二是用于演算行为模式的计算模型的可靠性。同时，相对于已经进入侦查程序的证据调查活动，预测警务活动由于缺少统一的政策与法律规范指引，在具体应用过程中缺少透明度和有效的外界监督，导致相关行为人的权责不明确，这会进一步降低行为模式预测的可靠性。当然，这些预测会随着刑事诉讼程序的向前发展，而可能逐渐通过其他证据材料的补强形成切实可信的证据。但在此之前，对于依据大数据分析而推导出的行为模式，需要谨慎对待。原则上，基于大数据分析而推导出的行为模式，仅能作为犯罪侦查线索而非定案根据来使用。但是，在一些特殊案件中，例如性犯罪案件中，大数据分析所推导出的行为模式与传统意义上的品格证据具有一定的相似性，故可以考虑将其作为证据链条的一部分提交法庭审查。同时，就这种情形，立法应当设置明确的证据补强规则，即非经其他实质性证据补强，大数据证据不得单独作为定案根据。

网络平台著作权保护的严格化趋势与对策*

徐 实**

摘 要：随着网络交互信息平台的兴起，其以具有数字化、大容量、传输速率高、还原度高等特点，逐渐成为版权作品发布、传播、传输、使用的最重要渠道，但同时也凸显著作权保护的复杂性和严峻性。本文通过对全球范围内有关网络平台著作权具有时效性和代表性的案例、立法的整理，以及对版权行政管理机构近期活动的总结和梳理，发现网络平台著作权保护呈现一种日趋严格化趋势，具体表现为对平台间接侵权责任抗辩——"避风港"原则的限制适用、司法裁判中推翻"服务器标准"以及版权行政管理机构加大对网络平台责任的重视等方面。本文因此建议，网络交互信息平台应该根据趋势，主动采取"平台自律""行业联动"等措施积极应对；同时，司法机关应加强规则的区域统一和灵活发布，版权行政管理机构则应积极沟通各界，鼓励行业自律，同时推动第三方版权争议解决等平台的建立。

关键词：网络平台 著作权 侵权责任 严格化趋势 平台自律 第三方版权争议解决平台

---

* 本文原载于《北京航空航天大学学报》（社会科学版）2018 年第 4 期。
** 徐实，美国印第安纳大学摩尔法学院博士，研究方向：知识产权法和网络法。

An Analysis of Growing Tendency of Strict Protection on Copyright under Online Platform Context and Corresponding Countermeasures

Xu Shi

Abstract: Rise along with the network interactive information platform, with its digital, large capacity, high transmission rate, high reductive degree, gradually become the most important channel of distribution, transmission and access of copyright works, but also lead to the complexity and severity of copyright protection. Base on a comprehensive study of recent and typical cases, rules related to copyright infringement liability of online platform and review of relevant activities by copyright administrative agencies worldwide, copyright protection responsibilities on operators of online platform are growing stricter. Specifically, the application of "safe harbor" rule becomes narrow, "server test" is abandoned and copyright administrative agencies pay more attention to online platform operators. Accordingly, operators of online platform shall actively implement "self-discipline" in all forms and cooperation among the industry. Courts shall promote the regional coordination of trial guidelines of online platform copyright infringement. Copyright administrative agencies shall communicate with copyright self-discipline organizations, online platform operators, courts and others. Establishment of third-party dispute resolution platform with respect to online platform copyright infringement shall be considered.

Keywords: Network Platform; Copyright; Tort Liability; Strict Trend; Platform Self-Discipline; Third Party Copyright Dispute Resolution Platform

一 前言：网络平台著作权保护的趋势问题

随着电子技术的不断成熟与发展，互联网信息产业已成为全球经济发展中的重要支柱、各主要经济体的重要增长点，以及各国产业升级和进行结构化调整的"发动机"和"源泉"。然而，行业的发展通常伴随着相关法律问题的凸显。互联网交互信息平台具有数字化、大容量、传输速率高、还原度高等特点，从而逐渐成为作品发布、传播、传输、使用的最重要渠道。在这个意义上，互联网交互信息平台的兴起和不断发展，一方面促成了作品的广泛传播，但是另一方面也导致著作权侵权在实践中的极大可能和威胁，越来越多的网络平台因直接或间接的著作权侵权被起诉。

那么，应当如何有效应对网络平台日益发展中带来的著作权保护难题呢？对此相关研究层出不穷，提出了各种各样的方案，或严厉或宽松，不一而足。随着互联网信息产业不断发展变化，各国对于网络平台著作权的保护策略也在不断变化，以美国、欧盟和我国最具代表性。本文试图对于各国近年来在立法、司法以及行政管理中对平台著作权保护责任的规制情况进行重点观察和分析，进而提出其中有关趋势变化的见解，以作为我国现阶段立法、司法、行政管理乃至网络平台运营的经验参考。

二 网络平台著作权保护的严格化趋势及其体现

早期，网络平台在著作权保护问题上得到较大程度的宽容。最早由美国提出了"避风港原则"，不但从数量上减少了网络平台承担间接侵权责任的情形，在实际适用中也基本默认了网络平台并不具有事先审查的义务；同时，"服务器标准"则从版权作品存储方式的角度判定平台责任，也处于偏向有利于网络平台的角度。[1]

但是，最近几年，从美国、欧盟及我国等最新判例和立法总体来看，出现了一种严格化趋势。[2] 一方面，通过对上述原则和标准适用的阐释和发展，体现出主要经济体网络平台著作权侵权责任严格化的趋势，包括限制适用"避风港原则"、排除"服务器标准"等。另一方面，各国的版权行政管理机关日渐重视网络平台著作权保护，不断采取措施加强网络平台责任。

---

[1] 王迁：《网络环境中著作权保护研究》，北京：法律出版社，2010，第349～351页。
[2] 石必胜：《数字网络知识产权司法保护》，北京：知识产权出版社，2016，第185～211页。

(一)封堵"避风港"——网络平台间接侵权责任严格化

美国首先于 DMCA 第 512 条提出"避风港原则",即网络平台不承担监督或主动审查其服务的义务,① 而且在某些情况下可以不承担其用户实施的侵权行为导致的间接侵权责任。美国法院在与"避风港"有关的案件中重点审查由第 512 条中提出的三种情形:其一,网络平台是否"明知"或"应知"侵权行为;其二,网络平台是否从其有权利和能力控制的侵权行为中,直接获得经济利益;其三,收到权利人符合规定的侵权通知后是否及时移除侵权内容。②③

但是近年来,在审理涉及网络平台是否承担侵权责任的案件时,美国法院着眼于第 512 条 (a) 款,即网络服务提供者是否对阻止他人重复侵权的行为采取了合理的措施。该合理措施被称为"重复侵权人政策"。不过从如下案例可以看出,早期美国法院对阻止重复侵权人措施的审查流于形式,并不注重效果。在 Io Group v. Veoh 案中,即使被告的"重复侵权人政策"通过使用新 email 地址注册新用户即可规避,地方法院仍认为被告的重复侵权人政策是合格的。④ 关于 Perfect 10 v. CCBill 一案,被告并未完整记录侵权用户的信息,但联邦第九巡回法院仍认为被告实施了合格的"重复侵权人政策"。⑤ 美国法院随后逐渐意识到了这种形式审查的问题,并开始在判决中探讨,什么是合理有效实施的"防止重复侵权的行为"。EMI v. MP3tunes 案中,联邦第二巡回法院认为,尽管被告依据其重复侵权人政策终止了 153 个重复侵权的用户账号,但不能确定被告是否跟踪侵权用户,因此被告是否合理实施了其"重复侵权人政策"是存在疑问的。⑥ 而 2018 年的 BMG Rights Management v. Cox Communcations 一案中,联邦第四巡回法院的判决

---

① 17 U. S. C. §512 (m) (1) (2006).
② 17 U. S. C. § 512 (c) (1) (2006).
③ Robert P. Merges. Peter S. Menell & Mark A. Lemly. Intellectual Property in the New Technological Age (4th edition). Aspen Publishers, 2006, pp. 814 – 816.
④ Io Group, Inc. v. Veoh Networks, Inc., 586 F. Supp. 2d 1132, 1144 (N. D. Cal. 2008).
⑤ Perfect 10, Inc. v. CCBill LLC, 488 F. 3d 1102, 1110 (9th Cir. 2007).
⑥ EMI Christian Music Group, Inc. v. MP3tunes, LLC., No. 14 – 4369 (2d Cir. 2016).

则丰富了"合理实施"的内涵。① 本案中，COX 的用户非法使用 P2P 文件共享技术 BitTorrent 在 COX 运营的网络平台共享和下载原告 BMG 的版权音乐作品。COX 的"重复侵权政策"包括：发送警告邮件、强制点选包含警告字样的按钮、暂时停止服务（但可通过联系管理员而轻易解除）、通知某一用户 13 次后即考虑关闭该用户的账户等措施。就 COX 是否"合理实施"了前述政策，联邦第四巡回法院指出：第一，COX 从未自动关闭任何其用户的账户；第二，虽然 COX 强调其"对于侵权行为并非确实明知，所以并无义务关停有关账号"，但因为有证据显示，所有被关停的账号随后都会被激活，也使得 COX 关于"并非确实明知"的辩解失去了意义；第三，虽然 COX 调整了其政策，规定将不再重新激活关停账号，但是有证据显示，此后 COX 再也没有关停过账号。基于上述事实，一方面 COX 不关停账号是基于这些账号可以为其带来可观的收入，另一方面 COX 忽视了数以百万计的侵权通知，这些通知能够帮助其对 P2P 侵权公司的监控，第四巡回法庭最终认定 COX 没有合理地落实其"重复侵权政策"，因此不能够依据"避风港原则"免责。

欧盟在《电子商务指令》第 14 条的规定和美国"避风港原则"类似，即网络服务提供者在不明知或者不应知侵权行为时，或者其在知道后及时移除侵权内容，可免于承担侵权责任。第 15 条则明确规定了网络服务提供者没有监控其服务器上内容的义务，也没有主动审查的义务。②③ 但随着全欧"数字统一市场"概念的提出，欧盟更加重视全欧盟范围内知识产权的保护。因此，其首次在《数字化单一市场版权指令》草案的第 13 条中对网络平台规定了控制义务（control obligation）和注意义务。根据草案第 13 条的规定，提供存储和大量版权作品服务的网络平台，应当采取措施确保其与权利人达成的协议能够实现；网络平台需要采用内容识别技术，以防止

---

① BMG Rights Management v. Cox Communications，No. 16 - 1972（4th Cir. 2018）.
② Directive 2000/31/EC of the European Union and of the Counsel of June 8, 2000 on certain legal aspects of information society services, in particular electronic commerce, in the internal market.
③ Gerald Spindler. Study on the Liability of Internet Intermediaries. [EB/OL]. [2018 - 05 - 22]: 68 - 71. http://ec.europa.eu/internal_market/e-commerce/docs/study/liability/final_report_en.pdf.

著作权侵权。在备受争议的第 13 条出台之前，欧盟在《处理网络违法内容和网络中介商的责任》和《网络平台和数字化单一市场》中已显露出加强网络平台注意义务的端倪。后二两者规定了一种问题导向的扇形（sectorial, problem-driven approach）注意义务，即对于不同类型的违法内容采取不同政策方式。① 这种所谓的扇形模式侧重于识别版权的内容，要求网络平台投入更多的技术以履行其注意义务。② 第 13 条引发了巨大的争议，并因此导致《数字化单一市场版权指令》草案的投票表决一再被延迟。从目前欧盟委员会几次讨论的意见及修改稿来看，第 13 条的通过势在必行，最多是对于新义务进行限制。根据最新的主席国讨论稿建议来看，对新义务的限制主要从两个方面入手：一是明确受新义务影响的服务；二是明确将网络服务提供者是否向公众传播作为判断的标准，当网络服务提供者确实是向公众传播时，其不能适用《电子商务指令》规定的责任特权。第 13 条一旦通过，欧盟管辖内的网络平台将很难驶入"避风港"。③

（二）对"服务器标准"的"拨乱反正"——平台信息网络传播权责任的严格化

在判断网络平台是否承担侵犯公开表演展示权的间接侵权责任时，美国联邦第九巡回法院在 Perfect 10, Inc. v. Amazon 一案中确立的"服务器标准"④（Server Test）一直占据主流。⑤ 该案中，第九巡回法庭指出，网站运

---

① Giancario F. Frosio. "Reforming in the Platform Economy-A EU DSM Strategy". 112 *NorthwesteRN U. L. Rev*, 2017：22 – 26.
② Questionnaire, Regulatory Environment for Platforms, Online Intermediaries, Data and Cloud Computing and the Collaborative Economy, European Comm'n, 2015；Communication from the Commission to the European Parliament, the Council, and the European Economic and Social Committee, and the Committee of the Regions, Online Platforms and the Digital Single Market：Opportunities and Challenges for Europe, COM (2016) 288 final, at 9 (May 25, 2016).
③ Giuseppe Colangelo & Mariateresa Maggiolino. ISPs' Copyright Liability in the EU Digital Single Market Strategy, 2017 – 12 – 09. https：∥papers. ssrn. com/sol3/papers. cfm? abstract_id = 3087812 (2017)，访问日期：2018 年 5 月 23 日。
④ "服务器标准"，即以侵权作品是否存在于网络服务提供者的服务器上为标准，来判定其是否构成侵权：如果侵权作品存在其服务器上，则应承担侵权责任；反之则不承担责任。
⑤ Perfect 10, Inc. v. Amazon, 508 F. 3d 1146, 1161 (2007).

营者是否需要因发布在其网站上的图片承担共同侵权责任，取决于发布者照片是否存储在网站运营者的服务器中。尽管被告适用的内链接、加框链接等技术会使得用户以为自己在访问被告页面，但版权法区别于商标法，它并不保护著作权人免于混淆行为的侵害。这种"服务器标准"在诞生之日起就备受争议。在2018年2月15日宣判的Goldman V. Breitbart News Network, LLC 一案中，联邦第二巡回区的纽约州南部联邦地区法院（因此可以不受第九巡回法院判例的强制性约束）终于向"服务器标准"发起了挑战。原告 Justin Goldman 将一张其与其他名人的合影上传到其个人 Snapchat 账户上，随后由于相关谣言的爆发，该照片引发了"病毒式"传播，这张照片被分享到了 Twitter 和其他众多网络社交媒体平台。之后，各个在线新闻门户在发布相关新闻时，使用 html 形式从 Twitter 的服务器抓取有关推文，将有关推文"嵌入"了相关的新闻文章中（或者展示了推文中的图片）。门户网站在转载时使用的"嵌入"技术会使照片存储在 Twitter 的服务器中，用户可以通过门户网站进行观看。原告认为门户网站侵犯了其依据著作权法案第106条（5）款享有的公开表演展示权（the right of public performance and display）。① 如果适用"服务器标准"，门户网站显然不应该承担共同侵权责任。Goldman 案中的被告也确实援引了"服务器标准"，要求法院颁布"简易判决"（类似于驳回起诉）。法院强调，著作权法案中的"公开展示"，包括通过任何设备和过程实现的展出。虽然著作权法案颁布已久，但是第106条表明立法者希望涵盖"现在已知的或者随后发展的"的任何设备和过程。以此为基础，法院认为门户网站使用"嵌入"技术对照片进行展示，无论照片是否存储在门户网站的服务器中，都应当被认定为"公共展示"。为推翻"服务器标准"的观点，法院还援引联邦最高法院在 American Broadcasting Cos Inc. v. Aereo, Inc. 中的推理，即"用户看不到的技术，不应作为判断著作权侵权是否成立的关键"。② 由此体现了线下线上裁判标准趋同的明显的网络平台责任严格化趋势。

---

① 美国著作权法采取了以公开表演展示权和发行权（distribution right）两者来满足 WCT 关于向公众传播权（right of communication to the public）和向公众提供权（right of making available to the public）的要求。我国则是以信息网络传播权来适应 WCT 的规定。

② American Broadcasting Cos Inc. v. Aereo, Inc., 134 S. Ct. 2498（2014）.

在判断"链接"行为是否侵犯向公众传播权（right of communication to the public）或向公众提供权（right of making available to the public）时，欧盟则对线上线下设置的标准是一致的。线上适用同样标准，体现了更加严格的趋势。从欧盟法院对几个相关案例的判决中，可以将针对设置线上超链行为的要件归纳为两点：第一，是否指向"新公众"；第二，设链者是否知道被链内容获得授权（或未获得授权）。① 欧盟法院在著名的 Svensson 案件中，直接适用了其在 SGAE 案件中确立的"新公众"标准，即设链行为必须指向不同于初始传播行为所面向的公众。也就是说，如果初始传播行为是面向任何互联网用户的，那么设链行为就不可能再指向"新公众"，即不满足要件。但如果初始传播行为设置了一定限制，比如仅供订阅用户接触，那么绕过这些限制措施的设链行为，就是向"新公众"传播了作品。② 接着，欧盟法院又在 GS Media v. Sanoma 案件中指出，需要考虑设链者是否知道被链内容未获授权，如果设链者不知道或没有合理理由应当知道未授权的事实，则不构成向公众传播的侵权。判断设链者是否知道，可以从其是否收到版权人的侵权通知，或者其是否具有营利目的两方面考量。③④

我国在审理与涉链行为（尤其是视频聚合软件或深度链接行为）相关的案件时，占据主流的标准也是"服务器标准"。⑤ 以北京知识产权法院为代表的专门法院与地方法院在仔细阐释了相关国际条约、国内立法渊源后支持适用"服务器标准"。⑥ 近年来，一方面，几大视频网站花费重金购买

---

① 实际上在判断是否构成向公众传播行为时，欧盟法院还提出了"特殊技术手段"标准，即如果提供作品的方式是采取了有别于原始传播行为的特殊技术手段，则这种行为构成向公众传播。但由于通常情况下，设链行为与原始传播行为都属于相同的互联网技术手段，因此不适用于"特殊技术手段"标准。参见 Case C – 607/11 ITV Broadcasting Ltd. v. TVCatchup Ltd, 2013。

② Case C – 306/05, SGAE v. Rafael Hotels, 2006. Case C – 466/12 Nils Svensson et al. v. Retriever Sverige AB, 2014.

③ Case C – 160/15, GS Media BV v. Sanoma Media Netherlands BV, Playboy Enterprises International Inc., 2016.

④ Pekka Savola. EU Copyright Liability For Internet. https://www.jipitec.eu/issues/jipitec – 8 – 2 – 2017/4563，访问日期：2018 年 5 月 23 日。

⑤ 刘家瑞：《为何历史选择了服务器标准》，《知识产权》2017 年第 2 期。

⑥ 冯晓青、韩婷婷：《网络版权纠纷中"服务器标准"的适用与完善探讨》，《电子知识产权》2016 年第 6 期。

独家版权作品以期占领市场并通过收费会员服务等手段获取利润，另一方面，随着深层链接、转码链接等传播手段的不断兴起和普及，盗链的视频聚合网站软件层出不穷，被盗链网站利润被分割，利益遭受重大损失，这两种冲突时常上演。显然，继续使用"服务器标准"来判断网络服务提供者是否应承担侵权责任已经不再能够满足对版权的保护要求。

2017年，深圳市南山区人民法院一审判定，"电视猫"通过破坏原告腾讯公司所设置的技术措施，获取知名电视剧《北京爱情故事》内容并进行播放，属于对未经授权作品的再提供，构成侵犯信息网络传播权的行为。本案中被告"电视猫"主张其提供的仅仅是网络搜索链接服务，自身并未上传或向用户提供作品。法院认为被告"主观上具有在其软件上直接为用户呈现涉案作品的意图，客观上也使用户在其软件上获得了涉案作品，同时使得涉案作品的传播超出了原告的控制范围，构成未经许可的作品再提供，侵害了原告的信息网络传播权"。[①] 笔者预计，在将来，更多法院将在"技术中立"原则下，逐步采取合理的"实质性替代原则"来审理各类"涉链"案件。同时，一些学者也指出，可以通过著作权法中保护技术措施的规定对深层链接问题进行规制或以新型"提供标准"来规制。[②][③]

（三）版权行政管理机构日益重视网络平台责任

互联网技术的发展使著作权法的应用面临了大量的难题，行政机构也逐渐重视网络平台责任问题。以美国为例，在 Fox Television Stations, Inc. v. Aereokiller, LLC 一案中，被告辩称其通过互联网转播有线电视节目的系统为著作权法第111条中的"有线系统"，而美国联邦第九巡回法院采用联邦版权办公室对著作权法案第111条的解释，驳回了被告的抗辩。[④] 本案中，被告 FilmOn X LLC 利用电视天线接收广播电视信号然后通过互联网使

---

① 参见腾讯网《南山区法院判定"电视猫"聚合盗链构成直接侵权》，2018-05-22，http://gd.qq.com/a/20171124/028073.htm，访问日期：2018年5月22日。
② 王迁：《论提供"深层链接"行为的法律定性及其规制》，《法学》2016年第10期。
③ 刘银良：《信息网络传播权的侵权研究——从"用户感知标准"到"提供标准"》，《法学》2017年第10期。
④ Fox Television Stations, Inc. v. Aereokiller, LLC, No. 15-56420 (9th Cir. 2017).

其付费用户可以观看这些电视节目。此前联邦最高法院在 American Broadcasting Cos, Inc. v. Aereo, Inc. 一案中裁定, FilmOn 使用户可以观看电视节目的这一行为属于对于著作权作品的公开表演, 因此侵犯了著作权人的相关权利。① 随后, FilmOn 又试图基于著作权法第 111 条向版权办公室 (Copyright Office) 申请"有线系统"强制著作权许可, 认为其可以免费使用相关著作权作品。

在双方都没能证明第 111 条是否包括 FilmOn X 的技术, 即其技术是否属于基于互联网技术的再传输服务的情况下, 联邦第九巡回法院引用了版权办公室 (Copyright Office) 对于第 111 条的解释。一直以来, 版权办公室都坚持, 基于互联网技术的再传输服务不属于第 111 条所适用的"有线系统"。版权办公室的理由主要是：通过第 111 条, 立法机关对于基于互联网技术的再传输服务是没有认知, 也是无法预见的。另外, 第九巡回法庭也注意到, 尽管立法机关已经多次修订过知识产权法案, 但其从来没有反对过版权办公室关于第 111 条的立场, 这反映出版权办公室对网络平台著作权责任问题扎实的调研和深刻的理解。笔者同时注意到, 版权办公室在 2017 年发布了关于著作权法第 108 条和第 1201 条的报告。该报告就是否修改其提供的保护框架, 是否针对新的技术环境进行小的修订等问题进行了详细的说明。在未来互联网语境下通过司法判例界定传统知识产权保护尺度时, 版权办公室等将势必发挥愈加重要的作用。②

同样, 我国版权局也愈发关注网络环境下的著作权保护。国家版权局采取主动出击审查、指导合作等手段, 自 2005 年起, 连续 13 年开展打击网络侵权盗版专项治理的"剑网行动"。在此期间, 国家版权局不断创新管理方式, 对 20 家大型视频网站、20 家大型音乐网站、8 家网盘平台等进行重点版权监管, 而且还不断更新重点作品预警名单, 关闭了上千家侵权网站, 并积极帮助著作权方进行维权, 例如采取对侵权作品进行下架、屏蔽链接等处理方式。

---

① American Broadcasting Cos, Inc. v. Aereo, Inc., 134 S. Ct. 2498 (2014).
② 参见 Copyright Clearance Center. Copyright Law in 2017. http://www.copyright.com/blog/copyright-law-2017-look-happened-news/, 访问日期：2018 年 5 月 22 日。

自 2015 年国家版权局发布《关于责令网络音乐服务商停止未经授权传播音乐作品的通知》以来，由于各音乐平台之间竞争的加剧，音乐版权价格持续走高，一些音乐平台逐步退出市场。2017 年，腾讯音乐与网易云音乐就音乐版权问题争端不断，互相诉诸法院。一方面为了遏制哄抬音乐版权授权费用、争夺独家版权等行为，另一方面为了推动版权作品合法传播，提高音乐版权人的利益和用户体验，从 2017 年 9 月开始，国家版权局约谈了各大网络音乐服务商、境内外音乐公司和国际唱片业协会，就相关问题提出了要求。① 在国家版权局"推动网络音乐产业繁荣发展"的倡导下，各大音乐平台纷纷破除音乐贸易壁垒，腾讯、网易云、阿里音乐三大音乐平台在音乐版权上实现了大范围的重合共通。同时，为了规范网络视听节目传播秩序，国家新闻出版广电部门在 2018 年 3 月 22 日下发的通知中指出，"不得擅自对经典文艺作品、广播影视节目、网络原创视听节目作重新剪辑、重新配音、重配字幕，不得截取若干节目片段拼接成新节目播出……"② 以上种种措施均体现了行政管理部门加强网络平台相关著作权保护责任的态度。

三 我国网络平台自主完善著作权保护的相应对策与建议

网络平台著作权保护严格化趋势使著作权人受益的同时，也不可避免地会对商业模式为通过作品取得流量、获取利润的网络平台的运营者造成冲击。

网络平台运营者应当在这种趋势下注意到以下变化：第一，网络平台运营者在研发优化和采用与网络著作权有关的新技术和商业模式时，需要更加审慎。第二，网络平台运营者需要就著作权使用等方面，进行更专业、更有针对性的内部制度建设和内部管理。网络平台运营者必须加强与行政管理机构的联系，积极咨询律师事务所、研究机构等著作权领域专业机构，内控成本也会相应提高。第三，网络平台运营者与著作权人的互动模式正在发生改

---

① 新浪科技：《国家版权局约谈音乐服务商　叫停音乐独家版权》，http://tech.sina.com.cn/roll/2017-10-28/doc-ifynffnz3055194.shtml，访问日期：2018 年 5 月 22 日。
② 新华网：《国家新闻出版广电部门：网站不得擅自重新剪辑经典文艺作品》，http://www.xinhuanet.com/2018-03/22/c_1122577762.htm，访问日期：2018 年 5 月 22 日。

变。网络平台运营者将面对更多潜在的著作权人维权事件。总的来说，著作权人具备了更高的议价能力，甚至会出现强势著作权人打压网络平台的现象。

我国网络平台运营者响应网络著作权保护而采取措施大体分为两个阶段。在国内刚开始有网络著作权保护意识时，只有大平台进行了一波波"运动式"的自查，比如新浪爱问知识人进行大面积整顿，新浪微盘、百度云盘等云存储服务多次主动进行版权作品审查，关闭应用程序内搜索功能等。在严格化趋势逐渐显现端倪时，各大网络平台加大对版权作品的采购力度，优酷土豆、爱奇艺、bilibili等视频网络平台、网站主动购买视频作品版权，积极删除侵权作品链接，而很多小平台已经难以存活。在面对严格化趋势愈加明显的新阶段、新形势时，"运动式"的整改明显已不合时宜。采购版权作品、删除链接也无法解决新商业模式中潜在的法律问题以及网络平台议价能力的问题。令人感到欣喜的是，新形势下，我国一些主要网络平台已经积极应对，主动采取平台自律、行业自律、行业联动等措施，尽管其措施仍然有待完善。

（一）平台自律

首先，为了应对越来越严格化的著作权保护国际趋势，维护平台自身利益，网络平台运营者应通过建立和完善内部制度、用户投诉机制等措施大力开展"平台自律"。网络平台可以通过优化管理、积极应对、主动投入，实现花小钱、办大事。网络平台基本都采取了用户投诉机制，这种机制主要针对由平台服务引发的著作权纠纷，主要有三个明显的作用：一是有效降低对平台商誉等方面的负面影响；二是可以尽量避免平台进入耗时久、投入高的著作权侵权诉讼；三是即使进入了诉讼阶段，完善的用户投诉机制也可以使平台迅速掌握事态、留存关键证据，在诉讼中占据有利地位。实践中，以腾讯、阿里为代表的网络平台在这方面走在了前列。腾讯公司在知识产权保护方面一直走在前列，不但成立了专门的知识产权维护团队，还设立了针对通过平台侵犯知识产权行为的投诉平台和投诉渠道。[1] 2015

---

[1] 腾讯——在线投诉平台，可以通过该网址针对腾讯旗下八种平台进行知识产权投诉，https://www.tencent.com/legal/html/zh-cn/complaint.html，访问日期：2018年10月30日。

年，其建立的微信品牌维权平台，设有举报机制和侵权投诉机制。如果用户发现发布在微信公众号上的内容侵犯了其著作权等知识产权，便可通过微信品牌向全平台进行举报，微信相关工作人员将根据违规程度进行处理。在接到首次举报时，微信将删除侵权内容，若接到多次针对同一信息发布者的举报，微信将对该信息发布者封号。微信运行的投诉机制不仅有利于保全侵权证据，提高维权效率，还可以有效减轻作者在维权过程中的投入和负担，提高其维权积极性。

网络平台运营者有时也会借助第三方专业机构进行自律。新浪微博与中国版权保护中心、平壑科技达成合作，接入了中国版权保护中心的 DCI 体系，[①] 为微博用户的原创内容提供版权认证服务。享有版权的微博用户在经过登记认证之后，其版权作品将由中国版权保护中心统一提供侵权检测，并提供快速维权的服务。笔者认为，网络平台运营者在著作权保护方面，除了这些常见的"平台自律"模式和措施，尤其是百度贴吧、微博这种依靠用户上传内容的平台，还应从加强对其用户的著作权政策告知和公示方面入手，通过让用户在阅读著作权保护政策时主动勾选、延时勾选等技术手段，主动向平台用户公示平台的管理制度和著作权政策。国家版权局以及相应的行业自律组织也应对平台自律进行鼓励引导，推行自律准则。

（二）行业联动

除进行"平台自律"外，网络平台应在行业内部通过组织、协商合作等手段推动行业联动。大平台等行业领先运营者应充分发挥自身资金和技术上的优势，推动行业内部管理制度的建立、发展和完善，建立有效行业内部沟通机制，避免行业内部损耗整体降低全行业的议价能力。2018 年 4 月初，腾讯要求网易云音乐下架所有杰威尔音乐的音乐作品事件就是相似平台间独家版权之争的典范。当然，此事件也说明了行业联动不能是强制命令，应当是基于合理许可制度而进行的适当联动。各路音乐平台、视频平台在版权争夺战中为了争夺独家版权都付出了相当大的代价，因此，后续的联动也需要彼此之间就利益进行合理有限的让步。只有真正实现行业

---

① DCI, Digital Copyright Identifier, 数字版权唯一标识符。

联动，提升行业整体的议价能力，才能实现网络平台在版权作品开发中的利益最大化。通过大平台带头的行业自律，应当兼顾对于使用平台的著作权人的合理诉求的保护，提升整体行业形象和各行业主体商誉。

此外，应由领先的网络平台或行业自律组织牵头，在网络平台行业内部尝试合理有偿互通版权作品过滤技术，一方面联结已采取版权作品过滤技术的平台，另一方面向尤其是小型网络平台推广版权作品过滤技术，将小平台纳入行业整体的著作权保护制度框架。

四 我国行政司法加强和完善著作权保护的对策与建议

谈及从司法、行政加强和完善著作权保护，不能忽视我国当下政策背景和司法、行政现实。从2008年的《国家知识产权战略纲要》到2018年4月博鳌亚洲论坛上习近平总书记的讲话，20年来我国从未改变过加强知识产权保护的坚定立场。[1] 2018年1月1日开始正式实施的新修订的《反不正当竞争法》新增了互联网的相关条款，《著作权法》《专利法》《商标法》等也纷纷进入修订环节，可以预计这些都将以增加或调整条款的形式加强处理互联网知识产权保护案件的能力。司法解释也积极作为，考虑到相关立法对于平台著作权保护责任这一问题规定不足，而了解网络技术的法官又毕竟是少数，因此，法院专门通过审判创设大量"临时"网络平台侵权责任规则，辅助相关法律认知和适用。

2018年4月，最高人民法院、各高级人民法院发布《知识产权司法保护》白皮书，提及2017年全年全国法院新收知识产权民事一审案件增幅达47.24%，其中著作权纠纷的案件数量居首。案件总量大幅增长，案件特点多样：新类型案件不断涌现，新问题、疑难问题增多，案件审理难度增大。[2] 可以预见的是，严格化趋势非但不会改变这一趋势，反而会保持或助

---

[1] 人民网：《习近平：加强知识产权保护是完善产权保护制度最重要的内容》，http://ip.people.com.cn/n1/2018/0411/c179663-29918754.html，访问日期：2018年5月22日。
[2] 国家版权局：《全国法院2017审理版权案件大幅增长》，http://www.ncac.gov.cn/chinacopyright/contents/518/372098.html，访问日期：2018年5月22日。

长这一趋势。考虑到我国司法资源的现状，可能会增加知识产权法院及其他相关一线法院的工作负荷。针对严格化带来的潜在问题，笔者认为，可以从进一步加强统一审判和法律适用标准，更好地发挥行政管理机构作用和建立中立第三方平台三方面入手。

（一）进一步加强统一审判和法律适用标准

我国作为大陆法系国家，即便"修法不停"，立法修订速度也很难跟上技术发展的节奏。如上文所述，网络著作权有关的争议频发，大部分由司法机关定纷止争。司法机关对于新技术引起的法律和社会问题的把握，通常动态和时效性兼具，网络平台运营者权利和义务的边界往往也是由司法机关在司法审判中首先划定。严格化趋势，实际上是对于网络平台运营者义务设置的"从无到有""从粗到细""从松到严"的过程。而这一过程如果并非有组织、有分工、在了解行业情况下有针对性地进行，就容易限制网络平台行业的发展，也会影响整个司法系统的公信力。

可喜的是，我国司法机构已经行动起来。最高人民法院于2017年4月24日发布了《中国知识产权司法保护纲要（2016—2020）》，第一次系统地、创新性地提出知识产权司法保护要达到的八个目标，其中包括建立明确统一的知识产权裁判标准规则体系、建立均衡发展的知识产权法院体系、建立布局合理的知识产权案件管辖制度体系。[①] 2017年，最高人民法院在总结北京、上海和广州三个知识产权法院实践基础上在南京、武汉、成都等11个市设立跨区域管辖的知识产权专门法院，但是并没有建立明确统一的知识产权裁判标准规则体系。笔者认为，为应对严格化趋势，要重视及时转化和推广各一线知识产权法院和更高审级法院的审判成果。除常规性立法和最高人民法院颁布司法解释的方式外，以更灵活的规范形式在一定的管辖范围内对裁判和法律适用标准进行统一。比如2016年4月12日，北京市高级人民法院曾颁布《涉及网络知识产权案件审判指南》。另外，最高人

---

① 八个目标，即建立协调开放的知识产权司法保护政策体系、建立明确统一的知识产权裁判标准规则体系、建立均衡发展的知识产权法院体系、建立布局合理的知识产权案件管辖制度体系、建立符合知识产权案件特点的证据规则体系、建立科学合理的知识产权损害赔偿制度体系、建设高素质的知识产权法官队伍、建立知识产权国际司法交流合作长效机制。

民法院应加大探索案例指导模式的力度，依托已经设立的案例指导基地等机构，研究案例指导制度化、强制化、积极转化的可行性。

（二）更好地发挥行政管理机构的作用

我国国家版权局是国务院直属的著作权行政管理部门，其职能在于贯彻实施我国的著作权相关法律法规，对全国著作权进行管理。在互联网背景下，国家版权局还要负责网络版权监督、维护网络版权秩序，监督版权作品法定许可使用，查处侵权违规行为等众多事项。在实践中，国家版权局还会联合工商局、文化局等部门，联合处理著作权侵权行为。为应对严格化趋势，国家版权局以及其指导的各著作权集体管理组织应积极探索网络著作权管理新形式，分流处理网络平台著作权有关争议，充当司法、行政和行业的沟通渠道。

首先，国家版权局要加强对于著作权集体管理组织的监督与指导。过去十几年间，国家版权局实际推广了延伸性集体管理组织。[1] 集体管理组织包括耳熟能详的音乐著作权协会、音像著作权集体管理协会、文字著作权协会、摄影著作权协会、电影著作权协会这五家，其基本职能为：在获得权利人授权后，集中行使权利人的有关权利，以其自己名义进行包括订立许可使用合同、收费付费及诉讼仲裁等行为。但是在实践中，除了音乐著作权协会在卡拉OK领域收费成功并为权利人获利之外，其余四家集体管理组织均未形成专业规模。除此之外，权利人与集体管理组织之间的授权行为，以及订立许可合同、转交报酬等行为都缺乏有力的监管。由于网络技术发展带来的网络著作权侵权案件数量不断攀升，面对着海量的难以确认的直接侵权个体和实力强劲的网络平台方，需要著作权集体管理组织代表单独分散的权利人直接处理的事务也越来越多。如果著作权集体管理组织方不能有效发挥其职能，则势必会导致权利人利益受损，也不符合我国对于网络著作权保护的严格化趋势。因此，国家版权局的行政执法职能就愈发重要——需要由国家版权局增设部门对著作权集体管理组织的运营进行

---

[1] 孙新强、姜荣：《著作权延伸性集体管理制度的中国化构建——以比较法为视角》，《法学杂志》2018年第2期。

监督，并督促鼓励其积极维权。不仅如此，国家版权局还应当督促网络平台积极配合著作权集体管理组织的运营，订立合理合法的许可使用合同，支付合理报酬。其次，国家版权局还需要加强对于地方政府的著作权行政管理部门的监督与指导。这种行政体制内部自上而下的监督体制有利于抑制著作权行政执法中可能产生的徇私舞弊、地方保护主义等问题。国家版权局需要督促地方著作权行政管理部门了解学习有关抑制网络著作权侵权的新手段和方式，了解我国最新形势、理论等，从而促进我国行政机构整体作用的提升。最后，国家版权局仍需大力支持促进网络平台之间的合作，促进网络平台与版权方之间的合作，从而抑制被过度消费的版权市场，促进版权保护。

（三）建立中立的第三方平台，充分发挥其职能

欧盟在其草案中提出了由中立机构协助当事方订立版权许可合同的规定，还提出了合同调整机制和争端解决机制，试图通过中立第三方直接解决可能的网络版权纠纷。由专业中立机构直接采取行动其实更能够节省政府、著作权人、网络平台三方的包括解决纠纷、订立许可合同、调查监督等事项的成本。与欧盟不同的是，我国的具体国情及实践经验表明我国更需要借助相关行政机构的力量，由其直接引导并指导建立中立第三方平台，在遏制侵权的第一线做出及时有效的应对。事实上，在我国国家版权局的强力推动下，其努力颇具成效。2018年1月24日，中国信息协会法律分会、中国版权保护中心和中国司法大数据研究院联合主办的"版权线上调解平台"正式启动。依托于这一网上调解平台，当事人和调解员可以直接通过网络处理侵权行为，从申请、举证、质证、调解到送达全流程都在网上进行，极大地提高了纠纷处理的便捷性，保障了调解的公平性。[①] 紧接着，在2018年4月26日的中国网络版权保护大会上，国家版权局版权管理司与中国移动版权保护中心、12426中国版权协会版权监测中心签署了版权保护合作协议，这也无疑为我国网络版权提供了更强更有力的保护。目前

[①] 法制网：《版权线上调解平台正式启动》，http：//www. legaldaily. com. cn/index/content/2018-01/24/content_7456047. htm，访问日期：2018年5月22日。

我国的中立第三方平台功能仍旧比较单一——专注于著作权纠纷解决，故此需要行政机构积极引导，构建综合性第三方平台。

结　论

数字网络发展促进了网络著作权的繁荣，但同时也带来了对于网络著作权保护的诸多问题。随着技术进入成熟期，网络平台产业进入良性发展循环，网络平台加强自律，立法、司法、行政加重网络平台的著作权保护责任成为必然趋势。

对于网络平台著作权保护"严格化"的趋势，世界主要国家和经济体的体现各有不同。美国法院基于相关立法，着重发挥案例法的灵活和时效性作用，并充分发挥联邦版权行政管理机构的职责；欧盟奉行立法先行，其"严格化"体现在加重责任的指令，辅以严格的执法；我国兼顾世界各主要模式的特点，走出了一条自己的"严格化"道路。但要注意，"严格化"趋势也会对网络平台产业、国家司法行政资源带来冲击，因此需要妥当应对。一方面，网络平台企业需要进行行业自律和行业联动，以达到保护版权与实现营利的双重目的；另一方面，行政、司法方面则需通过确定统一审判标准，发挥行政机构作用和指导建立中立第三方平台等，在不断加强著作权保护中能够同时确保促进版权产业健康发展。

法治实践

商标法框架下的地理标志保护

——从"螺旋卡帕"商标异议复审案说起[*]

周 波[**]

摘 要：作为一项独立的知识产权权利类型客体，地理标志可以作为商标予以注册。纳入《商标法》的框架体系后，对地理标志的保护也应当遵循《商标法》避免混淆误认和保护在先权利的一般规则。在保护范围上，不以与地理标志完全相同为必要，对于包含地理标志显著识别部分的商标，亦应受到《商标法》第十六条第一款的规制。在权利冲突的解决上，应当遵循"时间在先，权利在先"的一般规则，同时应当根据地理标志客观存在、具有较高知名度的实际情况，在该原则的适用过程中做出必要的修正与变通。

关键词：地理标志 商标 保护范围 权利冲突

地理标志是《与贸易有关的知识产权协议》（TRIPS）中明确规定的一项独立的知识产权权利类型，我国作为世界贸易组织的成员，依法保护地理标志是我国负有的条约义务。根据世界知识产权组织的统计，截至 2017 年 9 月，我国受到保护的地理标志的数量已达 7566 件，仅次于德国的 9499 件，甚至高于欧盟的 4914 件，排名世界第二位。[①] 地理标志在不经意之间已经成为我国在世界上占有优势的一项知识产权权利类型。以往，我国法

---

[*] 本文原载于《法律适用（司法案例）》2018 年第 8 期。
[**] 周波，北京航空航天大学法学院 2017 级博士研究生，北京市高级人民法院知识产权庭法官。
[①] World Intellectual Property Organization, *World Intellectual Property Indicators 2017*, How many GIs are in force worldwide? p. 204, avilable at: http://www.wipo.int/edocs/pubdocs/en/wipo_pub_941_2017.pdf., last visited at 2018/3/16.

律层面有关地理标志的规定主要集中在2001年及其后修正的《商标法》中。《民法总则》自2017年10月1日起施行后，地理标志正式作为一项独立的知识产权权利客体在民事基本法中得以确认。虽然法院之前也审理了一些涉及地理标志商标案件，[①]但无论是在实务界还是理论界，相关争议始终存在。而"螺旋卡帕"SCREW KAPPA NAPA商标异议复审行政案（简称"螺旋卡帕"商标异议复审案）则是经过北京市高级人民法院审判委员会讨论后，作为参阅案例在全市法院遵照执行的首例涉及地理标志的商标授权确权行政案件，[②]因而对于地理标志在《商标法》框架下的保护具有现实的研究意义。

一 "螺旋卡帕"商标异议复审案样本分析

（一）基本案情

2005年2月6日，纳帕河谷酿酒人协会（简称纳帕河谷协会）向商标局提出第4502959号"NAPA VALLEY 100%及图"证明商标（简称引证商标）的注册申请，并于2007年12月28日获准注册，核定使用在国际分类第33类——"产自美国葡萄种植区纳帕河谷的葡萄酒、产自美国葡萄种植区纳帕河谷的起泡葡萄酒、产自美国葡萄种植区纳帕河谷的加气葡萄酒"商品上，专用权期限至2017年12月27日。

2005年5月18日，浙江中商投资有限公司（简称中商公司）向商标局提出第4662547号"螺旋卡帕SCREW KAPPA NAPA"商标（简称被异议商标）的注册申请，指定使用在国际分类第33类——"果酒（含酒精）、开

[①] 例如：高行终字第162号浙江省食品有限公司与国家工商行政管理总局商标局（简称商标局）商标管理行政批复案（2005），高行终字第1437号陆少华与国家工商行政管理总局商标评审委员会（简称商标评审委员会）商标申请驳回复审行政案（2009），高行终字第1201号长沙玉露企业营销策划有限公司与商标评审委员会、恩施玉露茶产业协会商标异议复审行政案（2013）。

[②] 周波、谷升：《北京法院第十批参阅案例发布》，中国法院网 http://www.chinacourt.org/article/detail/2017/12/id/3139331.shtml，2017年12月25日，最后访问日期：2018年3月15日。

胃酒、烧酒、葡萄酒"等商品上。被异议商标经初步审定公告后，纳帕河谷协会在法定异议期限内对被异议商标提出异议。

2013年6月18日，商标局以被异议商标指定使用在"葡萄酒、白兰地"等商品上，被异议商标与纳帕河谷协会引证的原产地名称纳帕河谷（NAPA VALLEY）在读音、外观、文字构成上有明显区别，被异议商标的注册使用不会造成消费者的混淆为由，裁定：被异议商标予以核准注册。

纳帕河谷协会不服商标局裁定，向商标评审委员会提出复审申请。2014年4月15日，商标评审委员会作出商评字［2014］第063937号《关于第4662547号"螺旋卡帕SCREW KAPPA NAPA"商标异议复审裁定书》（简称被诉裁定）。该裁定认为：被异议商标与引证商标在文字组成、呼叫等方面有区别，被异议商标在类似商品上的注册和使用不会造成相关公众的混淆、误认，因此，被异议商标与引证商标未构成使用在类似商品上的近似商标。被异议商标不属于2001年修正的《商标法》第十条第一款第（八）项所调整的范围，对纳帕河谷协会的该项主张不予支持。鉴于纳帕河谷协会主张的地理标志"NAPA VALLEY"与被异议商标"螺旋卡帕SCREW KAPPA NAPA"在文字组成、呼叫等方面有区别，被异议商标的注册和使用不会使消费者与纳帕河谷协会的"NAPA VALLEY"葡萄酒相联系，进而对商品来源产生混淆、误认，因此，纳帕河谷协会该项主张缺乏事实依据，不予支持。综上，依照《商标法》第三十三条、第三十四条的规定，商标评审委员会裁定：被异议商标在复审商品上予以核准注册。

纳帕河谷协会不服被诉裁定，依法向北京市第一中级人民法院提起行政诉讼。2015年10月16日，北京市第一中级人民法院作出（2014）一中行（知）初字第10698号行政判决：驳回纳帕河谷协会的诉讼请求。纳帕河谷协会不服一审判决，提出上诉。2016年8月30日，北京市高级人民法院作出（2016）京行终2295号行政判决：一、撤销原审判决；二、撤销被诉裁定；三、商标评审委员会重新作出裁定。

（二）裁判理由概述

法院生效裁判认为，虽然被异议商标中仅包含了地理标志"纳帕河谷（NAPA VALLEY）"中的一个英文单词，但"纳帕"和"NAPA"分别是该地理标志英文表达方式中最为显著的识别部分,相关公众在葡萄酒商品上见到"NAPA"一词时,即容易将其与"纳帕河谷(NAPA VALLEY)"地理标志联系在一起,误认为使用该标志的相关商品是来源于上述地理标志所标示地区的商品。因此,被异议商标的申请注册违反了《商标法》第十六条第一款的规定。

被异议商标由中文"螺旋卡帕"和英文"SCREW KAPPA NAPA"组合而成。引证商标由英文"NAPA VALLEY"、数字符号"100%"及图形组合而成,其中的"NAPA VALLEY"为其识别、呼叫和记忆对象,已构成引证商标的主要识别部分。虽然"NAPA"在被异议商标标志中所占比例较小,仅是被异议商标英文部分的构成要素之一,但是,由于"纳帕河谷(NAPA VALLEY)"在相关公众中具有一定的知名度,已在中国作为葡萄酒商品上的地理标志予以保护,相关公众容易将使用被异议商标的葡萄酒商品误认为来源于"纳帕河谷(NAPA VALLEY)"地理标志标示地区的商品,从而产生混淆误认的后果,因此,被异议商标与引证商标已构成使用在同一种或者类似商品上的近似商标。被异议商标的申请注册违反了2001年修正的《商标法》第二十九条的规定。

据此,二审法院判决撤销原审判决和被诉裁定,判令商标评审委员会重新作出裁定。

二 地理标志及其保护范围

(一)地理标志与地理标志商标

1. 地理标志

"地理标志"(Geographical Indications,缩写为"GI")一词,最早出现在1975年世界知识产权组织起草的一份叫"地理标志保护条约"的草案中。[①]

[①] See WIPO, Symposium on the International Protection of Geographical Indications (1989), Geneva, 1990, WIPO Publication No. 676 (E), p. 23; WIPO International Bureau, The Need for a New Treaty and its Possible Contents, Memorandum prepared by the International Bureau, GEO/CE/I/2, April 9, 1990, p. 4.

而现在为大家所普遍接受的是《与贸易有关的知识产权协议》（TRIPS）第22条的定义，世界知识产权组织在其出版的中文版《地理标志：概述》一书中，将该条第1款中有关地理标志的定义翻译为："辨别某商品来源于（世界贸易组织）某成员境内或该境内的某地区或某地方的标记，而该商品的特定质量、声誉或其他特性主要归因于其地理来源。"[1] 我国的《商标法》在2001年修订时，基本上体现了上述条约规定的精神实质，其第十六条规定："商标中有商品的地理标志，而该商品并非来源于该标志所标示的地区，误导公众的，不予注册并禁止使用；但是，已经善意取得注册的继续有效。前款所称地理标志，是指标示某商品来源于某地区，该商品的特定质量、信誉或者其他特征，主要由该地区的自然因素或者人文因素所决定的标志。"2013年《商标法》修改时，该条款未作任何修改。比较我国《商标法》的规定和《与贸易有关的知识产权协议》（TRIPS）第22条的规定可见，我国有关地理标志的规定强调以下三个方面：（1）表明某种产品的真实来源；（2）产品具有非常独特的品质、声誉或者其他特点；（3）该特点归因于该地区的人文因素或自然因素。[2]

地理标志通常是以"地理名称+商品名称"的形式体现的。此外，非地理名称，如"青酒（vinho verde）""卡瓦酒（Cava）""阿甘油（Argan Oil）"，或者通常与某地形成关联的符号也可以构成地理标志。[3] 基于上述共识，《集体商标、证明商标注册和管理办法》第8条规定："作为集体商标、证明商标申请注册的地理标志，可以是该地理标志标示地区的名称，也可以是能够标示某商品来源于该地区的其他可视性标志。"因此，对于地理标志的认定大多不存在困难。

---

[1] 世界知识产权组织：《地理标志：概述》（世界知识产权组织出版物编号：952C），2017，第8页，http://www.wipo.int/edocs/pubdocs/zh/wipo_pub_952.pdf，访问时间：2018年3月16日。

[2] 张欣欣：《地理标志经济效益——基于TRIPS框架下的研究》，北京：中央编译出版社，2012，第12页。

[3] 世界知识产权组织：《地理标志：概述》（世界知识产权组织出版物编号：952C），2017，第9页，http://www.wipo.int/edocs/pubdocs/zh/wipo_pub_952.pdf，访问时间：2018年3月16日。

2. 地理标志商标

"由于某种客体可能得到一种以上知识产权的保护，所以尽管 TRIPS 协议第 2 部分各节均规定了一种不同的知识产权，有时候他们却引用另一种知识产权。"① 如果受著作权保护的美术作品可以作为商标标志申请商标注册，地理标志同样可以作为商标申请注册。地理标志经核准作为商标注册后，在地理标志这一客体就同时具备了两种知识产权的属性，或者说同时享有了两种知识产权，此时的地理标志也就同时成了地理标志商标。

实践中常见的一个认识误区，就是认为某些已经获准注册的地理标志商标中的图文组合标志即为地理标志。② 实际上，这种图文组合标志是由地理标志与地理标志以外的图形、文字组合而成的一种组合性标志，不应将地理标志以外的其他图文构成要素混同为地理标志本身。就地理标志商标而言，《商标法》中的合理使用所适用的对象通常也仅指该标志中的地理标志部分，而不包括商标权人自行设计的地理标志以外的其他图文部分。

（二）地理标志的保护范围

《商标法》第十六条第一款规定："商标中有商品的地理标志，而该商品并非来源于该标志所标示的地区，误导公众的，不予注册并禁止使用；但是，已经善意取得注册的继续有效。"从该规定看，地理标志本身是受到法律保护的，如果其被完整地包含于诉争的商标标志之中，商标注册主管机关和法院当然可以适用《商标法》的上述规定，对其不予注册或者宣告无效。

但是，无论是国内的地理标志，还是国外的地理标志，都存在地理标志中的地名由两个以上具有明确含义的词汇构成的情形。比如，出产于山东章丘市黄河乡的"黄河乡鲤鱼"，其地名部分"黄河乡"就是由"黄河"和"乡"两个部分构成，而"黄河"和"乡"都是有特定含义的；再比

---

① The Report of the Panel（WT/DS174/R）of March 15, 2005, paragraph 7.599.
② 亓蕾：《商标行政案件中地理标志司法保护的新动向——兼评〈关于审理商标授权确权行政案件若干问题的规定〉第 17 条》，《法律适用》2017 年第 17 期，第 12 页。

如本案中涉及的出产于美国加利福尼亚州纳帕县河谷地区的"纳帕河谷（NAPA VALLEY）葡萄酒"，这一地理标志产品中的地名部分"纳帕河谷（NAPA VALLEY）"就是由"纳帕（NAPA）"和"河谷（VALLEY）"两个具有独立含义而指代区域范围明显有别的词汇构成。在这种特殊情形下，如何确定地理标志的保护范围就成为实践中存在争议的问题。

一种观点认为，由于《商标法》已经对地理标志的概念作出了明确规定，《商标法》第十六条第一款的规定也是清晰明确的，《商标法》并未将与地理标志近似的标志纳入第十六条第一款的调整范围，因此，在地理标志的认定过程中，也必须严格按照《商标法》的上述规定，坚持整体认定、整体保护的原则处理涉及地理标志的商标申请注册问题。尤其是在地理标志构成要素中的地名部分是由两个以上的具有独立地域范围指代关系的词汇构成的情况下，仅包含地理标志中的某一构成要素的标志，不应将其纳入地理标志的保护范围，否则会不适当地扩大地理标志产品保护的地域范围，使不具备地理标志产品相关质量、信誉或者其他特征要求的产品被纳入地理标志产品的范围。

另一种观点认为，虽然《商标法》有关地理标志的概念和第十六条第一款的字面规定是清晰的，但该条款强调的是因商标中包含了商品的地理标志并因此而导致了"误导公众"的后果，才属于不予注册并禁止使用的情形，因此，不能单纯地从地理标志本身的构成来确定该条款的法律适用。从地理标志的保护模式上看，我国并没有选择像欧盟那样的专门立法模式保护地理标志，而是选择了在既有的《商标法》框架下保护地理标志，因此，对于地理标志的保护也必须遵循《商标法》的基本原则和一般原理，以避免商品来源的混淆误认为主要着眼点。如果商标标志中包含了地理标志的主要识别部分，而相关公众在看到该标志时，容易误认为使用该商标标志的商品来源于相关地理标志所标示地区，且该商品符合地理标志产品所具备的由该地区的自然因素或者人文因素所决定的特定质量、信誉或者其他特征，则亦应当适用《商标法》第十六条第一款的规定予以调整。

任何法律的适用，都离不开对其所追求目标的探寻。地理标志具有重大的经济价值，对于像中国这样具有丰富的传统人文历史资源的发展中国家，地理标志保护的意义就显得更为突出。①《中共中央国务院关于实施乡村振兴战略的意见》②等国家政策性文件也将地理标志保护纳入视野,因此,在落实国家知识产权战略、加大知识产权保护力度的过程中,也必须加强对地理标志的保护。"保护地理标志的基本底线是保护地理标志不被误导性地使用,或者构成不正当竞争的适用。"③本案中,法院从《商标法》避免混淆误认的立法目的出发,采纳了第二种观点,认为将地理标志中的显著识别部分作为普通商标的构成要素,使相关公众误认为使用该普通商标的商品来源于该地理标志所标示地区的,属于《商标法》第十六条第一款规定的禁止注册的情形。

本案裁判的作出虽然是在《最高人民法院关于审理商标授权确权行政案件若干问题的规定》(简称《商标授权确权司法解释》)颁布施行之前,但本案的裁判与这一后来的司法解释加大地理标志保护力度的精神实质是完全一致的。《商标授权确权司法解释》第十七条第一款④回应了地理标志保护是仅限于相同商品还是也应扩大到同类商品之上的困惑,首次以司法解释的形式明确地理标志保护及于同类商品。这其中也体现出《商标法》的思维逻辑,那就是在《商标法》框架下对于某一标志的保护,无论其自身性质如何,即无论是《著作权法》意义上的作品还是《专利法》意义上的外观设计,只要符合《商标法》对商标保护的基本要求,其保护的范围就必然扩及近似标志和类似商品。该条第二款在前述规定的基础上,更是进一步规定:"如果该地理标志已经注册为集体商标或者证明商标,集体商标或者证明商标的权利人或者利害关系人可选择依据该条或者另行依据商标法第十三条、第三十条等主张权利。"这种对《商标法》第十三条和第三十条的明确

---

① 参见宋涵、海淋泽《从"供给侧"角度浅谈我国地理标志保护制度》,《法制与发展》2016年第11(中)期。
② 《中共中央国务院关于实施乡村振兴战略的意见》,2018年2月4日,载中国政府网,http://www.gov.cn/zhengce/2018-02/04/content_5263807.htm,访问日期:2018年3月17日。
③ 李晓民:《地理标志法律保护机制研究——以景德镇地理标志为例》,中国政法大学博士学位论文,2005,第28页。
④ 《商标授权确权解释》第十七条第一款规定:"地理标志利害关系人依据商标法第十六条主张他人商标不应予以注册或者应予无效,如果诉争商标指定使用的商品与地理标志产品并非相同商品,而地理标志利害关系人能够证明诉争商标使用在该产品上仍然容易导致相关公众误认为该产品来源于该地区并因此具有特定的质量、信誉或者其他特征的,人民法院予以支持。"

指引，更是说明最高人民法院有关地理标志保护范围的认识并不局限于地理标志的"原样保护"①，而且以避免混淆误认为目标，同时涵盖与地理标志相同或者近似的标志、与地理标志产品相同或者类似的商品。质言之，在《商标法》框架下，对地理标志的保护与对商标的保护没有任何本质区别。

二 地理标志与商标权利冲突的处理原则

地理标志与商标权利冲突的解决并非一个新话题，也并非我国独有面临的问题。在世界贸易组织成立之前的《关税及贸易总协定》（General Agreement on Tariffs and Trade，GATT）框架下，地理标志与商标权冲突问题的解决办法就是以欧洲国家为代表的"旧世界"和以美国、澳大利亚等为代表的"新世界"国家争执的焦点。《与贸易有关的知识产权协议》（TRIPS）中有关地理标志的相关规定，可以说就是新旧两个世界谈判妥协的结果。在《与贸易有关的知识产权协议》（TRIPS）中，第22条第3款和第23条第2款均规定，地理标志与商标发生冲突时应当保护地理标志的基本原则，但同时又在第24条中规定了例外情形；第24条第6款为解决地理标志与通用名称的矛盾，授予各成员自由决定通用名称的权利。即使是有了上述国际条约之后，美欧之间有关地理标志与商标权保护之间的分歧仍然难以弥合，二者的纠纷甚至进入了世界知识产权组织的争端解决机制。②

---

① "标志原样保护原则"（the telle quelle principle）最初来源于《巴黎公约》（1883年）第6条的规定。当时，俄国只允许使用西里尔文的标志作为商标注册，而外国商标权人则希望突破前述做法，能够使其以其他语言文字形式表现的商标标志在俄国也得到同样的保护。因此经过谈判，1883年的《巴黎公约》第6条规定如果商标权人的商标在一个成员国获得有效注册，则其可以要求其他成员国对该商标予以"原样（telle quelle）"注册。参见：Annette Kur, Martin Senftleben, European Trade Mark law: A Commentary, Oxford University Press 2017, p. 43. 笔者这里所说的"原样保护"，是从仅保护相同标志的意义上使用这个既有概念的。

② 美国认为欧盟有关地理标志的规定（EECN02081/92）具有歧视性并于1999年将该争议提交到了WTO争端解决机构进行处理。美国提出了两项请求。首先，它认为欧盟的地理标志体系歧视了非欧盟国家的生产商，违反了TRIPS协定第3条第1款有关国民待遇的原则。其次，美国认为对地理标志的保护违反了TRIPS协定第16条，可能对在先商标权造成影响，而这一点对于正在审理的另外一起"百威"标志争议案至关重要。参见《WTO对美国与欧盟地理标志争议做出判决》，《中华商标》2005年第4期，第67页；田芙蓉：《地理标志法律保护制度研究》，北京：知识产权出版社，2009，第228~236页。

（一）法院在本案之前的做法

关于地理标志与商标权利冲突问题的解决，国际知识产权保护协会（AIPPI）在1998年的Q62号决议中再次确认了该协会1994年通过的Q118号决议的效力，明确提出以"时间在先，权利在先"作为解决地理标志与商标权利冲突的基本原则。[1] 我国知识产权学界的权威学者也认为，"在知识产权保护制度中，保护在先权是一个通用的基本原则，特别是在涉及几种不同类型的知识产权保护发生冲突时，更是如此"。[2] 但是，也有学者指出，完全根据"在先原则"解决地理标志与商标之间的冲突，也可能会产生不公正的结果。[3] 所以，从地理标志与商标在功能、用途等方面的区别考虑，借鉴商标侵权判断通常以商标使用为前提的一般理论，曾被法院普遍接受的观点认为，以地理标志申请注册的集体商标、证明商标与普通的商品商标、服务商品不能进行近似性比对。[4] 2014年1月出台的《北京市高级人民法院关于商标授权确权行政案件的审理指南》，也强调不能将地理标志商标与普通的商品商标、服务商标进行近似性比对。[5]

但是，上述审理指南出台后，也出现了不同的声音。[6] 因此，在我国目

---

[1] AIPPI Resolutio, "Question Q62: Appellations of origin, indications of source and geographical indications", 37th Congress of Rio de Janeiro, May 24 – 29, 1998, AIPPI Yearbook 1998/Ⅶ, pp. 389 – 392, paragraph B. 3.

[2] 李顺德：《地理标志与商标协调发展战略》，《贵州师范大学学报》2005年第1期。

[3] 王笑冰：《时间在先，权利在先？——论地理标志与商标的冲突及其解决途径》，《电子知识产权》2006年第1期。

[4] 周波：《地理标志证明商标不应与商品商标进行近似性比对——"恩施玉露 ENSHIYULU 及图"商标异议复审行政案评析》，《科技与法律》2014年第2期。

[5] 《北京市高级人民法院关于商标授权确权行政案件的审理指南》第5条规定："当事人依据其在先注册的普通商标主张他人申请注册的地理标志证明商标或者集体商标违反商标法第十三条第三款或者第三十条的规定不应予以核准注册或者宣告无效的，不予支持。当事人依据其在先注册的地理标志证明商标或者集体商标主张他人申请注册的普通商标违反商标法第十三条第三款或者第三十条的规定不应予以核准注册或者宣告无效的，不予支持。" 2014年1月22日，载北京法院审判信息网，http://www.bjcourt.gov.cn/article/newsDetail.htm?NId=25000688&channel=100001101&m=fyww，访问日期：2018年3月17日。

[6] 具有代表性的观点可参见刘国栋《地理标志与普通商标冲突的解决适用禁止混淆原则》，《中华商标》2014年第9期。

前的《商标法》框架下，究竟应当如何选择地理标志与商标权利冲突的解决办法，就成为法院在处理类似案件时必须认真思考的一个突出问题。

（二）"时间在先，权利在先"原则的回归

根据《商标法》第三条的规定，商标可以分为常见的商品商标、服务商标和作为特殊类型出现的集体商标、证明商标。集体商标和证明商标基于其自身特点，不同于普通的商品商标、服务商标，但是，这种商标类型上的差异到底在多大程度上影响着《商标法》具体条款的适用呢？《商标法》本身并没有给出答案。《商标法实施条例》《集体商标、证明商标注册管理办法》虽然对集体商标、证明商标的申请注册作出了特别规定，但这些规定只是从一个维度明确了包括地理标志在内的相关标志如果作为集体商标、证明商标注册，需要满足哪些条件，但是没有明确排除《商标法》特定条款在集体商标、证明商标这些特殊类型商标上的适用。法谚有云："全体包括部分（In toto et pars continetur.）",[①] 或曰："法律规定未设区别者，吾人亦不得加以区别（Ubi lex non distinguit, nec nos distinguere debemus.）"。[②] 因此，从逻辑上讲，在2001年《商标法》第二十八条（即2013年《商标法》第三十条）并未就其适用作出例外规定的情况下，该条应当适用于所有类型商标之间的近似性判断，即在所有类型的商标之间均应适用"时间在先，权利在先"的权利保护原则。

从司法实践看，虽然最高人民法院在目前的裁判中并未就集体商标、证明商标在适用2001年《商标法》第二十八条时是否有特殊对待之必要作出表态，但最高人民法院在"蓝牙"证明商标申请驳回复审案中却就《商标法》有关商标显著特征的一般性规定适用于证明商标作出了明确表态："显著性是商标发挥识别不同商品或者服务功能的基础。虽然商标法第三条第三款对证明商标的申请主体、使用主体及基本功能作出了规定，但其作为注册商标的一种类型，应当符合注册商标的一般性规定，具有显著性，

[①] 郑玉波译解《法谚（一）》，作者1984年自版，第104~105页。
[②] 郑玉波译解《法谚（一）》，作者1984年自版，第21页。

便于识别，符合商标法第十一条的规定。"① 因此，就商标的近似性判断问题，同样可以借鉴最高人民法院在商标显著性判断上的做法，不对包括地理标志商标在内的集体商标、证明商标特殊对待。

在实践中，地理标志集体商标、证明商标的使用，给相关公众的印象和客观效果并无明显差异。面对两个不同性质的商标标志，相关公众通常难以区分其不同性质和功能，因此，仍然存在相关公众对商品来源混淆误认的可能性。所以，从客观效果看，将地理标志集体商标、证明商标与普通商标强加区分而不作近似性判断，也是存在客观困难的。

正是基于上述两方面的原因，法院还是接受了"时间在先，权利在先"的知识产权权利冲突解决机制，在《商标法》框架下对地理标志商标与普通商标一视同仁地加以对待，并在二者之间进行近似性比对，避免彼此之间的混淆误认。具体而言，本案二审判决对被异议商标与引证商标进行了近似性的比对，进而在分析商标标志构成和知名度等因素的基础上，综合得出两商标构成使用在同一种或者类似商品上的近似商标的结论。

（三）基本原则适用的修正与变通

虽然法院将"时间在先，权利在先"作为处理地理标志与商标权利冲突问题的基本原则，但实际操作过程中，还是需要进行必要的修正与变通。具体而言，由于地理标志的形成通常需要时间的积累，地理标志通常承载了较高的知名度，因此，在进行商标的近似性判断时，应当注意从客观形成的市场实际出发，作出适当的区分：如果地理标志是作为在先的引证商标出现，则基于其知名度，通常认定在后申请注册的普通商品商标与其构成近似商标的可能性较大；而如果地理标志是作为在后申请注册的诉争商标出现，则基于其知名度，通常认定其与在先的引证商标构成近似商标的可能性较小。②

在新近审结的"泰山绿茶及图"地理标志商标申请驳回复审案中，针

---

① 最高人民法院（2016）最高法行申 2159 号行政裁定书。
② 周波、谷升：《北京法院第十批参阅案例发布》，中国法院网，http：//www.chinacourt.org/article/detail/2017/12/id/3139331.shtml，2017 年 12 月 25 日，访问日期：2018 年 3 月 15 日。

对申请注册的"泰山绿茶及图"地理标志证明商标与在"茶"等商品上在先注册的"泰山绿"商标是否属于相同商品上的近似商标问题，二审法院即按照上述逻辑认为，一方面，在引证商标"泰山绿"在"茶"商品上缺乏显著特征的情况下，不存在申请商标与其产生混淆误认之可能；另一方面，申请商标是以地名"泰山"加商品名称"绿茶"及图的形式作为地理标志证明商标申请注册的，属于根据《商标法》相关规定可以作为商标注册的情形，因此，二审法院综合上述两个方面的因素，认定在"茶"商品上在先注册的"泰山绿"商标不构成"泰山绿茶及图"地理标志证明商标申请注册的在先权利障碍。①

上述变通做法并非为片面保护地理标志而对权利冲突解决原则的背离，而是在充分借鉴国际条约适用规则经验基础上做出的必要修正。在前述提及的提交给世界知识产权组织（WTO）专家组裁决的美国诉欧共体"商标和农产品与食品地理标志保护案"中，WTO专家组所采用的做法极具有参考价值。在该案中，专家组首先认定欧共体的EEC2081/92条例第14条关于商标与地理标志共存的规定违反了TRIPS协议第16条第1款的规定，损害了商标权人依法应当享有的排他性权利，而后又认定该条款根据TRIPS协议第17条的例外规定是合理的。② 学者在评论WTO专家组上述裁决时，高度评价了这种"两步走"的审理思路：第一步表明了对"在先商标权"排他权的保护，第二步则考虑了地理标志的客观存在及其描述性特征。专家组关于"有限例外"和"合法利益"的解释，为我们在司法实践中解决商标与地理标志的冲突提供了一个有益的判断标准。③

而回看我国法院适用"时间在先，权利在先"原则基础上所做的修正与变通也不难发现，这种做法一方面承认和尊重了在先商标权人的合法权

---

① 参见北京市高级人民法院（2017）京行终5225号行政判决书。
② 参见WTO专家组报告WT/DS174/R, 15 Mar. 2005. Also see: Summary of the Report of the Panel (WT/DS174/R) of March 15, 2005 regarding the Complaint by the United States against the European Communities on the Protection of Trademarks and Geographical Indications for Agricultural Products and Foodstuffs, Prepared by the United States Patent and Trademark Office, available at https://www.uspto.gov/sites/default/files/web/offices/dcom/olia/globalip/pdf/case_summary.pdf, last visited at 2018/3/18.
③ 田芙蓉：《地理标志法律保护制度研究》，北京：知识产权出版社，2009，第235页。

利，对地理标志商标与普通商标进行一视同仁的近似性判断；另一方面又充分尊重了地理标志属于长期存在、历史形成的客观实际，从显著性和混淆误认的可能性入手，充分维护了现有市场秩序中存在的合法利益。因此，这种修正与变通，不仅与 WTO 专家组的裁决思路完全契合，而且也符合《商标法》维护公共利益和公共秩序的价值追求。

"一带一路"背景下我国涉平行进口商标侵权案件类型化研究

——兼论最新发展趋势[*]

施小雪[**]

引 言

近年来，随着我国自由贸易政策的不断放开，各类商品的平行进口贸易日渐兴盛。考察我国的司法实践情况可知，我国法院受理的涉及平行进口的商标侵权案件逐年增多，侵权行为类型也发生了显著变化。目前，对于平行进口行为之合法性、是否侵犯商标专有权、是否构成反不正当竞争等问题的讨论正隆，我国现行法对这些问题虽未进行明确规定，但在司法实践中，各级法院以个案判决之形式进行了回应，从司法层面表明了我国对该问题的基本态度。可以预见到，在"一带一路"的战略驱动下，我国跨境贸易的发展将更加如火如荼。在此时代背景下，为应对我国将来可能频繁出现的涉商标平行进口纠纷，梳理现有案件，提炼裁判规则十分必要。本文尝试将我国各级法院近二十年审理的较为典型的涉平行进口商标侵权案件进行类型化研究。在此基础上，归纳出我国司法对该类案件的认定要点与认定趋势，旨在为"一带一路"背景下我国平行进口业务的开展与顺

---

[*] 本文原载于《中国专利与商标》2018年第2期。
[**] 施小雪，中国政法大学民商经济法学院2016级知识产权法博士研究生。

利进行提供智识支持,减少相关工作中的侵权风险与司法成本。

一 涉平行进口商标侵权问题之概述

商标平行进口是指未经进口国知识产权权利人的许可,进口商从他国进口该知识产权产品,在进口商与知识产权权利人之间形成竞业关系的现象。[①] 综合目前学界与实务界观点,本文认为典型的商标平行进口行为应同时具有如下要素。

一是进口商品必须合法,即平行进口的正品商品需正常缴纳海关关税且合法标注商标标识;二是商品在不同地域间流动,即在"地域性"原则下标有同一个商标标识的商品在出口地首次被售出后,向相互平行的其他商标专有权地域流通;三是不存在商标专有权人许可,即进口商平行进口某商品之行为不存在授权。

世界范围内之所以广泛存在各类商品的平行进口行为,主要归因于目前全球经济贸易中存在以下两类现象:一是商品原产国国内市场与商品出口国市场间存在较大"零售价格差";二是不排除平行进口商品相比国产同商标商品,存在"质优价廉"之情形。

尽管基于以上因素,终端消费者均乐于接受平行进口,但对于国内同类商品生产厂商以及进口产品国内经销商而言,由于平行进口对其市场占有率、销售量等既有利益产生了巨大冲击。于是,从生产厂商到进口产品经销商,均不希望此种行为发生。基于平行进口行为与侵害商标专用权、不正当竞争等行为具有某些直观相似的特性,《商标法》以及《反不正当竞争法》常被权利人用以作为阻止平行进口行为发生的惯用手段,不断发生的涉及平行进口的商标侵权诉讼以及不正当竞争诉讼便由此而来。

二 我国涉平行进口商标侵权案件之类型化分析

在进行相关检索后,笔者发现,不同时期我国司法对于商标平行进口

[①] 吴玲琍:《浅析平行进口中的知识产权保护》,《甘肃政法学院学报》2005年第4期。

的态度不尽相同。即便是同类型的涉平行进口的商标案件,我国法院在不同时期的认定亦有所差异。囿于篇幅,本文挑选了目前可检索样本中具有代表意义的案件,以原告的诉讼请求为案件分类的依据,作为本文案件类型化分析对象。

(一)基于进口及销售行为之侵权

在此类型的案件中,权利人均仅针对平行进口及销售行为本身提出诉请,法院的判决亦均针对行为人的进口及销售行为进行裁判。

1. 1999年"力士"香皂案[①]:权利人有权通过商标法阻止未经授权的进口及销售行为

该案原告上海利华有限公司为"力士"商标在中国(不包括香港、澳门、台湾地区)的独占许可使用人,被告广州经济技术开发区商业进出口贸易公司未经其许可向国内进口了一批泰国产的、标注有与原告享有独占许可使用权的商标相同及类似的力士香皂,并在国内销售。原告主张被告之进口、销售行为侵犯原告商标专用权。

法院生效裁判认为,被告行为侵犯了原告对涉案商标享有的独占许可使用权。同时,法院以被告未能够提供充分的证据证明其进口、销售的香皂具有合理来源为由,对于被告不构成侵权的抗辩主张不予支持。

该案生效判决一方面认为,原告通过合同取得了涉案商标的独占许可使用权,享有禁止未经许可的进口及销售标注有涉案商标的商品的权利。另一方面,生效判决又从举证责任的角度,设定了被告进口、销售的商品不具有合法来源的事实前提,以保证该案在结果上裁判正确。由此留下的疑问是,基于合同所取得的商标独占许可使用权,是否能够在商标权的权能范围内,对抗合同之外的第三人合法的进口、销售行为?该案中,如果被告进口、销售的商品具有合法的来源,又应如何裁判?在此案之后的一系列案件中,我国法院对上述问题逐渐进行了明确。

---

① 参见广东省广州市中级人民法院(1999)穗中法知初字第82号民事判决书。

2. 2002年"AN'GE"案①：权利人无权通过反不正当竞争法阻止来源合法且不造成混淆的销售行为

该案权利人北京法华毅霖商贸有限责任公司经法国AN'GE公司授权，成为"AN'GE"系列服装服饰在中国大陆指定城市（包括重庆）的独家（排他）代理商，并取得了许可他人在中国大陆城市开设该品牌专卖店的相应权利。北京世纪恒远科贸有限公司未经授权，在重庆大都会广场太平洋百货有限公司开设"AN'GE"专卖店，销售"AN'GE"服装，其所销售的服装是具有合法来源的正品。该案中，北京法华毅霖商贸有限公司仅就北京世纪恒远科贸有限公司的销售行为提出了异议，认为其销售行为构成不正当竞争。

该案一审、二审均判决驳回了北京法华毅霖商贸有限责任公司诉请，但裁判理由存在差异。该案一审法院认为，商标权一次用尽，商标权人无权过问来源合法的转售行为。二审法院认为，北京世纪恒远科贸有限公司销售的是履行了正常报关手续的正品，其销售行为未使消费者对商品来源产生误解和混淆，不构成反不正竞争行为。

尽管二级法院说理角度各不相同，但是至少在结果上，可以看出当时司法总体的态度，即对于来源合法且不会造成混淆的市场转售行为，权利人无权通过反不正当竞争法进行阻止。

3. 2015年"库斯亭泽（KÖSTRITZER）"案②：权利人无权阻止来源合法的进口及销售行为

该案权利人大西洋C贸易咨询有限公司通过合同享有"KÖSTRITZER"啤酒系列商标在中国大陆区域的独占许可使用权。北京四海致祥国际贸易有限公司未经许可，将产地为德国的"KÖSTRITZER"啤酒进口至中国大陆境内并进行销售。大西洋C贸易咨询有限公司诉请其进口及销售行为构成商标侵权。

法院生效裁判认为，商标侵权的判断标准是混淆可能性，北京四海致祥国际贸易有限公司进口及销售的涉案啤酒通过合法渠道取得，不会导致

---

① 参见北京市第二中级人民法院（2002）二中民终字第02487号民事判决书。
② 参见北京市高级人民法院（2015）高民（知）终字第1931号民事判决书。

消费者混淆误认。同时，我国《商标法》及其他法律并未明确禁止商标平行进口，因此北京四海致祥国际贸易有限公司的转售行为并不违反我国《商标法》及其他法律的规定。

虽然该案中权利人提起的是侵害商标权之诉，但是该案裁判法院在判决书中明确表明了对于商标平行进口这一行为本身的意见，即是"法无禁止即合法"。对于具有合法来源的商品，法院认为其进口及销售行为本身并不违反我国《商标法》及其他法律的规定，在该案之后的 2017 年"普拉达与天津欧贸中心案"① 及 2017 年"大王制纸株式会社纸尿裤案"② 中，我国法院均保持了同样的态度，在此不再赘述。

4. 小结

从 1999 年"力士香皂案"③ 到 2015 年"库斯亭泽案"④，再到 2017 年"普拉达与天津欧贸中心案"及"大王制纸株式会社纸尿裤案"，可见我国司法对于平行进口及销售行为本身的合法性问题的态度逐渐明朗化，在商品为正品的情况下，我国法院趋向于认定权利人无权阻止来源合法的进口及销售行为。

（二）基于平行进口商品具有差异之侵权

在本类案件中，权利人均就平行进口的商品与其国内销售的商品具有差异，会损害商标的信誉为由提出诉请。所选取的案件中，权利人亦有就平行进口及销售行为本身提出异议，鉴于上文就涉及该诉请的案件已进行了分析，故此处就此类案件中所涉及的相同诉请不再赘述。

1. 2009 年米其林轮胎案⑤：违反我国强制性规定的商品差异构成商标侵权

该案原告米其林集团总公司在轮胎与车辆等产品上享有"轮胎人图形"与"MICHELIN"系列商标的专用权。被告谈某、欧某未经原告许可，在中

---

① 参见天津市滨海新区人民法院（2015）滨民初字第 1515 号民事判决书。
② 参见天津市第二中级人民法院（2017）津 02 民终 2036 号民事判决书。
③ 参见广东省广州市中级人民法院（1999）穗中法知初字第 82 号民事判决书。
④ 参见北京市高级人民法院（2015）高民（知）终字第 1931 号民事判决书。
⑤ 参见湖南省长沙市中级人民法院（2009）长中民三初字第 0073 号民事判决书。

国销售了原产自日本的正品米其林轮胎。原告认为，由于两被告销售的轮胎未经中国 3C 认证，这种进销行为构成商标侵权。

法院生效裁判认为，商标具有保证商品质量和表明商品提供者信誉的作用。如果上述功能和作用受到损害，即构成商标侵权。涉案产品未经中国质量认证即在中国境内销售，已属违法，加上涉案产品可能存在性能和安全隐患，因此被告的销售行为破坏了原告商标保证商品质量和商品提供者信誉的作用，对原告注册商标专用权已造成实际损害，两被告侵犯了原告的注册商标专用权。

该案裁判逻辑为，未经国内 3C 质量认证的轮胎具有性能和安全方面的隐患，有可能会损害公众健康，从而影响商标声誉。在此案之后的案件中，我国法院对于"实质差异"是否会导致商标权商誉的损害这一问题则是根据不同的案情具有不同的认定。

2. 2014 年大酒库案[①]：不影响商标品质保证功能的差异不构成商标侵权

该案权利人法国大酒库股份公司在我国拥有"J. P. CHENET"注册商标专用权，其国内独家授权经销商为天津王朝葡萄酒酿酒有限公司。慕醍国际贸易（天津）有限公司未经授权，从英国进口"J. P. CHENET"商标葡萄酒进入中国。法国大酒库股份公司认为，慕醍国际贸易（天津）有限公司在中国所售"J. P. CHENET"商标葡萄酒在质量等级、品质、成分、保质期、价格和服务等方面与法国大酒库股份公司在中国所售的葡萄酒存在重大差异，会损害法国大酒库股份公司涉案商标的信誉，其行为构成商标侵权。

该案一审法院与二审法院的裁判结果虽相同，但说理不同。该案二审法院认为关于商品存在差异的证据不充分，没有支持法国大酒库股份公司的该项主张。该案一审法院则正面回应了权利人的该项主张。该案一审法院认为，产品的等级、风格或特征等方面的差异不会影响商标品质保证功能的实现。对商标信誉的评价既存在于产品等级相对较高的商品上，也存在于产品等级相对较低的商品上，不能认为产品等级相对较低的商品就会

---

① 参见天津市高级人民法院（2013）津高民三终字第 0024 号民事判决书。

损害其商标信誉。如果平行进口商保证了进口商品的原产性,没有对商品做任何人为的改动,例如对进口商品进行重新包装、分包装,那么就不应认为平行进口商改变了商标权利人商品的质量,商标的品质保证功能并未受到影响,商标所承载的信誉亦没有受到损害。①

3. 2017年大王制纸株式会社纸尿裤案:限定区域销售的商品如不存在差异,不构成商标侵权

本案权利人大王制纸株式会社、大王(南通)生活用品有限公司诉称,天津森森进出口股份有限公司平行进口至国内的,标有"GOO.N"商标的纸尿裤是权利人仅限定日本区域销售的商品,与权利人在中国国内销售的商品存在包括纸尿裤回渗量、商品售后服务等的不同,会引发负面社会评价,天津森森进出口股份有限公司构成商标侵权。

对于权利人主张的平行进口的纸尿裤存在回渗量及售后服务等差异的问题,法院生效裁判从权利人举证不能的角度驳回了该项诉请。在该案中,针对"实质性差异"的问题,裁判法院采取了同2009年"米其林轮胎案"裁判法院截然不同的态度,对于商品存在差异是否会导致商誉损害的问题,裁判法院强调需要权利人提供证据进行支持,而不再同2009年"米其林轮胎案"仅进行可能性假设。

4. 小结

在本类案件中,2014年"大酒库案"是少有的明确论述平行进口的商标具有差异但不会影响商标信誉的样本案件。早期案件的判决书一般没有正面回应这一问题,发展到近年来,法院逐渐加强了权利人的举证责任,要求权利人必须举出充分的证据证明确实存在实质性差异,且这一差异会导致商标声誉的损害,如2017年"大王制纸株式会社纸尿裤案",以及2014年"大酒库案"二审判决。无论是从哪种裁判角度出发,从样本判决的情况来看,自2009年"米其林轮胎案"之后,我国法院目前对于权利人"平行进口的商品具有实质性差异从而构成商标侵权"的抗辩理由的支持度

---

① 崔军、施小雪:《法国大酒库股份公司诉慕醒国际贸易(天津)有限公司侵害商标权纠纷案——平行进口中的商标侵权判定》,《人民法院案例选》2015年第1辑,北京:人民法院出版社,2016,第290页。

不高。

（三）基于销售过程中使用商标行为之侵权

在本类型的案件中，权利人的诉请出现新变化，权利人均针对平行进口商或销售商在销售过程中使用商标的行为提出诉请。近年来，这样的案件逐渐增多，本文依照被诉侵权人的不同行为方式，选取了如下具有代表意义的案件进行阐述。在本类案件中，涉及与上述两类案件重复的诉请亦不再重复阐述。

1. 2012年"VICTORIA'S SECRET"（维多利亚的秘密）案[①]：虚构代理商的事实构成虚假宣传的不正当竞争

该案权利人维多利亚的秘密公司是涉案"VICTORIA'S SECRET"（维多利亚的秘密）四个注册商标的专用权人，被告锦天公司向多家百货公司专柜销售标有"VICTORIA'S SECRET"文字标识的内衣商品，并在宣传册上宣称自己是"美国顶级内衣品牌维多利亚的秘密唯一指定总经销商"，权利人认为被告此种宣传行为属于虚假宣传的不正当竞争行为。

法院生效裁判认为，被告没有证据证明自己确实是"美国顶级内衣品牌维多利亚的秘密唯一指定总经销商"。被告的这种宣称会使相关公众误以为被告与原告存在授权许可关系，从而获取不正当的竞争优势，也会对原告今后在中国境内的商业活动产生影响，致使原告的利益受到损害。因此，法院认定被告行为构成不正当竞争。

2. 2013年绝对伏特加案[②]：加贴中文标签构成商标侵权、磨码行为构成商标侵权和不正当竞争

该案原告绝对有限公司指诉被告苏州隆鑫源酒业有限公司所销售的绝对伏特加虽非仿冒原告公司的商品，但其擅自加贴中文标签并且磨毁了产品识别码。其加贴中文标签行为构成商标侵权，其磨码行为构成商标侵权和不正当竞争。

法院生效裁判认为，被告苏州隆鑫源酒业有限公司未经权利人许可，

---

① 参见上海市第二中级人民法院（2012）沪二中民五（知）初字第86号民事判决书。
② 参见江苏省苏州市中级人民法院（2013）苏中知民初字第0175号民事判决书。

在商品上擅自加贴中文标签,并在标签突出位置上印有"绝对"中文标识,会导致消费者对商品的生产、销售来源产生合理怀疑,从而对商标权利人的认可度和信赖度降低,致使商标权人的利益遭受损害,构成商标侵权。关于被告的磨码行为,一是影响了商标的识别功能,引发消费者对来源及销售渠道的误认或混淆;二是妨碍了商标权利人对产品质量的追踪管理,上述行为构成不正当竞争。

3. 2017年"FENDI"(芬迪)案①:店招上单独使用商标标识构成商标侵权和不正当竞争

该案商标权利人芬迪公司在我国享有"FENDI""芬迪"系列商标,首创奥特莱斯商业开发有限公司在其经营的昆山首创奥特莱斯一楼店铺的店招、外墙指示牌、折扣信息指示牌、店内装潢、销售票据、购物袋等多处使用了"FENDI"商标,同时,亦在首创奥特莱斯商业开发有限公司的宣传册、楼层指示牌及微信公众号中使用"FENDI"商标和"芬迪"字号。芬迪公司认为上述行为侵犯了其商标专用权并构成不正当竞争。

该案一审法院和二审法院的裁判结果相反,一审法院认为首创奥特莱斯商业开发有限公司的上述行为是对其销售商品商标的合理使用,是用以指示商品的真实来源,不构成商标侵权和不正当竞争。二审法院认为,上述使用方式超过了商标合理使用的必要限度,在店招上单独使用涉案商标标识超过了说明或者描述经营商品的必要范围,会使相关公众产生店铺经营者身份的混淆和误认。同时,在店招上单独使用芬迪公司的字号,属于擅自使用芬迪公司的企业名称,构成引人误认为是芬迪公司提供服务的不正当竞争行为。

4. 小结

在此类案件中,权利人的诉请指向的均是平行进口之后在销售过程中不当使用商标的行为。实质上,该类案件的裁判理由已经与平行进口行为本身的合法性问题没有关联,总体而言属于如何界定是否合理使用权利人商标的问题。这类案件在近年来逐渐增长,已经成为权利人针对涉及平行进口行为的维权新方向。

---

① 参见上海知识产权法院(2017)沪73民终23号民事判决书。

三 我国涉平行进口商标侵权案件之司法认定趋势与最新情况

（一）司法认定趋势：从国内权利用尽到国际权利用尽

从1999年"力士香皂案"到2017年"大王制纸株式会社纸尿裤案"，可发现我国司法对平行进口商标侵权案件的态度发生了较大变化。在1999年"力士香皂"案中，裁判法院采用了"国内权利用尽说"之观点。该原则指本国的商标权人在本国所销售或者许可销售的标有某商标的商品一经售出，商标权人就在本国国内用尽了其商标权，不得通过商标权来阻止第三人对这些商品的再销售行为。[①] 但在2017年"大王制纸株式会社纸尿裤案"中，裁判法院在学理上已从"国内权利用尽说"转向了"国际权利用尽说"，即商标权人之商标专有权在商品第一次售出后便在全球范围内权利用尽，商品的再次销售行为不再受到商标专有权人的控制。

目前，北京市高级人民法院知识产权审判庭亦明确表示："商标法所保护的是标志与商品来源的对应性，而商标禁用权也是为此而设置的，绝非为商标权人垄断商品的流通环节所创设，即商标权利用尽规则应当是市场自由竞争所必须存在的基本规则之一。在此基础上，若被控侵权商品确实来源于商标权人或其授权主体，此时商标权人已经从'第一次'销售中实现了商标的商业价值，不能阻止他人进行'二次'销售或合理的商业营销，否则将阻碍市场正常自由竞争秩序建立的进程，因此'平行进口'应被司法所接受，不认定构成侵害商标权。"[②]

当然，商标专有权的权利用尽实质上是商标的权利主体对标有其商标商品的控制权的丧失，而并非对商标专用权的失去。[③] 这也就解释了为何进

[①] 参见吴伟光《商标平行进口问题法律分析》，《环球法律评论》2006年第3期。
[②] 北京市高级人民法院知识产权审判庭：《当前知识产权审判中需要注意的若干法律问题（二）》，2017年4月出台。
[③] 陶钧：《商标"权利用尽"适用的构成要件及相应限制》，http://www.cnsymm.com/2015/0826/18814.html，最后访问日期：2017年9月8日。

口商及销售商在平行进口后的其他不当行为，如在商品上不当添加标记、抹去识别码等行为，同样会侵犯专有权人的商标专有权。

（二）权利人维权的新方向：从阻止进口及销售到关注平行进口后是否合理使用商标、字号等

权利人应当是认识到了我国司法对于平行进口及销售行为性质的认定趋势，以及我国司法对于"商品具有实质性差异从而影响商标声誉"这一诉讼主张的接纳程度，因此在近年来，权利人针对平行进口的维权方向发生了新转向。权利人开始针对平行进口商或销售商在销售过程中使用商标、字号等的行为提出诉请。商标、字号等在平行进口后是否被得到合理使用成为权利人关注的新焦点。近年来，我国法院受理的此种类型的案件数量逐渐增多。以权利人大王制纸株式会社、普拉达有限公司为例，其分别在天津、杭州、重庆、西安等地针对外贸企业发起了多起诉讼主张基本相同的诉讼。①

虽然在这些案件中，销售商行为模式各有不同，但总体而言，这些行为从本质上均属于没有合理使用商标、企业字号的指示性行为。这些案件中销售商的行为模式，基本上可以预警目前我国外贸企业在平行进口后的销售过程中所可能导致的侵权风险。

商标、企业字号指示性使用，其目的在于将与商品有关的信息传递给消费者，包括商品来源信息、生产者信息、销售者信息、售后服务信息等。由于平行进口商品与其他商品相比较为特殊，因此在销售平行进口商品时，其注意力程度应当更高。对于这类案件，司法裁判时的考量因素已与平行进口及销售行为本身的合法性没有关联，实质是运用传统商标侵权及不正当竞争行为的分析框架，界定销售行为中使用商标、企业字号等的合理界

---

① 参见天津市第二中级人民法院（2017）津02民终2036号民事判决书、浙江省杭州市中级人民法院（2016）浙01民终7197号民事判决书、浙江省杭州市萧山区人民法院（2015）杭萧知初字第21号民事判决书、浙江省杭州市余杭区人民法院（2015）杭余知初字第453号民事判决书、重庆市渝中区人民法院（2015）中区法民初字第00007号民事判决书、重庆市第五中级人民法院（2015）渝五中法民终字第04785号民事判决书、陕西省西安市中级人民法院（2013）西民四初字第00227号民事判决书、新疆维吾尔自治区乌鲁木齐市中级人民法院（2015）乌中民三初字第201号民事判决书。

限。综合上文案件类型化分析得出的裁判要旨,平行进口商品的销售者应当在销售平行进口商品的过程中,避免试图模糊自身与生产商、授权代理商之间的身份界限,亦不要试图模糊所销售商品的实际来源、售后服务的标准规格等,应明确表示所售商品是平行进口商品,产地、销售商、售后服务、成分等均可能不同于国内授权商销售的商品,以使消费者对于商品有明确预期并且不会造成混淆,避免引发消费者对于权利人商标声誉的错误判断。

结 论

通过对二十年来我国法院受理的涉平行进口的商标案件的类型化分析,可发现对于涉平行进口的商标侵权案件,我国司法在侵权认定的理论方面已发生重大转变。在认定侵权理论方面,已从"国内权利用尽原则"转向"国际权利用尽原则"。随之而来的是,权利人的维权方向也发生了阶段性转移,其维权方向逐渐朝着平行进口之后的销售行为转向。我国司法在侵权认定的重点上,随即从判定平行进口行为本身是否合法转向了认定商品被平行进口后的相关销售、包装等行为是否侵权。根据当下我国法院之司法实践,平行进口商在开展此项业务时应自觉避免在商品销售过程中可能侵犯商标专有权、不正当竞争的不当行为,以降低由此带来的不必要法律风险。

商业自动化决策的算法解释权研究[*]

张凌寒[**]

摘　要：自动化决策广泛应用，算法的评分、排序决定和影响着相对人贷款、就业、信誉等诸多权益。但当算法做出不利甚至错误决策时，相对人无从知晓原因更遑论改正其错误决策，严重缺乏应有的救济。通过梳理现有法律资源发现，传统制度在自动化决策场景下均不敷适用，无法为相对人提供算法决策的解释。法律应配置独立的算法解释权，用以衡平自动化决策使用者与相对人不对称的权力关系，作为合同制度在人工智能时代的因应性变革。算法解释权的理论正当性亦可在贯彻意思自治原则、矫正信息不对称、分配风险负担等层面得到充分证成。算法解释权的内在构造具有独特的内容要求和双层架构，其具体制度应在兼顾效率和公平的原则下进行设计。

关键词：算法解释权　自动化决策　意思自治　信息不对称

The Research on Right to Explanation of Algorithm in Auto Decision-making

Zhang Linghan

Abstract: The increasing prevalence of algorithm in decision-making processes raises very important and urgent questions regarding how law protects

---

[*]　本文原载《法律科学（西北政法大学学报）》2018年第3期。感谢龙卫球老师在写作过程中给予的悉心指导与帮助，本文中的疏漏与错误文责自负。

[**]　张凌寒，法学博士，东北师范大学副教授，北京航空航天大学博士后研究人员。

rights of people, such as eligibility of loan, employment and reputation. The paper assumes that there *ought to* be a right to explanation due to existing law cannot provide proper protection. The right to explanation is an adjustment of law complying with the power distance of contract in the era of AI. And yet, the traditional civil law theory justifies such a right as moral/ethical foundation of a right to explanation. It should be designed as a right with two-tier structure. Also, a proper scope and due process should be considered on compatibility of efficiency and equity.

Keywords: Right to Explanation; Auto Decision-making; Autonomy of Will; Asymmetry of Information

一 问题的提出：商业自动化决策广泛应用带来的"算法暴政"

打开购物网站，页面会自动推荐用户感兴趣的商品；打开手机地图，导航功能会自动规划回家的最优路线……这些发生在日常生活的场景，都是算法根据我们在网络世界中留下的浏览历史、上网习惯、购物记录、位置数据等做出的评价和预测。这种算法根据大数据做出的打分、评价和推荐等称为自动化决策，它被广泛用于商业领域以提高客户点击率和交易利润率。人工智能的本质就是算法的自动化决策，正如Cloudera联合创始人兼首席技术官Amr Awadallah所说："我不喜欢人工智能这个说法，更准确的说法是决策的自动化，我们如何来搜集数据，利用数据进行分析，并尽可能多地让机器做出一部分的决定。"①

和人的决策相比，算法的自动化决策具有相对客观、公正、高效等特点，因此其应用逐渐遍布社会生活各个领域。例如，我国某大学使用算法

---

① 参见《Cloudera联合创始人：AI还在决策自动化阶段》，原载于《第一财经日报》2017年11月14日，http://tech.sina.com.cn/it/2017-11-14/doc-ifynstfh7781147.shtml，访问日期：2017年12月13日。

根据消费记录识别学生经济状况，帮助确定贫困生补助发放；① 银行广泛利用算法来对客户进行信用评估以决定是否发放贷款；美国教育部门使用算法对确定教师聘用合同是否续期；② 美国某些法庭中，法官利用算法来对罪犯重复犯罪的风险进行评估。③ 算法的自动化决策甚至通过国家公共部门在社会保障、医疗保健、公职人员监督和司法系统等领域，直接影响着人的各项基本权利。

但是由于历史数据的偏差、设计者嵌入的偏见或者技术的不完善，算法经常做出错误的、歧视性的自动决策。例如美国航空公司的一位资深驾驶员称，由于机场人脸识别的算法将他与一位爱尔兰共和军领导人混淆，他先后80次在机场遭到拘禁。④ 美国一些法院使用的犯罪风险评估算法COMPAS被证明对黑人有系统性歧视。⑤ 有学者指出，私营企业和政府公共部门采用算法和大数据做出的自动决策，使数百万人无法获得保险、贷款、出租房屋等一系列服务，如同被监禁在"算法监狱"。⑥ 然而，自动化决

---

① 据报道，中科大采用算法，根据学生的消费频率、消费金额来识别贫困生并进行隐形资助。而未曾在学校食堂经常用餐却消费很低的学生也由算法判断不符合资助标准。参见《暖心！这所大学竟用这种方式，偷偷资助"不舍得吃饭"的学生……》2017年7月10日报道。http：∥www.sohu.com/a/157397381_252526，访问日期：2017年8月20日。

② O'Neil C, Weapons of math destruction: How big data increases inequality and threatens democracy [M]. Broadway Books, 2017.

③ Northpoint 公司开发的犯罪风险评估算法 COMPAS 对犯罪人的再犯风险进行评估，并非出一个再犯风险分数，法官可以据此决定犯罪人所遭受的刑罚。Kirchner, Julia Angwin Surya Mattu, Jeff Larson, Lauren. 2016. "Machine Bias: There's Software Used Across the Country to Predict Future Criminals. And It's Biased Against Blacks." *ProPublica*. https：∥www.propublica.org/article/machine-bias-risk-assessments-in-criminal-sentencing. 访问日期：2017年11月1日。

④ 见搜狐网《应建立第三方机构以管控作出糟糕决定的人工智能》，http：∥www.sohu.com/a/125322861_465915，访问日期：2017年8月21日。

⑤ 非营利组织 ProPublica 研究发现，Northpoint 公司开发的犯罪风险评估算法 COMPAS 系统性地歧视了黑人，白人更多被错误地评估为具有低犯罪风险，而黑人被错误地评估为具有高犯罪风险的概率两倍于白人。Kirchner, Julia Angwin Surya Mattu, Jeff Larson, Lauren. 2016. "Machine Bias: There's Software Used Across the Country to Predict Future Criminals. And It's Biased Against Blacks." *ProPublica*. https：∥www.propublica.org/article/machine-bias-risk-assessments-in-criminal-sentencing. 访问日期：2017年11月1日。

⑥ Davidow, B., "Welcome to Algorithmic Prison-the Use of Big Data to Profile Citizens Is Subtly, Silently Constraining Freedom." The Atlantic, 20 February 2014.

策的算法不公开、不接受质询、不提供解释、不进行救济,相对人无从知晓决策的原因,更遑论"改正"的机会,这种情况被学者称为"算法暴政"。①

各国均试图解决自动化决策不透明对公民权利的危害,其共识是提高自动化决策算法的透明度,以接受公众监督和质询。例如,美国联邦贸易委员会技术研究和调查办公室进行独立研究,向FTC消费者保护调查员和律师提供有关算法透明度的培训和技术专业知识。② 我国则针对"魏则西事件"成立联合调查组,要求百度采用以信誉度为主要权重的排名算法并落实到位,严格限制商业推广信息的比例并对其逐条加注醒目标识,并予以风险提示。③ 然而,以上案例表明,提高算法透明度只能作为事先监管的手段,无法救济已经受到自动化决策损害的人。

现实的迫切需求是,如果算法自动化决策做出了不利于相对人的决定,他们是否有权利知晓这些决定是如何做出的?如果这些决定是错误的或者歧视性的,如何对相对人进行事后有效的救济?欧洲最先做出了重要举措,2018年实施的《欧洲通用数据保护条例》(GDPR)第22条提出:"应该采取适当的保障措施,……保证数据主体获得对此类评估之后达成的决定的

---

① Lepri B., Staiano J., Sangokoya D.: The Tyranny of Data? The Bright and Dark Sides of Data-Driven Decision-Making for Social Good, Transparent Data Mining for Big and Small Data. Springer International Publishing, 2017: 3 – 24.
② John Frank Weaver: Artificial Intelligence Owes You an Explanation: When an A. I. does something, you should be able to ask, "Why?" http://www.slate.com/articles/technology/future_tense/2017/05/why_artificial_intelligences_should_have_to_explain_their_actions.html,访问日期:2017年12月20日。
③ "魏则西事件"是指2016年4月至5月初在互联网引发网民关注的一起医疗相关事件。2016年4月12日,西安电子科技大学21岁学生魏则西因滑膜肉瘤病逝。他去世前在知乎网站撰写治疗经过时称,在百度上搜索出武警北京第二医院的生物免疫疗法,随后在该医院治疗后致病情耽误,2016年5月2日,国家网信办会同国家工商总局、国家卫生计生委成立联合调查组进驻百度公司,对此事件及互联网企业依法经营事项进行调查并依法处理。参见《国信办联合调查组结果:百度竞价排名影响魏则西选择 百度:从6方面整改》,2016 – 05 – 09,http://www.guancha.cn/economy/2016_05_09_359617.shtml,访问日期:2017年8月20日。

解释，并对决定提出质疑。"① 但也有学者指出，由于相关条文没有法律强制性，且解释内容是系统一般功能，此权利形同虚设。②

人工智能时代，自动化决策算法被广泛应用，但法律尚未配置相对人知情、质疑、救济的机制。这种不平衡提出了一系列亟待解决的问题：如何救济被不公正对待的自动决策的相对人？配置给相对人挑战算法决策并提供解释的权利是否具有正当性？这种权利的来源和内在价值是什么？如何构造这种权利，其行使的限度和程序又应如何设计？自动化决策相对人的制度需求得到了学者们的注意，普遍认为有必要应对自动化决策错误与算法歧视等现象，但目前尚缺乏细致深入的制度研究。

虽然此文研究的对象名为算法解释权，实则目的在于建立自动化决策相对人的事后救济机制。由于其以赋予自动化决策相对人权利为主要内容，故而以算法解释权为起点展开。自动化决策的算法既在私法领域的商业部门广泛使用，又深度参与了公共部门的决策。然而私法与公法两个领域均有独立的基本原则和运作规则，公共部门的自动化决策涉及公权力的运行规则，相对人提起解释的权利基础与私法领域并不相同，故此本文将算法解释权的探讨局限于私法领域，即商业自动化决策，为了行文简洁，下文均简称为自动化决策。

二 商业自动化决策情况下既有法律资源之不敷

算法解释的目的是使自动化决策的相对人了解对其不利的决定是如何

---

① 《欧洲通用数据保护条例》（GDPR）中在71条明确提出了解释权，表述为被自动决策的人应该具有适当的保护，具体应包括数据主体的特别信息和获得人类干预，表达自己的观点，并且有权获得在评估决定的解释，并对决定提出质疑。"Recital 71, a person who has been subject to automated decision-making: should be subject to suitable safeguards, which should include specific information to the data subject and the right to obtain human intervention, to express his or her point of view, *to obtain an explanation of the decision reached after such assessment* and to challenge the decision."
② Wachter S., Mittelstadt B., Floridi L., "Why a right to explanation of automated decision-making does not exist in the general data protection regulation" *International Data Privacy Law*, 2017, 7 (2): 76 – 99.

做出的,以便在确有算法歧视和数据错误时提供救济。商业自动化决策下,算法解释可适用的法律资源应先通过梳理既有民商法制度来寻找。自动化决策是根据用户与自动化决策使用者订立的合同实施的,当可能发生错误时,相对人可考虑的路径包括要求确认自动化决策的用户协议符合显失公平、欺诈、重大误解条件,也可以考虑适用民事合同相对人的违约请求权、侵权责任中的赔偿请求权,或在商业场景中消费者的知情权。然而,现有法律资源面对自动化决策场景均有严重不足,适用场景与算法场景差异太大,效果并不符合算法解释问题的初衷,无法起到救济自动化决策的相对人的作用。

(一)合同效力制度不符合算法解释之场景

当自动化决策发生错误时,受到不利决策的相对人可考虑通过合同效力制度来救济。但经过梳理可发现,通过认定合同效力瑕疵无法获得自动化决策解释,其制度效果不符合算法解释的初衷。如2017年5月美国二手房销售网站Zillow被一位房主告上法庭,认为其使用的自动估价算法Zestimates严重低估了其房产价值,导致其二手房几年内无法售出合理价格,给销售造成了严重障碍。① 相对人的诉求是Zillow能够为其估价提供合理解释,并重新合理评估其房屋价格。然而,这样的相对人的目的并不能通过合同效力制度得到实现。

第一,合同效力制度相悖于算法解释之目的。无论是重大误解,还是欺诈均为合同意思表示的"错误制度",即表意人若知其情事即不为意思表示的,表意人可撤销其错误的意思表示。② "重大误解"制度指因重大误解订立的合同,一方可请求法院或仲裁机构变更和撤销,欺诈合同的可撤销制度与此类似。然而,此类准则的表面目的是为非自愿同意的合同的后果提供救济,而不是对实体不公平本身提供救济。③ 就这两种制度而言,其目

---

① See:Cook County homeowner sues Zillow for low "Zestimate", http://www.chicagotribune.com/classified/realestate/ct-re-0514-kenneth-harney-20170510-column.html,访问日期:2017年12月3日。
② 崔建远:《合同解除的疑问与释答》,《法学》2005年第9期。
③ 参见柯林斯《规制合同》,北京:中国人民大学出版社,2014。

的是回到当事人未缔结契约前的权利状态，从目的来说，算法解释的目的是使当事人知情，而非回到原始权利状态。相对人需要包含自动化决策的这份合同，以获得评估、预测、信贷等服务，其目的是知情以修正，而非退出合同。

第二，难以认定自动化决策存在意思表示瑕疵。合同效力制度的手段是认定合同的缔结违反意思自治原则，即合同存在意思表示瑕疵，而意思表示瑕疵分析均不适用于自动化决策错误的场景。从手段来说，很难认定自动化决策者意思表示具有欺诈的故意，其相对人为海量用户，显然不可能对每个用户均有欺诈故意。而如果认定相对人重大误解，也仅仅是受到不利决策的相对人有得到解释的需求。换句话说，非出于救济需要，相对人不会主张"若知其情事则不为意思表示"。

另外，自动化决策对当事人的影响并非一过性的，仅仅通过撤销合同无法实现有效救济。如果自动化决策是由于错误数据产生，相对人需知情修正以防止困于错误数据被反复错误决策；如果错误决策是由于算法错误产生，算法解释权的行使更可惠及未来更多的自动化决策相对人。

（二）违约请求权无力救济自动化决策相对人

那么，上文提到的相对人是否可以要求 Zillow 承担违约责任呢？遗憾的是，民事合同的违约请求权由于制度目的、程序与举证责任等因素，无法救济自动化决策的相对人。例如，淘宝网的用户协议要求用户接受自动化决策对于违约行为、支付风险的判定结果。"淘宝可依据您的用户数据与海量用户数据的关系来认定您是否构成违约：您有义务对您的数据异常现象进行充分举证和合理解释，否则将被认定为违约。"① "淘宝会依照您行为的风险程度指示支付宝公司对您的支付宝账户采取取消收款、资金支付等强

---

① 淘宝自动化决策对用户违约的认定（6.1），"淘宝可在淘宝平台规则中约定违约认定的程序和标准。如：淘宝可依据您的用户数据与海量用户数据的关系来认定您是否构成违约；您有义务对您的数据异常现象进行充分举证和合理解释，否则将被认定为违约"。见《淘宝平台服务协议全文（2016年10月版）》，http://b2b.toocle.com/detail—6361764.html，访问日期：2017年11月23日。

制措施。"[1]但如果支付宝用户发现自己被无端降低信用评分之后，很难通过违约请求权知晓具体算法决策的理由进而获得救济。

首先，违约请求权的制度目的在于公权力保障当事人适当依照合同履行约定。一方面，自动化决策错误并不等于没有依约履行合同，即合同中并未保证决策正确，如支付宝并未在合同中将决策合理正确作为合同义务；另一方面，算法解释目的在于知晓错误决定是如何做出的，而知晓决策的考量因素和利用数据并非用户协议中明确约定的合同义务。根据用户协议，支付宝也没有义务提供决策的考量因素和参考数据。

其次，算法自动化决策使用者多为面对海量用户的互联网平台。当用户不服自动化决策时，一般首先要走内部的申诉和处理流程，但其规则和程序完全由互联网企业设定，更不会在做出接受或否定申诉的决定时告知用户实质性的理由。

最后，如果自动化错误决策的相对人起诉至法院，按照民事诉讼的举证责任——"谁主张谁举证"，相对人则需要在不知晓自动化决策规则的前提下，证明其决策是错误的。如前文提到的支付宝的用户协议，相对人需要在支付宝认定存在"支付风险"的情况下证明自己支付行为是合理的，类似于刑事案件中要求当事人"自证其无罪"。因此在现行算法自动化决策的使用者——网络平台早已形成网络治理的私权力情况下，[2] 以相对人一己之力对抗算法的错误决策基本不可能实现。

（三）不利的自动化决策不满足侵权责任之构成要件

受到不利决策的相对人可考虑主张侵权责任。由于自动化决策并无适用特殊归责原则的情形，因此一般适用于过错责任原则，但此路径受到侵权责任的过错、损害因果关系等构成要件的多重限制。

首先，主观过错难以证明。自动化决策的使用者一般主张算法错误为

---

[1] 自动化决策对用户行为风险的评估条款（6.2）"淘宝会依照您行为的风险程度指示支付宝公司对您的支付宝账户采取取消收款、资金止付等强制措施。"见《淘宝平台服务协议全文（2016年10月版）》，http://b2b.toocle.com/detail—6361764.html，访问日期：2017年11月23日。

[2] 参见周辉：《变革与选择：私权力视角下的网络治理》，北京：北京大学出版社，2016。

客观"技术错误"而非主观错误,而以相对人的技术能力证明其使用的算法确实存在嵌入的偏见和数据的滥用极不现实。其次,损害结果难以证明。自动化决策的不利结果很多是"拒绝",如不予提供贷款、不予批准保险等,此类机会的丧失仅是不利决定,很难被证明为是对权利人的人身和财产的损害。最后,决策与损害的因果关系难以证明。算法使用数据进行自动化决策多依据相关性进行预测和评价,而非依据因果关系。侵权行为与损害结果之间的因果关系链条难以成立。

此外,也可思考特殊的侵权责任路径,即向算法开发者主张产品责任的困境。产品责任属于特殊侵权责任,除了上文所述的一般侵权责任的主观过错、损害结果与因果关系的证明困难之外,产品责任的救济路径还面临更多的困境。其一,算法的法律地位是"产品"吗?我国的《产品质量法》第二条第二款对产品的定义为"经过加工、制作,用于销售的产品",而用于自动化决策的算法并无实体,甚至在知识产权领域尚未明确作为专利保护。其二,产品责任的核心是产品缺陷。错误的自动化决策有可能是算法本身缺陷造成的,也有可能是决策使用的错误数据造成的,而仅有算法本身的缺陷方可主张产品责任。但是,没有具体自动化决策错误的解释,无从了解错误决策的原因。

由以上分析可得出结论,侵权责任路径难以适用于自动化决策解释权的场景,无法救济不利决策的相对人。

(四)消费者的知情权无法提供真正的算法解释

相对人主张消费者的知情权、算法的法律定位仍为企业的工具而非商品,并且算法使用者可主张算法属于商业秘密从而提出抗辩。

其一,商业场景下算法的法律定位仍为企业的"工具"。现行法律尚不认可算法自动决策独立拥有资源配置权力,可直接影响消费者权利。其二,即使算法直接做出决策损害消费者利益,自动化决策的算法使用者也都可以商业秘密为抗辩理由拒绝公开决策的内容和理由。即使在支持数据控制着对用户有一定信息披露义务的欧洲,适用于自动化决策的算法访问权限的限制,尚未在欧洲各地法院的判例中得到普遍的明确范围。① 例如德国数据保护法规定，数据控制者必须在决策的"评估"中向用户通报其所考虑的因素，但不必揭示给予每个因素的精确重量（即在自动化决策过程中使用的版权保护算法）。② 德国 SCHUFA59 判决③显示，用户没有权利彻底调查自动处理系统（在判例中是信用评分）的准确性，因为基础公式受到商业秘密的保护。

现有法律资源都无法为受自动化决策损害的相对人提供算法解释权可以提供的救济，而当算法自动化决策相对人受到损害时，提供救济又是切实的利益需要。由此可见，考虑依据算法的法律定位配置独立的算法解释权十分成为必要。

三 商业自动化决策下算法解释权的确立及其理论正当性

智能革命的出现，对当下的伦理标准、法律规则、社会秩序及公共管理体制带来一场前所未有的危机和挑战。④ 已有的法律秩序面对智能产业的发展存在严重缺陷，现有人工智能时代的法律制度供给严重不足。越是在此时越应保持法学研究的冷静与克制，避免草率地以"现象描述"方式创

---

① "for instance, debate in the UK House of Lords concerning the meaning of 'logic involved' and 'trade secrets' in the 1998 Data Protection Act: Grand Committee on the Data Protection Bill, 'Official Report of the Grand Committee on the Data Protection Bill [HL]'" (*Hansard*, 23 February 1998)', UK Parliament-House of Lords 1998, http://hansard.millbanksystems.com/grand_committee_report/1998/feb/23/official-report-of-the-grand-committee#S5LV0586P0_19980223_GCR_1 >，访问日期：2017 年 8 月 2 日。

② Douwe Korff, "New Challenges to Data Protection Study-Country Report: United Kingdom" (European Commission DG Justice, Freedom and Security 2010) 48, http://papers.ssrn.com/sol3/papers.cfm?abstract_id=1638938，访问日期：2017 年 7 月 15 日。

③ Judgment of the German Federal Court Bundesgerichtshof 28 January 2014 - VI ZR 156/13. LG Gießen 6 March 2013 - 1? S 301/12. Also, AG Gießen 11 October 2014 - 47 C 206/12，转引自 Wachter S., Mittelstadt B., Floridi L., Why a right to explanation of automated decision-making does not exist in the general data protection regulation, *International Data Privacy Law*, 2017, 7 (2): 76 - 99.

④ 吴汉东：《人工智能时代的制度安排与法律规制》，《法律科学（西北政法大学学报）》2017 年第 5 期。

制权利。但当穷尽现有法律制度仍无法为相对人提供合理救济时，即应大胆配置新型权利，以弥补传统权利体系应对人工智能时代技术发展的不足。正如哈贝马斯所言，"权利是一种社会构造"，[①] 算法解释权既符合公平正义的价值取向，也符合人工智能时代的需求和特征。

（一）新的路径：配置独立的算法解释权

本文的算法解释权指的是，当自动化决策的具体决定对相对人有法律上或者经济上的显著影响时，相对人向算法使用人提出异议，要求对具体决策提供解释，并要求更新数据或更正错误的权利。在商业自动化决策领域探讨算法解释权配置的必要性，无法绕开的问题是，一份基于意思自治而同意参与自动化决策的民事合同，为何要超越合同配置给一方相对人额外的权利？算法解释权配置的目的究竟是什么？

包含同意自动化决策的合同，使得自动化决策者和相对人之间已经从平等的民事主体关系转化为权力支配关系。传统的私法手段不能完成对相对人地位的衡平与权利的救济，合同制度需要做出因应性调整。算法解释权的配置为法律的创制，其目的为平衡二者之间的不平等，为相对人提供额外制度救济以达成实质平等。此论断可从两个方面获得解释：其一，自动化决策者和相对人的权力维度是财富和市场地位差距的附属物；其二，算法解释权的配置可有效衡平此种差距。另外，算法解释权的确立可为人工智能技术的未来发展预留一定的空间。

1. 自动化决策双方之权力维度

自动化决策使用者与相对人之间存在巨大的财富、地位、权力差距，合同的形式无法保证平等。算法自动化决策使用者多为面对海量用户的互联网平台，姑且不论垄断型网络企业与普通用户之间的财富差距，仅由于格式化用户协议的存在，双方就确立了权力支配关系。第一，用户协议不是经过协商的合同，提供格式合同的算法自动化决策使用者享有更为充分的话语权和解释权，因此其并非双方自我规制的结果，而是一方独占的单

[①] 〔德〕哈贝马斯：《在事实与规范之间：关于法律和民主法治国的商谈理论》，童世骏译，北京：生活·读书·新知三联书店，2003。

边规制的结果。相对人毫无参与协商制定的议价能力，仅仅有接受与否的可能，否则就是与网络服务的自我隔离。第二，仔细考察用户协议格式合同的条款就会发现，自动化决策使用者通过免责和排除条款将风险分配给相对人。而在履行合同出现争议的情况下，格式合同赋予自动化决策使用者在与相对人谈判中强大的讨价还价的能力。如支付宝的用户协议已经要求用户需"自证其清白"，在此基础上要达到无须承担证明责任，进而要求自动化决策者提供解释如同天方夜谭。第三，格式用户协议中往往包含了相对人的自我执行，因此也就根本不需要协商。实证研究也显示，相对人完全处于被裁决的弱势地位，并无实质性的交涉，网络平台内自设的申诉调解机制根本无法发挥救济作用。①

这种自动化决策使用者与相对人不对称的权力关系，达到了有史以来合同双方地位悬殊的顶峰。在亚当·斯密时代，即英国工业革命期间，小工厂主、小企业主身兼所有者与经营者于一身，不法奸商至多可以偶尔利用欺诈来骗取对方，合同制度中的意思表示错误制度尚可以应付此类问题。②随着贸易的扩大，股份公司兴起但仍以中小型企业为主，斯密的理论逻辑仍然成立。然而，当垄断市场形成，公司巨型化发展，定制化、反复化交易普及，格式合同日益增多后，合同双方不平等加剧，合同法制度被迫做出调整规制格式合同，甚至交由经济法来解决市场主体不再平等、传统手段失灵的问题。③ 如果说垄断市场下，企业与用户的地位悬殊仅仅是财富和市场地位差距的产物，那么自动化决策使用者与相对人之间还有知识垄断的鸿沟。这种基于财富、市场、知识技术地位带来的合同双方的悬殊地位，需要合同法制度创新予以应对。

2. 配置算法解释权以规制算法权力

其二，算法解释权的配置，是合同制度应对当事人之间地位差距的加剧而做出的调整。这并非合同法制度第一次因为双方权力差距而做出创新，

---

① 胡平仁、杨夏女：《以交涉为核心的纠纷解决过程——基于法律接受的法社会学分析》，《湘潭大学学报》（哲学社会科学版）2010年第1期。
② 邢会强：《信息不对称的法律规制——民商法与经济法的视角》，《法制与社会发展》2013年第2期。
③ 〔英〕休·柯林斯：《规制合同》，郭小莉译，北京：中国人民大学出版社，2014，第251页。

这些创新的一致之处就在于额外配置权利或义务以使双方地位接近平等，保证意思自治与平等原则。比如消费者与商家的合同，法律施加给商家明码标价、质量担保、出具收费单据等义务；保险业发展后，面对保险合同双方实际地位的悬殊，合同制度赋予投保人享有有利解释的权利，即当合同需要解释时，偏向有利于弱势投保人的一方。产业革命后，在劳资双方力量对比日益加大的情况下，合同制度甚至在一定程度上牺牲了意思自治原则，允许劳动者订立集体合同，获得与雇佣者谈判的能力，以衡平双方实质上的地位不平等。而算法解释权的配置，即是在一份看似基于意思自治而缔结的民事合同之外，额外赋予相对人得到算法解释的权利，以对双方悬殊的地位做出纠偏。

此外，算法解释权本质是对自动化决策"算法权力"[①]的规制，用以应对人工智能时代的技术特征。当网络平台基于民事合同进行网络治理的"私权力"已经逐渐被广泛了解和接受时，[②]"算法权力"也应引起关注，它并非为引人眼球而提出的新鲜名词，而是真真切切的现实。其"权力"如前文所述，包括控制新闻议程以影响言论自由、决定资格审查批准以影响地位收入、协助评估雇员影响人的工作机会；其以"算法"为主语则是因为算法逐渐脱离了纯粹的工具性角色，而有了自主性和认知特征，甚至具备了自我学习的能力。

谷歌算法 Alpha Go 打败人类顶尖围棋高手还恍若昨日，2017 年 Alpha Zero 从零自主学习打败 Alpha Go 的新闻就扑面而来。[③] 所谓人工智能就是算法与大数据计算，而机器人也不过是算法与传感器、控制器等配件的组合，算法才是"智能"所在。传统民事责任制度之所以难以适用于算法自动化决策的损害，根本原因在于随着机器学习技术的发展，算法的自主性越来

---

① 参见 Diakopoulos N. Algorithmic accountability: Journalistic investigation of computational power structures, *Digital Journalism*, 2015, 3 (3): 398 – 415, 此文中作者也提出了 "algorithm power"（算法权力）的概念。
② 周辉：《变革与选择：私权力视角下的网络治理》，北京：北京大学出版社，2016。
③ 《比 AlphaGo Zero 更强的 AlphaZero 来了！8 小时解决一切棋类！》算法 Alpha Zero 从零开始学习，4 小时就打败了国际象棋的最强程序 Stockfish，2 小时就打败了日本将棋的最强程序 Elmo，8 小时就打败了与李世石对战的 Alpha Go。http://sports.sina.com.cn/go/2017-12-07/doc-ifypnqvn1012530.shtml, 访问日期：2017 年 12 月 3 日。

越强,很难将其当作人(开发者、使用者)的简单工具,尤其当算法可以从既往数据和经历中学习并独立自主地做出决策时,算法的法律地位问题就越加紧迫,需要法律做出回答。法律逐步承认算法控制下的智能人的法律地位是必然趋势,为其创设新类型,具有自身特性和内涵的权利、义务、责任承担等也是未来法律的发展方向。①

算法解释权应对了人工智能时代"算法"角色的转化,并为其未来法律定位发展的可能性预留了空间。以"算法"解释权为名,既强调了解释的对象,也考虑到了未来可能的解释的主体。当算法的智能性逐渐超出了开发者、使用者的解释能力后,算法本身可能成为提供解释的主体。这也是为何算法解释权不应该贸然选择侵权责任路径对受害人进行救济,毕竟无论哪种责任分配方法,其逻辑基础都在于假设任何损害都可归结为人类的行为,进而进行责任的分配。尤其是当算法的功能较为依赖数据的情况下,责任更加难以从数据流和算法中被识别,只有算法本身才有可能提供合理的解释。

(二)算法解释权确立的理论正当性

算法解释权既是合同法顺应时代的制度创新,又是传统理论顺理成章的发展延续。算法解释权可消弭法律实然权利与应然权利的鸿沟,其理论正当性的证成充分说明,算法解释权并非心血来潮的创制,而是具有传统权利的逻辑基础,是对现有的利害关系人权利畸轻的调适,目的是以新制度实现平等、自由、正义的亘古目标。

1. 平等:算法解释权是不对称的矫正工具

平等的内涵随着时代变迁不断改变,早已从强调自由和人权的政治平等,扩展到强调资源和福利的经济平等,进而到强调机会和能力的社会平等。② 人工智能时代的到来产生了新的不平等,而这种不平等更加隐蔽和严重——知识、信息获得和掌握的不平等,这种不平等甚至会转化为认知的

---

① 参见〔美〕佩德罗·多明戈斯(Pedro Domingos)《终极算法:机器学习和人工智能如何重塑世界》,黄芳萍译,北京:中信集团出版社,2017。
② 俞可平:《重新思考平等、公平和正义》,《学术月刊》2017年第4期。

不平等和能力的不平等，对人的权利和地位造成实质影响。人工智能时代，自动化决策应用虽广泛但知晓算法知识者寥寥，相对人即使掌握专业知识也对自动化决策所使用的算法和数据一无所知。相比民事合同中双方当事人、消费合同中消费者与商家对于商品价格、品质信息的信息不对称，自动化决策事项上的信息不对称堪称"黑箱"，而算法解释可在商业化决策领域促进此种信息获取和掌握上的平等。

信息不对称是现代契约理论中最为重要的部分之一。信息不对称是指这样一种情况，即缔约当事人一方知道而另一方不知道，甚至第三方也无法验证的信息，即使验证，也需要巨大的人力、物力和精力，在经济上是不合算的。① 掌握信息的不平等，打破了民商法对于当事人均为平等主体的假设，合同双方的地位由于信息优劣势的不同不再是平等的、相当的。信息劣势影响意思表示的真实性，一方无法有效做出判断而引发不公平和低效率，故而民商法中许多重要制度设立都是在尽力扭转信息劣势一方的地位，使其能够获得更多信息披露，以提高其经济地位与缔约能力，保障民商法意思自治、平等保护等精神内核。② 合同中一系列意思表示影响合同效力的制度，如重大误解、欺诈制度，对格式合同弱势当事人的保护就起到了"信息纠正"的作用。③ 法律甚至创制看似偏向一方的制度来纠正信息不对称，如保险法合同中的最大诚信原则与有利解释原则也源于保险合同的高度信息不对称性。④

算法解释权是自动化决策中信息不对称的有效纠偏工具。在商业自动化决策中，相对人通过合同授权企业使用历史数据与算法进行自动化决策。然而，缔结合同前，相对人对算法决策的要素及要素占比一无所知，缔结合同后，相对人对不利决策使用的具体数据与决策原因无从了解，这构成合同缔结前与缔结后的双重信息不对称。民商法一般采用信息工具来规制

---

① 参见张维迎《博弈论与信息经济学》，上海：上海三联书店，2012。
② 邢会强：《信息不对称的法律规制——民商法与经济法的视角》，《法制与社会发展》2013年第2期。
③ 刘大洪、廖建求、刘建新：《消费信息不对称的法律规制》，《法学论坛》2003年第4期。
④ 唐清泉：《信息不对称下的激励与监控的模型分析》，《中山大学学报》（社会科学版）2001年第2期。

信息不对称。① 在合同缔结前的信息不对称采用"信号发送"手段，如格式合同中条款提供方必须提请对方注意免责条款并予以说明。在合同缔结后，民法则采用"信息纠正"手段，如欺诈和重大误解对合同效力直接产生影响，格式合同中排除对方主要权利的格式条款无效，以上种种工具均是为了矫正双方信息不对称的地位，以期符合意思自治与平等原则。

算法解释权是典型的"信息纠正"手段，用以矫正自动化决策中双方严重信息不对称的地位，其作用在于使信息从信息优势方向信息劣势方流动，从而达到双方衡平。基于民商法的私法属性不须公权力的强制执行力介入，仅通过制度设计来达到信息披露的目的，因此赋予信息弱势的相对人以算法解释权，使其得知不利自动化决策做出的具体原因，达到对信息不对称事后补救的效果。算法解释权合理性证成可在现行法律中寻找类似制度，例如，保险合同具有高度的信息不对称性，保险公司需履行主动告知义务，且告知需遵循最大诚信原则；而自动化决策合同中，自动决策的算法完全处于"黑箱"中，仅需依相对人请求而履行告知义务，解释不利决策的原因。根据"举轻以明重"的原则，信息优势更强者承担义务更轻的算法解释权具有当然的理论正当性。

从效率角度考量，由自动化决策者承担算法解释的义务也更加节约交易成本。各种促进信息对称的工具都有其交易成本或制度成本，如保险合同告知义务的交易成本是保险公司成本的增加，重大误解合同的制度成本是法院需裁判合同效力。将算法解释的义务配置给自动化决策者是交易成本最低的制度工具。自动化决策者获取不利决策的成本最低，"信号发送"成本与相对人比较更低。可以预见，如果在短期内算法透明度的问题无法得到根本解决，此项义务由相对人主动提起，自动化决策者解释是成本最低的。

由此可见，算法解释权的确立是民商法的私法属性和意思自治原则使然，这是基于平等主体假设和意思自治基本原则采用的事后补救措施。与民商法中的其他类似制度相比，算法解释权加诸信息优势地位者的负担甚

---

① 邢会强：《信息不对称的法律规制——民商法与经济法的视角》，《法制与社会发展》2013年第2期。

轻,甚至并非真正意义上的矫正工具,仅聊作补救而已。

2. 自由:算法解释权是意思自治的必然推论

意思自治原则为民事领域保障自由价值的基本原则。它允许民事主体以自己意思设立民事法律行为,对于保障民事主体的自由权利,体现民事主体人格利益的存在,保障个人尊重、社会公平正义至关重要。算法解释权是意思自治原则的应有内涵和必然推论。

当采用自动化决策为商业运行之必要时,即意味着商家需面对大规模的用户,如阿里巴巴交易的创建峰值达到 32.5 万笔/秒,支付峰值达到 25.6 万笔/秒。① 此情形下只能依赖算法的自动化决策进行庞大的平台管理,通过用户协议获得用户对自动化决策的同意成为必然选择。② 即使用户协议中没有自动化决策的条款,用户接受自动化决策也因实践行为而成为事实合同,故对算法解释的理论分析应首先依据合同理论展开,意思表示是合同效力的核心要素,而算法解释是当事人基于意思自治同意用户协议的必然推论。

通过整理知名互联网服务企业的用户协议可发现,其用户协议均包含获取用户对自动化决策知情同意的条款,即提示用户存在自动化决策,并要求用户服从自动化决策的结果。③ 用户同意的内容应该被合理的告知,任何人都不应该为自己所不了解的事情负有义务,这是意思自治的基本规则。④ 姑且不论格式合同条款中,地位和知识均处于劣势的用户"同意"的质量。仅从以上分析可得结论,用户同意的前提必然是知情,即需对存在自动化决策和风险进行事先解释,换句话说,有了知情才有同意。那么,用户知情同意所需的告知义务是否延伸至事后解释呢?

---

① 见阿里研究院高红冰《2017 新零售在路上:20 个先行者的探索报告》,2017 年 11 月 18 日发布,http://www.aliresearch.com/blog/article/detail/id/21413.html,访问日期:2017 年 11 月 23 日。
② 用户协议显然符合格式合同的定义,见《中华人民共和国合同法》第 39 条:由"当事人重复使用而预先拟定,并在订立时未与相对人协商"。
③ 参见:新浪微博用户协议:"用户知悉并同意,微博平台有权根据技术规则通过检测验证等方式判断用户账号所发布的信息是否为垃圾信息,并采取相关措施予以处理。" https://weibo.com/signup/v5/protocol/,以及后文中提到的淘宝与支付宝的用户协议。
④ 参见董安生《民事法律行为——法律科学文库》,北京:中国人民大学出版社,2002。

如果事先解释已经能够提供用户应知的全部合理内容，事后解释殊无必要。然而，在很多情况下，合同产生的风险并不能在签订合同时被完全地描述和预见。上文中淘宝对自动化决策语焉不详的事先解释，并不能使用户真正甚至只是适度的知情。用户知情应包含事先和事后解释，这种安排类似于医疗合同中患者的知情权。自动化决策领域与医疗领域十分相像，算法使用人与医生都具有专业知识，用户和患者一样弱势，而使用网络和参与医疗一样必要。医疗合同中，即使医务人员事先履行了告知义务，也并不排除患者在事后的知情权利，即了解自己接受治疗的具体情况，而由于患者很难真正理解医疗程序和风险，医务人员即使事先履行告知义务，也不等于可以将医疗的风险和责任完全转嫁给患者。回到算法的自动化决策领域，当淘宝使用的算法可以判定用户是否违约，或者直接停止提供支付服务时，用户仅仅在事先知道有自动化决策显然不是真正和适度的知情。在算法环境中，尊重用户要求事后解释的权利，应该是企业对于用户告知义务的合理内容。

企业提供详尽的事先解释是否可以排除事后解释的义务呢？任何事先解释都无法完全或者充分地对自动化决策的后果和风险进行描述。即使有，这种事先解释必然文字极多，对用户而言既无法理解，也与自己不相关。显然，要求患者接受治疗前必须学习医学知识是荒谬的，让用户通过事先解释了解自动化决策，而排除事后解释的义务也是不合理的。

从另一个角度论证，用户接受用户协议也即接受了事先解释中的风险提示，换句话说，用户是预见到了自动化决策错误的风险。那么，用户的预见和接受是否可以排除事后解释的权利呢？显然不能。用户意思自治下的"同意"必然包含：用户有理由期望在发生危害和错误时，企业将以公正和负责任的态度做出回应，否则将无从基于信赖利益接受用户协议。这种合理要求并不因服务协议中没有提及或排除而消失。与此类似的是，很多互联网企业提供的服务协议均要求用户放弃起诉的权利，[①] 如必须仲裁等条款，但用户要求人民法院裁决合同纠纷的权利并不因此消失。如果没有

[①] 参见《用户条款和法律文书，藏污纳垢之严重令人震惊》，其中揭示了很多知名网络平台利用用户协议躲避官司的行为。https://news.cnblogs.com/n/578564/Equifax，访问日期：2017年12月6日。

人民法院背后的公权力作为公正裁决和履行合同的保障,势必从一开始用户就不敢信任企业并接受用户协议。同样,也是基于这种基本的信赖,用户才可能同意接受自动化决策。

综上得出结论,赋予用户要求自动化决策使用者事后解释的权利,是用户基于意思自治同意用户协议的应有之义。事后的算法解释,是合同意思自治必然衍生的权利,而且不可被事先解释所替代。

3. 正义:算法解释权是合同风险的合理分配

葛德文说:"正义的原则,引用一句名言来说,就是一视同仁。"① 在本文语境下,正义在于公平合理地分配自动化决策带来的风险。拉伦茨指出:"合同中的均衡与公平原则是民法的精神基础……在双务合同中,给付与对待给付至少必须具有相近的价值,还关系到如何公平地分配那些与合同相关的风险和负担问题。"② 现实状况是,自动化决策根据做出影响用户合同权利的决定,用户只有接受的义务并承担全部自动化决策带来的风险,双方给付完全与风险负担不对等,这显然偏了法律追求社会正义的价值目标。算法解释权能够有效地促使企业和用户之间的权利义务以及基于自动化决策产生的风险负担趋于等价。

自动化决策是一种独特的"知识和无知的结合",其带来的损害符合风险多样性、突发性和随机性的特点,是人工智能技术发展必然伴随的风险。③ 自动化决策的算法一旦发生错误,将会给整个社会运行带来巨大风险。由于算法的错误,2010年美国股市道琼斯指数下跌达998.5点,1万亿美元财富蒸发。④ 涉及具体相对人的风险则如下例:2017年5月,美国二手

---

① 〔英〕威廉·葛德文:《政治正义论》(第一卷),何慕李译,北京:商务印书馆,1982。
② 〔德〕卡尔·拉伦茨:《德国民法通论》上册,王晓晔等译,北京:法律出版社,2003,第60页。
③ 杜仪方:《风险领域中的国家责任——以日本预防接种事件为例证》,《行政法论丛》2011年第21卷。
④ 2010年5月6日早10点美国股市大跌2.5%,后到东部时间下午2点42分,股市剧烈波动后进入自由落体状态,2点47分,仅仅300秒之后,道琼斯指数创下了有史以来单日最大跌幅。然而,在一分钟之内,道琼斯指数又暴涨了300点。虽然原因众说纷纭,但普遍认为堪萨斯城的一位财富投资经理人,他的算法过快出售掉了价值40亿美元的股指期货,导致其他算法跟风。参见克里斯托弗·斯坦纳《算法帝国》,李筱莹译,北京:人民邮电出版社,2014,第4页。

房销售网站 Zillow 被一位房主告上法庭，该房主认为网站使用的自动估价算法 Zestimates 严重低估了其房产价值，造成其二手房几年内无法售出合理价格，给销售造成了严重障碍。① 目前学界对自动化决策算法法律制度的讨论多集中在如何进行风险防范，② 而算法解释权意在如何分配风险以求得全社会利益最大化。

现有的状态是由相对人承担全部自动化决策带来的风险：接受结果（无论对错）并自己提供数据推翻决策。对于影响相对人的自动化决策来说，决策错误可能由两个原因造成：其一是使用的数据错误，其二为算法本身的错误。算法解释对这两种错误造成的风险均可充分消解。如果为算法决策的数据错误，可通过对算法决策的解释发现自动化决策做出的依据，从而让用户获得更新数据获得重新决策的机会，避免错误数据被多个算法反复使用。如果为算法本身的错误，如算法本身有歧视因素（如性别歧视或种族歧视），则可通过算法解释充分避免在全社会带来更大范围的风险。

通过算法解释权将风险再分配给算法的开发者或使用者是基于以下考量：其一，算法的开发和使用者具有风险分散的能力。虽然风险本质上具有无法被完全控制的特征，但对于自动化决策技术的掌握而言，算法的开发和使用者总是具有一定程度的控制能力，可以影响风险的进程。考虑到相对人的力量相对而言过于弱小，应把风险分配给技术力量更为强大的算法开发者和使用者，可诱导可控制风险之人尽可能在初期就降低风险，避免损害发生。其二，自动化决策事实上的强制性。相对人提供数据接受自动化决策，看似基于私法的用户协议，但由于互联网行业垄断态势决定相对人无法"用脚投票"拒绝用户协议，如果拒绝则意味着无法获得贷款、租房、就业等机会，自主隔绝于社会生活，因而具有事实上的强制性。虽然欧盟有法律提出相对人应享有"拒绝接受数字化决策，要求人为干预"

---

① See：Cook County homeowner sues Zillow for low "Zestimate"，http：//www.chicagotribune.com/classified/realestate/ct-re-0514-kenneth-harney-20170510-column.html，访问日期：2017 年 12 月 3 日。

② 司晓、曹建峰：《论人工智能的民事责任：以自动驾驶汽车和智能机器人为切入点》，《法律科学（西北政法大学学报）》2017 年第 5 期。

的权利,但其仍停留在学理讨论阶段,①且自动化决策是为了应对海量数据以提高效率,由此可见,此种权利启动可能仍以自动化决策出现严重问题为前提。其三,保护相对人的信赖利益是由算法开发者和使用者承担算法解释责任的基础。合理信赖之保护的不断加强为法律现代化进程中的主线之一,②受害人基于信赖利益委托算法使用个人数据进行自动化决策。法律这样分配风险有助于形成人们对算法自动化决策的基本信任,而工业的发展、科技的研发等都需要一种信任模式的建立和良性运作。③

反对算法解释权可能源自担忧其限制技术创新降低社会效率。然而,算法解释权并非为了公平而牺牲效率的选择。效率价值可以体现在责任认定的具体规则上,或通过责任限额制度、保险制度与责任基金制度来分担责任,以防科技企业损失巨大无以为继。算法解释权的设立是保证基本公平的必然选择,现在无可用法律资源的情况下如不对自动化决策造成的损害提供救济,则受害人完全没有自我保护的可能性,这种受害人完全无助的境地显然是法律所应避免的,也是违背基本公平正义理念的。更何况算法解释权不仅可以救济受害者,也可能避免未来风险进一步扩大的状况出现。

基于以上讨论,人工智能发展迅猛而法律未及应对,商业自动化决策合同双方权利差距较一般的格式合同更为恶化,为衡平双方地位,应配置独立的算法解释权。除此之外,算法解释权是意思自治原则的必然推论,是合同信息不对称的矫正工具,也是对合同风险的合理分配。此番探讨引来下一个问题,如何设置算法解释权的内在构造与具体制度,以实现公平与效率的兼顾呢?

四 商业自动化决策下算法解释权的制度设计

如果说前文是算法解释权理论正当性和实践效用性的论证,即本部分则是

---

① Goodman B. W., A step towards accountable algorithms? algorithmic discrimination and the european union general data protection //29th Conference on Neural Information Processing Systems (NIPS 2016), Barcelona. NIPS Foundation. 2016.
② 马新彦:《信赖与信赖利益考》,《法律科学》2000年第3期。
③ 龙卫球:《我国智能制造的法律挑战与基本对策研究》,《法学评论》2016年第6期。

对具体制度设计的畅想。算法解释权确立满足了自动化决策领域基本的公平正义，此部分制度的设计则体现了对相关科技发展、效率等社会利益的考量。需要注意的是，算法解释权的内在构造、适用范围、行使程序等具体规则可根据人工智能等技术的发展而调整。当技术起步发展阶段，适当限定算法解释权行使的范围可偏于促进产业发展，这也是现阶段制度设计更应重视的价值；而当人工智能得到充分发展后，则应适度放宽行使的条件以偏重保护人的权利。

（一）算法解释权的内在构造

算法解释权的目的在于披露信息与提供救济，因此在构造算法解释权时既把为相对人提供救济作为首要目的，又要兼顾到保护算法使用人的创新、节约公共资源等因素，这就决定了算法解释权只能由具体决策的相对人在事后提起。算法解释权的内在构造从权利主体、解释标准、解释权内容层次三个方面展开。

1. 算法解释权的权利主体：自动化决策使用者与相对人

算法解释权的主体应为认为受到自动化决策不利决策的相对人，如经过算法评估不被雇佣的候选人、自动化信用评分体系下被拒绝批准贷款的相对人等。负有义务者为自动化决策的使用者，包括根据合同自动化决策的使用者如网络平台、保险公司、银行等，也包括使用自动化决策决定涉及资格、权利等事项的企业，如决策获得教育入学资格、雇佣合同续约资格等公司。需要指出的是，当算法的使用者无法提供解释时（如由于技术能力的限制），算法的开发者有义务进行协助，以为相对人提供具体决策的解释。

2. 算法解释权的解释标准：相关性与可理解性

那么，算法解释权的解释内容标准如何？对解释内容的顾虑主要在于，提供的解释是否应包括技术细节，答案显然是否定的。解释包括技术细节既不利于商业秘密之保护，又使相对人不能理解而无实际意义。技术上的可解释性如随机扰动技术[①]、不变形分析、可视化和维度降低，[②] 并非法律

[①] Zeiler M. D., Fergus R. Visualizing and understanding convolutional networks //European conference on computer vision. Springer, Cham, 2014, pp. 818–833.

[②] Mahendran A., Vedaldi A. Understanding deep image representations by inverting them //Proceedings of the IEEE conference on computer vision and pattern recognition. 2015, pp. 5188–5196.

上的可解释性之"有法律意义的信息"。如同患者对医生提出知情的具体要求并不等同于要知晓每一个具体的医疗事实一样。算法解释权不应以纯粹的技术知识作为解释的内容，不仅由于商业秘密和技术难度，也由于披露一切科技细节并不会有助于相对人得到救济，或增强对自动化决策使用者的信赖。出于救济的目的，解释的内容应符合两个标准：第一，具有相关性，即必须与相对人所受的具体自动化决策相关；第二，相对人能够理解，最终目的是证实自动化决策可资信赖。在此原则上，除了可理解性和相关性，应针对不同的自动化决策内容制定不同的解释标准，而非"一刀切"，涉及人的权利越加基本和重要，则解释内容的标准应该越高。

3. 算法解释权的双层结构：具体解释与更新解释

算法解释权以救济为要旨，故其具体内容应包括两个层次：第一层次为事后的具体解释，第二层次为事后更新解释。此外，还应对自动化决策者拒不提供解释或没有提供相对人满意的解释提供进一步协商和救济的选择。以上层次应为层层推进的关系，上一层次的解释完备后即排除下一层次的解释权利，以最大限度节约资源、提高效率，减轻自动化决策使用人的负担。

第一层次为事后的具体解释。这一层次使相对人了解具体决策的规则和因素，既可以排查具体决策适用的规则是否包含歧视性、非法性问题，又可以让相对人知晓具体不利决策做出的原因。在符合相关性和可理解性标准的前提下包括两个层面：第一层面，解释与具体决策相关的系统功能，例如自动该决策系统的逻辑、意义、算法设定的目的和一般功能，包括但不限于系统的需求规范、决策树、预定义模型、标准和分类结构等；第二层面，解释具体决策的理由、原因、产生决策结果的个人数据，例如每种指标的功能权重、机器定义的特定案例决策规则、起参考辅助作用的信息等。①

第一层面举例而言，银行使用公民数据（如纳税记录、收入记录等）对用户进行信用评级，从而决定是否发放信贷。对于这种信用评分的自动化决策，用户可以申请让信贷公司或算法提供者解释算法的功能和通用的

---

① 龙卫球：《我国智能制造的法律挑战与基本对策研究》，《法学评论》2016年第6期。

逻辑（比如参与决策的数据类型和特征以及决策树的类别）、算法的目的和意义（进行信用评分以发放贷款）、设想的后果（可能影响信用记录、影响利率）。在第二个层面，用户可以要求解释具体决定的逻辑和个人数据的权重，例如用户的信用评分结果参考了哪些数据以及这些数据在决策树或模型中的权重。第一层面的信息类似行政复议中对行政决定的合法性审查，通过对算法决策的基本情况的了解，用户有权知晓算法是否合法，是否包含歧视因素等。而第二层面的审查类似行政复议中对行政决定的合理性审查，即每个数据在评分中所占的比重是否合理。否则，如果一个人被互联网信贷公司拒绝，他被告知，算法充分考虑了他的信用记录、年龄和邮政编码等信息，但此人仍然不清楚每种因素所占比重和具体哪个因素导致自己被拒绝，解释权便形同虚设。

第二层次为事后的更新解释。相对人在知晓有关不利决策的原因后，有两种选择：一是发现不利决策是由算法错误引起的，则可以要求算法使用人对自动化决策进行修正；二是发现不利决策是由使用的数据造成的，要么则可以更新数据（提供正确或删除错误数据）要求重新自动决策，或者退出自动决策。

第一种情况下，如果相对人发现不利决策是由算法引起的，如求职被拒者发现算法歧视年轻女性，则可以要求算法使用人更新自动化决策的算法。以事后救济为目的的算法解释权，必然包含了使权利状态回复公平正义的事后更新的请求权。第二种情况下，算法是根据历史数据做出的，如果相对人发现算法使用的历史数据有误，应有权提供正确数据，或消除错误数据的不利影响，要求重新做出决策，或者退出自动化决策。如前文的美国二手房销售网 Zillow 站被顾客起诉其自动估价算法 Zestimates 严重低估了顾客的房产价值，给其二手房销售造成了严重障碍的案件，[①] 如果发现是算法使用了有关该房产的错误数据而造成房价被低估，用户可以要求更新正确数据。如果此番解释仍不能使估价回归常态，用户有权要求退出自动

---

① See：Cook County homeowner sues Zillow for low "Zestimate"，http://www.chicagotribune.com/classified/realestate/ct-re-0514-kenneth-harney-20170510-column.html，访问日期：2017 年 12 月 3 日。

估价的决策。应注意的特殊点是，这种退出自动化决策的否决权的行使应受到一定限制，即在前两个层次的解释权都无法解决的情况下方可适用。但此种退出决策的否决权十分必要，在相对人遭受不公又无法解决时，应提供其不受自动化决策的权利。类似的情况是，当病人在了解摘除肿瘤或器官移植等医疗手术风险后，决定接受医生的手术，这并不意味着病人一定有义务完成手术，即使手术中病人仍可使用否决权要求终止手术。

算法解释权内部的配置和内在构造属于基本的制度设计，应设有开放空间，给未来具有智能性的算法预留有一定程度法律地位的可能性。考虑到现阶段为相对人提供救济的必要性和紧迫性，应同时考虑权利实施中的具体规则，使此种权利能够尽快落地，实现从权利到利益的转化。

（二）算法解释权的适用限制

算法的应用极为广泛，从百度的搜索结果排名到视频网站的定制广告，并非所有的算法都应适用算法解释权。对算法解释权的适用不仅应从使用者和使用方式出发考虑，还应从对相对人的影响方面进行限制。

1. 算法解释权适用应限于评价类算法

从算法的分类看，算法解释权应适用于所有评价类算法。根据学者对算法的分类①以及现有算法功能的基本归纳，可将算法大致做以下分类，具体见表1。

表1　算法分类及相应功能

算法功能	应用类型	实例
优先排序	搜索引擎、问答类服务	百度、知乎、Google
分类	声誉、信用评分及社交评分	大众点评、支付宝、芝麻信用
相关性	预测发展和趋势	视频推荐、犯罪预测
过滤	邮件过滤、推荐系统	头条新闻、垃圾邮件过滤系统

需要强调的是，这种分类仅仅是从规制意义上对算法功能进行的大致

---

① Diakopoulos N., "Algorithmic accountability: Journalistic investigation of computational power structures", *Digital Journalism*, 2015, 3 (3), pp. 398 – 415.

分类，并未涵盖所有算法功能以及算法的类型。其中评价类算法通过历史数据对财产、声誉、人的资格直接进行评价或排序，算法将人或财产置于评价体系内排序，根据与标准的比较得出结果，文中所提到的案例包括价格估算、福利发放、贷款评估、教师资格评价等绝大多数属于评价类算法。由于评价类算法自动化决策结果直接关系到相对人的得失，有经济上或者法律上的直接影响，故而评价类算法均适用算法解释权，如 Yelp、大众点评之类的网站对商家的评分和排序直接关系到商家客流量，二手房估算网站 Zillow 的价格估算也直接关系到用户出售的价格。如果使用的评价类算法直接涉及资格（教师资格评分）、机会（贷款或雇佣），毫无疑问其更应适用算法解释权。

其他的算法自动化决策并非对相对人没有直接影响，如社交媒体 Facebook 可能推荐热点新闻，淘宝等网站可能分析用户信息以推送定制广告。但此类自动化决策对用户权利影响甚微，且可以通过用户的自主行为调整和改变（如用户自行搜索其他结果就可能改变推送内容），故而出于节约社会资源的考虑暂不予配置算法解释权。

2. 算法解释权适用应限于"自动化"决策

适用算法解释权的自动化决策应主要为算法的"自动化"决策，即未达到人类参与决策的必要程度。对于纯粹的算法自动化决策结果应赋予相对人解释权，那么是否只要有人参与决策就可以不必配置算法解释权呢？欧洲《通用数据保护条例》提出，算法解释权仅限于"完全基于自动化决定的处理"，即只要有人参与决策过程都意味着其不再是"自动化"决策，即不应适用第 22 条有关算法解释权的规定。① 此项规定未免过于绝对且流于

---

① 人的参与是否排除算法解释权的适用的问题在欧盟的立法中也经历多次反复。在最早欧洲《通用数据保护条例》GPDR 中欧洲议会（EP）草案提案的第 20（5）条提出只要"主要"由算法自动化决策即可使用算法解释权，（"有关资料主体的权利或自由不得单独或主要基于自动处理，而应包括人类评估……"）。但是到了正式公布的 GPDR 版本中，欧盟委员会（EC）则变成了"完全基于自动化处理的决定"。欧洲议会（EP）比欧盟委员会（EC）更希望严格限制自动化决策，可是最后文本中"主要"的主张并未被采纳，只有严格的"单独"的自动化决策有未来适用的可能。参见 Sandra Wachter, Brent Mittelstadt, "Luciano Floridi: Why a Right to Explanation of Automated Decision-Making Does Not Exist in the General Data Protection Regulation". *International Data Privacy Law*, 2017, 7 (2), pp. 76–99.

形式主义，可以想见其将会导致很多自动化决策使用者设置人在"临门一脚"的位置来规避算法解释权。适用算法解释权的自动化决策不应以形式为标准，而应该取决于人的参与是否达到必要程度。

那么何为人对决策的参与达到了"必要程度"呢？在此首先应判断算法的作用。如果算法负责准备决策的依据或证据，则不属于自动化决策。但如果人最终完全采纳了算法自动化决策给出的建议，并未对决策做出任何人为的干预，如验证、修改或者更改决定的行为，则显然有理由将其作为自动化决策。举例而言，CT、核磁共振等医疗器械在扫描人体后，机载电脑会根据图像给出诊断建议，但仍需医生阅读报告并给出诊断后，方依照此诊断进行治疗。在此种情形下，则是算法为人为决策提供证据，但如果医疗器械扫描后直接开出处方，则为算法的自动化决策。

在判断自动化决策是否应适用算法解释权的问题上，应本着宁严勿纵的原则，因为人对计算机的本能依赖与决策惰性已经在心理学研究中得到了广泛证实。人类极容易受到"自动化偏见"的影响，指的是即使人能够认识到情况需要另外一种选择，也更倾向于计算机判断。[1] 据研究，算法的自动化决策系统使用"超级推理"，能够以微妙而有效的方式塑造用户的感受和行为，破坏个人的独立判断力。[2] 判断过于关注人是否参与这一点可能造成损害实质正义的结果。

3. 算法解释权适用应限于重大影响之决策

适用算法解释权的自动化决策必须对相对人具有法律效力或重大影响。[3] 算法自动化决策广泛应用早已对人类生活方方面面产生影响，但本着效率原则，算法解释权适用应限于对相对人产生重大影响的自动化决策。

对当事人产生法律效力较为容易判定，即对当事人具有法律上的直接影响，此类判定根据法律规定即可。例如自动化决策是否批准当事人的假

---

[1] Carr N., The glass cage: Where automation is taking us, Random House, 2015.

[2] Yeung K., "Hypernudge": Big Data as a mode of regulation by design, *Information, Communication & Society*, 2017, 20 (1), pp. 118 – 136.

[3] Mario Martini, "DS-GVO Art. 22 Automatisierte Entscheidungen im Einzelfall einschließlich Profiling" in Boris P. Paal and Daniel Pauly (n 32). 转引自 Sandra Wachter, Brent Mittelstadt, Luciano Floridi: Why a Right to Explanation of Automated Decision-Making Does Not Exist in the General Data Protection Regulation. *International Data Privacy Law*, 2017, 7 (2), pp. 76 – 99.

释申请，判断当事人获取福利的资格。但是一些公认对相对人具有较大影响的自动化决策，如在线信用卡申请和自动化招聘，后者对相对人的影响是拒绝相对人签订合同，很难谓之为具有法律效力，此类自动化决策可以归类为具有"重大影响"。"重大影响"的判定应考虑多种因素，尤其是对相对人不利的决策是否具有"重大影响"还应结合当事人的具体情况，如拒绝批准贷款对经济条件较差的人可谓重大影响，对相对经济条件较好的人则可能不构成重大影响。此外，还应结合自动化决策是否具有可替代性来判断，如果做出自动化决策的算法使用者垄断程度较高，则更易被判断为重大影响，而如果具有较强可替代性则不构成。自动化决策具有"重大影响"的标准应结合实践逐步依靠判例发展规则体系。

综上，适用算法解释权的自动化决策应为对相对人具有法律效力或重大影响的，人类参与未达到必要比例的评价类算法。以上适用条件的限定，既提供给相对人以救济，又能防止算法解释权的滥用给自动化决策使用者增加过多负担。

（三）算法解释权的行使问题

算法解释权对于自动化决策使用者是一种法律上的不利负担，故应遵循法定的程序。庞杂程序的制度设计不是本文目的，仅在此列举几点基本构想。

1. 算法解释权的先行处理原则

算法解释权的行使应秉着算法使用人先行处理的原则。从行为动机上说，自动化决策的使用者的相对人一般数量甚巨，出于避免出现大规模集体诉讼与自动化决策效率优化的需要，有动机进行自动化决策算法的纠错与调试。从能力上说，算法使用人与算法开发者对算法的规则、设计更为了解，也较司法机关能够更快地为相对人提供解释与数据更新。设立算法使用人先行处理的原则，一方面可以要求当事人现行协商解决之后再进入司法程序，减少司法负累，另一方面方便当事人可以不经过烦琐的司法程序获得算法决策的解释以及及时更新数据的权利。

目前的虚拟财产纠纷、电商平台消费合同纠纷等一般均由平台设置了内部的自治机制进行调节或由其根据内部规约做出解决纠纷的决定，这也是互联网自治的发展方向。但同时用户力量过于弱小,消费者权益容易被漠视等问题也日益凸显,单独依靠内部规约来解决算法解释权问题极其容易陷入与普通纠纷类似的境地。评价类算法实际上具有类似平台范围内"法律"类一般规则的地位,显然要比用户之间的纠纷更为重要。因此,算法解释权的请求如果想在制度上得到算法使用者的重视,还需在算法监管、算法透明度等方面加强对评价类算法的预先监管,以及完善算法解释权请求与诉讼的衔接制度。

2. 算法解释权的程序要素

算法解释权的程序要素包括相对人提出算法解释权请求的程序,自动化决策使用者履行义务的步骤、方法、形式等综合要素。[1]

算法解释权不应由相对人提起请求即启动,而应设置一定的启动程序以排除权利滥用。那么是否应由相对人举证自动化决策结果错误,以启动算法解释权呢?这样的启动方式对相对人的负担过于沉重。相对人或需提供自我的正确数据,或需找到条件相当的其他自动化决策相对人以证明有错误可能。而这两种启动方式要么需要相对人大致了解算法自动决策使用的数据和决策路径,要么花费时间精力调查其他人的情况。应设置满足前文的三个适用条件的情况下,相对人举证对自身有法律效力或重大影响,即可提起算法解释权。

相对人提起算法解释请求权后,自动化决策者有没有停止原行为的义务呢?既然算法解释请求权为质疑结果的请求权,自动化决策自不存在停止的意义。但基于自动化决策而生的状态,或暂停服务,或取消资格等行为,应推定其为合理而不要求因算法解释权的提起而停止,直到生效判决推翻自动化决策。

自动化决策者提供的算法解释与决策原因应为书面形式,并规定法定期限。一定的法定期限一方面可以督促决策者尽早履行解释义务,另一方面可使相对人在前置程序无法得到解释的情况下寻求诉讼路径的救济。书面解释应达到具有可理解性、相关性,即具有法律上的意义,不符合法定标准的书面解释等同于未提供解释。

---

[1] 马怀德:《行政机关赔偿协议程序》,《法律适用》1994 年第 2 期。

3. 算法解释权的举证责任

举证责任是加诸当事人的不利负担,其分配在一定程度上决定了案件结果。在现有的少数案件中,自动化决策的相对人或基于用户协议,或基于行政机关要求均需承担自动化结果错误的举证责任。考虑到相对人对自我正确数据的调用能力较算法使用者更高,应要求相对人提供正确数据,但证明标准达到决策存疑即可,而不应为决策错误,因为证明决策错误对相对人加诸的举证责任过重。算法解释权的内容包含要求对算法本身合法性和合理性的审查,类似于因具体行政行为提起诉讼后,对抽象行政行为的附带性审查。应考虑将证明算法合法、合理、无歧视的责任分配给自动化决策的使用者和设计者,因为如果自动化决策具有歧视性,则需要多个自动化决策作为数据集才能得出歧视的结论。

算法解释权行使的程序设计需充分考虑自动化决策相对人在技术和力量上的弱势地位,不宜为其分配过多的程序性义务。此类设计在程序上可参考行政诉讼的程序,将自动化决策使用者地位类比行政机关进行设计。除司法机关之外,算法具体决策的理由和情况的解释,应专门为审计算法创建监管机构,辅助司法部门为相对人提供专业技术帮助。

不同的制度具有不同的价值目标取向,而引导确定制度价值目标取向的基因是它所要弭息的法律争议的性质。算法解释权是在产业发展效率和相对人保护平衡原则指导下的制度设想,虽然其具体规则设计并非本文篇幅能够胜任,但其目标的内容应分解消融在未来每一项具体制度设计中。算法解释权具体规则面临着重重障碍,从技术方面来看,机器自动深度学习使得算法决策日益"黑箱化",从制度方面来看,商业秘密、知识产权仍有重重限制,从经济方面来看,各国都在发展人工智能产业,也都不倾向于为其施加义务。如何在这些阻力下,设计出兼顾各利益相关方的具体制度,是对立法者和司法者智慧的考验。

结论:实现人工智能时代个案中的公平正义

算法的法律规制是人工智能时代的重大法律问题,可同时考虑设置事前的风险防范机制和事后的问责制。现有思考多为事先机制,即提高算法透明度、设置机器伦理制度,让算法接受公众和专家机构的质询和评估。然而涉及事后监管的算法问责制时,复杂的智能和自主技术系统的法律地位问题与更广泛的法律问题交织在了一起。[①] 机器深度学习等技术不断提升,算法的自主性和认知能力不断增强,自动化决策的可解释性、因果关系等因素,都使算法问责制面临制度设计的困境,但算法的问责制更能够有效地确保为造成的损害分配法律责任,对一个个具体受到自动化不利决策的个体来说,算法问责制可以彰显个案中的公平和正义。

算法问责制应是一个由多种权利构成的权利束,而事后的算法解释权是最为核心和必要的一支。本文就是为了应对自动化决策广泛应用,而相对人权利无从救济的困境,对算法解释权的正当性从私法领域进行了理论证成。在穷尽现有法律资源仍无法实现救济功能的情况下,算法解释权作为人工智能时代风险分配的方式和对算法权利的规制,具有不可替代的实践效用性。这样的算法解释权的内在构造具有独特的内容要求和双层架构,并且其适用范围、行使程序等具体制度均应在兼顾效率和公平的原则下进行设计。人工智能和算法的知识具有较强的专业技术性,且在短期内无法广泛普及,我国互联网法院的设立开启世界互联网司法先河,对于未来算法解释权相关纠纷也是较佳的解决思路。可考虑设立专门的互联网法院且由专门的算法技术机构予以协助,使算法解释权从制度设计到具体实施得以实现。

[①] 美国时间 2017 年 12 月 12 日上午 9 点,电气电子工程师协会(IEEE)于全球发布了第 2 版的《人工智能设计的伦理准则》白皮书("Ethically Aligned Design"V2),其中提到了算法问责制的法律框架,提到自动化决策时,指出政府和行业利益相关者应该确定哪些决策和操作决不能委托给这些系统,并制定规则和标准,以确保人类能够有效地控制这些决策,以及能够有效地为造成的损害分配法律责任。http://standards.ieee.org/develop/indconn/ec/autonomous_systems.html,访问日期:2017 年 12 月 13 日。

网络安全漏洞挖掘的法律规制研究[*]

赵精武[**]

摘　要：网络安全漏洞的挖掘、披露、交易、修复日益成为各国网络安全治理的中心议题。"袁炜案"直接表明了我国现行法对网络安全漏洞挖掘行为的否定性态度，《刑法》第285条前两款对善意黑客的漏洞挖掘行为构成了不当限制，应当通过《网络安全法》第26条对其在漏洞挖掘领域的适用进行严格的限缩解释，并围绕《网络安全法》从立法论的角度重塑漏洞管理机制。在充分考虑网络安全漏洞自身动态性、复杂性、开放性的基础上，从国家安全的高度把握漏洞挖掘治理，健全漏洞挖掘立法体系；完善漏洞库并配套漏洞评级机制；明确公私合作框架，对挖掘主体进行备案；在遵循现有实践的基础上对挖掘行为分级授权，并进一步强化漏洞的跨境流动应对。

关键词：网络安全漏洞　善意黑客　漏洞挖掘规制　挖掘主体备案

A study on thelegal regulation of Cyber-Security vulnerabilities in China

Zhao Jingwu

Abstract：The exploration, disclosure, transaction, and renovation of Cyber-

---

[*] 本文原载于《暨南学报》（哲学社会科学版）2017年第5期。本论文系中国法学会部级项目"安全防范信息的采集与利用相关法律问题研究"，项目号：CLS（2016）C13，国家社科基金重大项目"信息法基础"（16ZDA075）阶段性研究成果。

[**] 赵精武，北京航空航天大学法学院网络信息安全方向博士研究生（计算机学院联合培养），研究方向为网络安全法、民商法。

security vulnerabilities has increasingly become a central issue of Cyber-security governance. As private citizens identify software flaws and vulnerabilities, it is important that there is a legal means to allow them to positively contribute to security without threat of criminal penalization. The "Yuan Wei case" has shown the negative attitude Chinese criminal law has towards private citizens exploring Cyber-security vulnerabilities. Subsection 1 and 2 of Article 285 of Criminal Law outlines improper restrictions to the vulnerability exploration of ethical hackers. However, Article 26 of the Cyber-security Law-which outlines the application and scope of vulnerability exploration-should be used to remodel and improve the mechanisms for vulnerability management. Therefore, we must consider the dynamics, complexity, and openness of cyber security vulnerabilities; grasp the governance of vulnerability exploration; improve the legislative system of vulnerability exploration from the height of national security; perfect the vulnerability database and match the vulnerability rating mechanism; clarify the public-private cooperation framework, and disclosure procedure; authorize whom has access to exploration levels according to standard practices; and further strengthen the cross-border flow response to vulnerabilities.

Keywords: Cyber-security vulnerability; ethical hacker; regulation of Cyber-security vulnerabilities; Notification of vulnerability miners

一　问题的提出

（一）网络安全漏洞挖掘关乎国家安全

互联网正在逐渐摆脱其最初的工具、渠道、平台属性，逐渐转变为异常复杂的网络空间。按照搜索引擎爬虫是否可以检索或通过超链接的形式访问，互联网分为表网（Surface Web）和暗网（Dark Web）两层，作为互联网"蛮荒地带"的暗网中充斥着大量待价而沽的高风险网络安全漏洞，[①]

[①] The real deal market. https://www.deepdotweb.com/marketplace-directory/listing/therealdeal-market/, last visited on Jan. 3, 2017.

一些著名网络安全公司雇员甚至沦为"数据掮客",以贩卖高风险漏洞给其他国家和极端组织作为营利手段。网络安全漏洞利用已经成为国家间网络安全攻击行为的暗战场。① 在此背景下,"瓦森纳协定"② 将漏洞视为一种"潜在武器"进行监管,其规定:"参与国不得随意进出口利用漏洞设计规避政府系统监测以及修改系统或用户信息的软件。"③ 要知道,一个高风险的漏洞足以对国家安全造成毁灭性打击,典型的案例如2003年微软公布的冲击波病毒④、2010年伊朗核电站所遭遇的"震网"(Stuxnet)病毒袭击、2012年微软曝出的0Day漏洞已经被黑客利用并实施恶意挂马攻击。⑤

所谓网络安全是指,"保护信息和信息系统不受未经授权的访问、使用、披露、破坏、修改或者销毁",以确保信息的完整性、保密性和可用性。⑥ 网络安全包含信息系统权限获取和数据泄露两个层面,事实上,这主要来自于网络安全漏洞的发现与利用,不同类型的漏洞获取意味着不同等级系统控制权的取得和风险数据的攫取。以管窥豹,网络安全漏洞治理在网络安全保护中居于牵一发而动全身的核心地位,贯穿了国家、社会、个人多个层次法律利益,其泄露势必对国家安全、公共安全及社会稳定造成极大的破坏和挑战。因此,无论是出于对关键基础设施保护的目的,还是国家安全战略的需求,网络安全漏洞治理必将是各国网络安全治理与立法的核心命题。

---

① World War Zero: How Hackers Fight to Steal Your Secrets, https://www.nsslabs.com/company/news/media-resources/world-war-zero-how-hackers-fight-to-steal-your-secrets/, last visited on Jan. 3, 2017.

② The Wassenaar Arrangement on Export Controls for Conventional Arms and Dual-Use Good and Technologies, http://www.wassenaar.org/control-lists/, last visited on Jan. 3, 2017.

③ "Intrusion software", See The Wassenaar Arrangement on Export Controls for Conventional Arms and Dual-Use Good and Technologies, http://www.wassenaar.org/control-lists/, last visited on Jan. 3, 2017.

④ Blaster (computer worm), http://www.cert.org/historical/advisories/CA-2003-20.cfm, last visited on Jan. 3, 2017. 该病毒高频运行会使得系统操作异常、不停重启,甚至导致系统奔溃。

⑤ 微软漏洞, http://www.9512.net/read/9001777-9330838.html, 最后访问日期:2017年1月19日。

⑥ 转引自刘金瑞《我国网络关键基础设施立法的基本思路和制度建构》,《环球法律评论》2016年第5期。Federal Information Security Management Act, 44 USC §3542 (b) (1). 在美国版权法的某些条款中,将"信息安全"界定成"为了确定和解决政府电脑、电脑系统或者电脑网络漏洞而采取的行为", Copyright, 17 U.S.C. 1201 (e), 1202 (d).

（二）网络安全漏洞的概念分析

网络安全漏洞（Computer Vulnerability）指的是存在于计算机网络系统中，可能对系统组成部分和数据造成损害的一切因素，其存在于硬件、软件、协议的具体实现或系统安全策略多个维度。[①] 当前学术界、产业界并未对其概念达成共识，学界多有从系统安全、主体安全、物理缺陷的角度分析漏洞的属性。[②] 笔者认为，网络安全漏洞本质是软件或者系统的逻辑缺陷所导致的错误，可以使攻击者在未经授权的情形下访问或者破坏，网络安全漏洞应以软件漏洞的防范为核心，网络安全漏洞不同于病毒，以"震网"（Stuxnet）病毒为例，每一次网络安全漏洞的发现就意味着有被病毒恶意攻击的可能。可以说，网络安全漏洞的发现是计算机病毒入侵的直接原因，计算机病毒的传播和复制往往以网络安全漏洞存在为前提，二者存在时间节点上的差异。

作为网络安全治理核心命题的网络安全漏洞具有内生动态性、聚焦性、潜伏性的特点。当前漏洞的威胁阶段不断提前，从应用污染、系统污染逐渐向作为源头的供应链污染转移（如XcodeGhost污染事件[③]）。网络漏洞安全也在伴随着网络安全发展不断迭代升级，现在已经并非囿于技术条件限制和系统缺陷的软件或者系统的逻辑错误，随着云计算、物联网、移动互联网技术的风起云涌，开始呈现多种新型错误类型，并已经逐渐形成了逻辑错误、环境错误[④]、配置错误[⑤]的多元发展模式，今后还要不断应对频发的新型漏洞问题。从利用方式上来看，其具有动态性、潜伏性的特点。网

[①] "网络漏洞"，百度百科，载 http://baike.baidu.com/link? url=0qp8d6LJyHPuteQ-MZJRRC5-XlErqQPDxvgDb1lHCPkDF_TY8PhPZ0ywChWC82UIq-AKS70VivQgJ0WFYHcVxsQ3sCjR6zQaAp-GuXhVyWD7dnfzUveGfoLp4zhInoUtp6，最后访问日期：2017年1月3日。

[②] 较为详细的论述，可以参见汪贵生、夏阳《计算机安全漏洞分类研究》，《计算机安全》2008年第11期。

[③] DAN GOODIN, Apple scrambles after 40 malicious "XcodeGhost" apps haunt App Store, http://arstechnica.com/security/2015/09/apple-scrambles-after-40-malicious-xcodeghost-apps-haunt-app-store/, last visited on Jan. 3, 2017.

[④] 环境错误是指没有能够正确处理运行环境所造成的错误模式。单国栋、戴英侠、王航：《计算机漏洞分类研究》，《计算机工程》2002年第10期。

[⑤] 程序配置错误是指在硬件和软件资源组合的过程中，计算机系统配置出现问题，主要表现在程序安全错误、参数设置错误、访问权限错误等表现形式。

络安全漏洞正在从静态的被动攻击向主动攻击转化，从传统的网络钓鱼，拒绝服务攻击（DDOS）使得目标瘫痪转变为高风险持续性攻击（Advanced Persistent Threat），大量的高风险漏洞不易发现，具有潜伏性的特点，微软打印机和文档打印漏洞 Windows Print Spooler 潜伏长达二十年之久。[①]

（三）我国现行法对网络安全漏洞挖掘的否定性态度——以袁炜案为例

网络安全漏洞主要通过渗透测试的方式获取，1980年美国密执安大学的 B. Hebbard 小组第一次采用"渗透分析"（Penetration Analysis[②]）方式，运用漏洞检测软件成功发现了系统程序中的大量逻辑错误漏洞。

当前世界范围内，漏洞挖掘以黑客群体为主，黑客分为善意黑客（Certified Ethical Hacker）和恶意黑客。善意黑客又被称为"白帽子"，指识别计算机系统或者应用安全漏洞的网络安全技术人员，其由来自社会不同背景的黑客技术网络安全精英组成。"白帽子"采取渗透技术手段和黑客攻击方法寻找系统中存在的漏洞，在发现漏洞后向平台和被测主体反馈并发布，敦促被测主体尽快修补漏洞，维护网络安全。"白帽子"群体正在逐渐成为我国网络安全漏洞挖掘的主力军，据《2016年中国互联网安全报告》可知，民间"白帽子"黑客组织所挖掘的漏洞比高达45%[③]。

[①] 黑客可以利用这个漏洞进入恶意修改的驱动程序，可以将打印机、打印机程序或者任何伪装成打印机的联网装置变成内置工具包，一经连接设备便会被感染，恶意软件不仅可感染网络中的多台机器，还能重复感染。DAN GOODIN, 20-year-old Windows bug lets printers install malware—patch now, http://arstechnica.com/security/2016/07/20-year-old-windows-bug-lets-printers-install-malware-patch-now/, last visited on Jan. 3, 2017.

[②] Hebbard B., Grosso P., Baldridge T., "A Penetration Analysis of the Michigan Terminal System", Acm *Sigops Operating Systems Review*, Vol 14. 1980, pp. 7–20.

[③] 2016年，国家网络安全漏洞共享平台（CNVD）共收录通用软硬件漏洞10822个。其中，高危漏洞4146个（占38.3%）、中危漏洞5993个（占55.4%）、低危漏洞683个（占6.3%），各级别比例分布与月度数量统计如图所示。较2015年漏洞收录总数8080环比增加34%。2016年，CNVD前台接收白帽子、国内漏洞报告平台，以及安全厂商报送的原创通用软硬件漏洞数量占全年收录总数的17.8%，成为2016年漏洞数量增长的重要原因。在全年收录的漏洞中，有2203个属于"零日"漏洞，可用于实施远程网络攻击的漏洞有9503个，可用于实施本地攻击的漏洞有1319个，http://www.cnvd.org.cn/webinfo/show/4040，访问日期：2017年2月3日。

通过"白帽子"袁炜挖掘漏洞被抓、乌云平台被关闭可窥知，我国现行法对漏洞规制尤其是作为关键环节的漏洞挖掘持否定性评价，对民间善意黑客（白帽子）自发组织的漏洞挖掘行为呈现出一种重刑主义的倾向，①这一事件引发了激烈的讨论，"白帽子"挖掘安全漏洞的法律界限在哪里，如何免责？

袁炜是乌云漏洞平台的一名"白帽子"，2015年12月3日，其通过SQLmap软件对世纪佳缘网站缓存区溢出安全漏洞进行扫描检测，发现该网站存在造成数据泄露的高危漏洞。袁炜检测确认后，将此网络安全漏洞通过乌云平台提交给世纪佳缘网站。世纪佳缘网站在进行了确认、修复漏洞后，依循惯例向漏洞提交者致谢并给付了一定报酬。② 不久后，世纪佳缘网站向北京市公安局朝阳分局报案称其大量数据被窃取，据查花千树公司运营的世纪佳缘网站收到11个同一IP地址的SQL注入攻击，持续时间长达8小时40分钟，932条实名注册信息被窃取。2016年3月，袁炜因涉嫌"非法获取计算机信息系统数据罪"，被北京市公安局朝阳分局依法逮捕。

双方各执一词，公安部门认为，袁炜进行测试所使用的SQLmap软件属于黑客软件，袁炜所涉嫌的"非法获取计算机信息系统数据罪"指违反国家规定，侵入国家事务、国防建设、尖端科学技术领域以外的计算机信息系统或者采用其他技术手段，获取该计算机信息系统中存储、处理或者传输的数据，情节严重的行为。本案属于情节犯，此犯罪构成的认定标准为"获取身份认证信息500组以上"，袁炜获取的932条信息显然已经远远超过了500组。

在本案中，11个IP是否包含932条身份信息有赖于司法鉴定部门的进一步确认。根据技术中立理念，③ SQLmap属于常用的漏洞测试软件，其本质为自动化软件，一经设定，该软件将自动重复进行注入行为，自动化软件进行攻防测试是否可以成为入罪理由暂且不论，本案中最为核心的是，

---

① 方言：《漏洞如何管控？——世纪佳缘案聚焦黑帽白帽是非》，《中国信息安全》2016年第7期。
② 《白帽子处境堪忧：乌云与漏洞盒子双双关闭》，IT之家，载 http://www.ithome.com/html/it/242622.htm，最后访问日期：2017年1月3日。
③ 武万方：《论技术中立原则》，中南民族大学硕士学位论文，2015。

袁炜并未试图隐去测试的 IP 地址，而是以该地址持续进行 SQL 注入测试，在测试后主动将该漏洞报告给世纪佳缘网，毫无疑问这表明了袁炜的善意测试目的，这样一种并无社会危害性的行为直接入刑是否妥当值得深思。

二 网络安全漏洞挖掘的规制路径反思

（一）对既有挖掘规范的适用分析

我国《网络安全法》对漏洞问题的专门配套立法尚付阙如，当前我国漏洞挖掘的法律规制体系不健全，从表面来看已经形成了以《治安管理处罚法》与《刑法》为核心的二元制裁体系，但事实上仅有《网络安全法》[①]《国家安全法》[②]《刑法》[③]《治安管理处罚法》[④] 寥寥数个条文而已，体系零散，且对作为漏洞治理核心的漏洞挖掘行为规制的操作性不强，实践中多通过《刑法》第 285 条适用加以规制。

我国《刑法》第 285 条与第 286 条分别规定"破坏计算机信息系统罪"和"拒不履行信息网络管理义务罪"两款罪名，"白帽子"袁炜不同于传统黑客，传统黑客往往会基于其特殊的打击目的对计算机系统及内容进行修改和破坏，"白帽子"多以检测并获取漏洞为目标，一般不会对计算机系统造成致命打击，因此其行为多不涉及第 286 条，所以我们可以将视野聚焦于与善意

---

① 《网络安全法》第 22 条为对产品和服务漏洞的报告义务，第 25 条为网络安全事件应急预案制度，第 26 条是关于漏洞发现的法律规范，第 60 条和第 62 条是违反第 26 条的惩罚机制。
② 《国家安全法》第 25 条："国家建设网络与信息安全保障体系，提升网络与信息安全保护能力，加强网络和信息技术的创新研究和开发应用，实现网络和信息核心技术、关键基础设施和重要领域信息系统及数据的安全可控；加强网络管理，防范、制止和依法惩治网络攻击、网络入侵、网络窃密、散布违法有害信息等网络违法犯罪行为，维护国家网络空间主权、安全和发展利益。"
③ 参见《刑法》第 285 条、第 286 条规定。
④ 《治安管理处罚法》第二十九条规定："有下列行为之一的，处 5 日以下拘留；情节较重的，处 5 日以上 10 日以下拘留：（一）违反国家规定，侵入计算机信息系统，造成危害的；（二）违反国家规定，对计算机信息系统功能进行删除、修改、增加、干扰，造成计算机信息系统不能正常运行的；（三）违反国家规定，对计算机信息系统中存储、处理、传输的数据和应用程序进行删除、修改、增加的；（四）故意制作、传播计算机病毒等破坏性程序，影响计算机信息系统正常运行的。"

漏洞挖掘行为直接相关的刑事法律规定的《刑法》第285条前两款。①

事实上，我国对于漏洞挖掘的规制有一个变化过程。② 1994年，我国颁布了公安部牵头制定的《计算机信息系统安全保护条例》，笼统概括了对信息系统安全破坏的行政责任，责任较为轻微，侵害对象主要集中在与国家或者事业单位密切相关的计算机信息系统安全（第7条）。在吸收该条例思想的基础上，1997年颁布并实施的《刑法》第285条规定了非法侵入计算机信息系统罪。经过司法实践的检验与助推证明，该罪的保护对象和范围显得过于狭窄，明显与社会发展要求和计算机应用现状不相适应，且不利于有效遏制和惩处计算机犯罪。2009年2月28日，全国人大常委会发布《刑法修正案（七）》对该条规定做出了必要修正，分别将侵入特定计算机信息系统以外的计算机信息系统"采用或者其他技术手段，获取该计算机信息系统中存储、处理或者传输的数据，或者对该计算机信息系统实施非法控制，情节严重的"行为，以及"提供专门用于侵入、非法控制计算机信息系统的程序、工具，或者明知他人实施侵入、非法控制计算机信息系统的违法犯罪行为而为其提供程序、工具，情节严重的行为"，作为该条的第二款、第三款规定一并入罪，从而扩大了《刑法》的保护对象和范围。2012年《治安管理处罚法》对侵入计算机系统行为加以明确。至此，我国漏洞挖掘规制二元格局正式形成。

其中第一款为非法侵入计算机信息系统罪，是指"违反国家规定，侵入国家事务、国防建设、尖端科学技术领域的计算机信息系统的，处三年以下有期徒刑或者拘役。"本款表述意味着一旦侵入国家系统，无论是否具有主观恶意，直接认定构成本罪，本条行为犯的立场进一步强化了对国家关键基础设施的强保护理念。第二款为非法获取计算机信息系统数据罪和非法控制计算机信息系统罪置于一条进行规定，旨在表明对非国家系统的保护立场。

表面上来看，对《刑法》第285条、第286条的适用逻辑非常清晰，但司法实践中的态度却令人匪夷所思，笔者在检索裁判文书网后分析了自

---

① 第三款主要为帮助犯罪状，此处不予赘述。
② 顾忠长：《对〈刑法〉第285条规定若干问题研究》，《黑龙江省政法管理干部学院学报》2013年第3期。

2008年至2016年383个相关案例后发现，绝大部分黑客专门利用网络安全漏洞从事系统破坏行为，① 司法实践多直接适用《刑法》第286条加以规制，但部分黑客仅将漏洞利用行为作为其他犯罪的手段行为，② 触犯《刑法》第285条第一、二款的同时触犯其他罪名，多构成择一重罪处罚的牵连犯。这导致在漏洞利用规制问题上，直接适用第285条的案例数量相对较少，吊诡的是，《刑法》第285条在规制类似袁炜一样的善意漏洞挖掘行为却无任何法律障碍。易言之，本条变为针对善意漏洞挖掘行为的口袋罪。

《刑法》第285条第二款的两款罪名不同于第一款的行为犯，需要侵入计算机系统并获得数据或者控制计算机系统两个行为，并且要达到情节严重，方可构成本罪，对于情节严重的判断标准主要依据2011年出台的《最高人民法院、最高人民检察院关于办理危害计算机信息系统安全刑事案件应用法律若干问题的解释》的司法解释加以明确。③

经过前文对袁炜案的评析，可以考虑将问题聚焦，一个没有社会危害性的漏洞挖掘行为通过《刑法》第285条第二款进行规制是否具有合理性？笔者认为，当前我国与漏洞挖掘相关的法律规范太过强调事后救济，多以禁止性规定为中心，将情节和后果作为认定犯罪的依据，并不考虑袁炜漏洞挖掘行为人的社会危害性，这显然并不符合《刑法》的谦抑性特点。需要在考虑漏洞挖掘特殊目的的基础之上，对白帽子的身份属性、漏洞挖掘行为的边界加以明确。

（二）漏洞挖掘行为规制的域外经验

他山之石，可以攻玉，域外多采用"合同授权，法律保障"的模式对

---

① 比较典型的案例包括：李某某非法获取计算机信息系统数据罪（2016）渝0118刑初43号；邓某某非法侵入计算机信息系统（2016）豫0311刑初18号；王某、葛某某犯破坏计算机信息系统罪：（2016）浙1102刑初370号；施某等非法控制计算机信息系统（2015）渝北法刑初字第00666号；刘某破坏计算机信息系统罪：（2016）京0101刑初192号；段某某破坏计算机信息系统罪一案：（2016）京0112刑初239号。
② 比较典型的案例包括：张某、李某非法获取计算机信息系统数据及信用卡诈骗案（2015）包刑初字第00094号；杨某犯破坏计算机信息系统罪、伪造、变造、买卖国家机关公文、证件、印章罪一审刑事判决书：（2016）鲁0783刑初301号等。
③ 情节严重的识别主要通过2011年出台的《最高人民法院、最高人民检察院关于办理危害计算机信息系统安全刑事案件应用法律若干问题的解释司法解释》第一条。

"白帽子"的挖掘行为进行治理。欧盟对"白帽子"漏洞挖掘行为同样表示支持和肯定，2013 年通过《欧盟议会和理事会第 40 号指令》①规定，认为"白帽子"对于网络攻击以及与此相关的信息系统所造成的威胁和风险进行识别和报告的行为非常有助于应对网络攻击并提高信息系统安全。

与我国对"漏洞挖掘行为"一刀切的立法模式不同，域外国家多采用公私合作框架模式，漏洞挖掘平台与被测试系统软件所有者的互联网公司之间签订合同，较为细致地就挖掘方法、目标、漏洞报告进行授权。与此同时，采用法律许可的方式对白帽子的漏洞挖掘行为予以规范，比较典型的例子是 Heackerone 平台与美国国防部合作发起的"Hack the Pentagon"漏洞奖励计划。②事实上，美国绝大部分互联网公司均在 Heackerone 平台注册，授权"白帽子"对其公司的安全系统进行渗透测试。相应地，配套立法对这样的挖掘渗透行为予以明确，赋予"白帽子"黑客漏洞挖掘权限，豁免"白帽子"的善意挖掘行为，将漏洞挖掘人造成破坏的社会危害性纳入是否入罪的判断标准。

美国于 20 世纪 70 年代中期就启动了 PA（Protection Analysis Project）专门针对计算机操作系统的安全漏洞及脆弱性进行研究及 RISOS（Research in Security Operating System）计划。③近些年，美国部署了国家网络空间安全保护系统（The National Cybersecurity Protection System，简称 NCPS，俗称"爱因斯坦计划"），④旨在完善网络安全漏洞检测、入侵检测、入侵防御和安全信息共享。2015 年修订的《计算机欺诈和滥用法》第 1030 条规定，与计算机有关的欺诈及类似威胁活动包含的若干情形均以故意、违法和超出

---

① 《欧洲议会和欧盟理事会关于惩治攻击信息系统行为、替代第 2005/222/JHA 号框架协议的第 2013/40/EU 号指令》（Directive2013/40/EU of the European Parliament and of the Council of 12 August 2013 on attacks against information systems and replacing Council Framework Decision2005/222/JHA）
② "Hack the Pentagon" and Get Paid Legally in New Program，http：//abcnews.go.com/US/hack-pentagon-paid-legally-program/story？id＝37344423，last visited on Jan. 3，2017.
③ 单国栋、戴英侠、王航：《计算机漏洞分类研究》，《计算机工程》2002 年第 10 期。
④ National Cybersecurity Protection System（NCPS），https：//www.dhs.gov/national-cybersecurity-protection-system-ncp，last visited on Jan. 3，2017. 该计划旨在为联邦政府网络部署入侵检测系统和入侵防御系统。

授权为核心。① 同年美国最新通过的《网络安全信息共享法案》,② 在"网络安全威胁指标"项下明确了网络安全漏洞的类型、利用方法以及诱导信息系统合法用户在不知情的情况下造成安全控制或者系统被利用的情形。③

美国1998年的《数字千禧年版权法案》,第1201条第j项将安全测试④规定为允许行为人绕过计算机系统访问控制的例外情形,规定了以善意研究为目的的责任豁免情形。⑤ 行为人的善意测试行为可免责,这对于我国漏洞法律体系的完善具有非常重要的借鉴意义。

2012年《网络安全法案》更为详细地介绍了网络安全威胁合法披露的情形。第701条规定,在获得第三方授权的情况下,私人主体可以对其信息系统或者信息系统储存、处理和传输的信息进行监视,或者施加反制措施以保护该系统和上述信息的安全。⑥ 第702条允许私主体向其他主体披露其合法获取的大量网络安全威胁指标,但要求披露方及被告知方遵守相关主

---

① 具体来说,(1) 是指入侵国家机关的故意以未经授权、超越权限的方式进入计算机,获取下列信息:(A) 金融机构保管的金融记录,或15编1602条(n)款规定的信用卡发行人,或消费报告机构保存的消费者档案,以及其他《公平信贷报告法》规定的信息;(B) 美国任何政府部门与机构的信息;(C) 任何受保护的计算机的信息。(2) 故意未经授权进入任何美国政府部门与机构的内部计算机,或仅供该部门与机构使用的计算机,或一台曾经被美国政府部门与机构使用,但并非专用的计算机。明知并以欺诈的故意,未经授权或超越权限进入受保护的计算机,以此实施欺诈与获取任何有价值的信息,除非欺诈所得与获取的物品仅为使用该计算机,且该计算机的适用价值在1年内低于5000美元,也就是说,破解他人密码,并将1年租金低于5000美金的电脑据为己有,才不认为其是与计算机有关的欺诈行为。
② 18 U. S. C. § 1030 (a)。
③ Cybersecurity Information Sharing Act, S. 754, 114th Cong. § (6) (A) (B) (C) (D) (as passed by Senate, October 27, 2015.)
④ 《数字千禧年版权法案》第1021条规定:"(i):以善意研究为目的不违反包括《计算机诈骗和滥用(1986)》在内的有关法律。(ii):其中善意的研究,指的是进入系统的目的,仅仅是为了测试、获取。或者修改系统瑕疵或者漏洞。(iii):并规定了两种例外情形。A情形:在安全测试的过程中产生的信息,是否仅用于提升计算机、计算机系统、计算机网络所有人或操作人的安全水平,或仅直接分享给计算机、计算机系统、计算机网络的开发人员。B情形:在安全测试的过程中产生的信息,是否以不构成本法或其他法律规定的侵权行为的方式使用或存储,包括但不限于侵犯隐私权或计算机安全。"
⑤ 17 U. S. C. 1201 (j) (2) (2012) Permissible acts of security testing.
⑥ Cybersecurity Act of 2012, S. 2105, 112th Cong. § 702 (2012).

体所设定的合法限制。① 包括但不限于：披露的目的仅限于保护目标系统及数据安全；在披露相关安全威胁时确保不泄露相关数据的个人隐私；不将披露的威胁用以获取不正当的竞争优势。

欧美国家采用的"合同授权，法律配套保障"的方案，主要是考虑到"白帽子"群体并无恶意破坏系统、获取数据的犯罪动机和社会危害性。不同于欧美国家公私合作模式，在我国，被测试系统软件所有者并未与测试平台之间签订合同授权"白帽子"的挖掘行为，这意味着只有"白帽子"将漏洞提交给测试平台或者被测试系统所有者时，被测试主体方知晓该漏洞挖掘行为，此时被测主体享有是否追认的绝对权。若被测试主体拒绝追认，将直接导致挖掘行为人受制于《刑法》第285条的规定。吊诡的是，即便测试平台与被测试系统所有者签订挖掘授权合同，仍然存在违法的风险，因为该合同会因触犯《合同法》第54条第五款的"违反法律、行政法规的强制性规定"特殊规定而归于无效。易言之，无论被测试系统软件所有者是否与平台签订合同，抑或事后是否追认该挖掘行为，均不影响"白帽子"受《刑法》第285条的规制，这使得双方处于极其不对等的法律关系中，这也正是袁炜案备受诟病的核心原因。

（三）网络漏洞挖掘的一种解释论方案

漏洞挖掘主体受到不当处罚，一方面是因为我国目前针对网络安全漏洞挖掘的规范并不考虑行为人的犯罪动机；另一方面有其特殊的历史原因，《刑法》第285条设立及完善初衷在于大力打击新型的互联网犯罪，现在看来，过分侧重打击反而会对"白帽子"的善意漏洞挖掘行为构成不当限制。

《网络安全法》第26条②为漏洞挖掘行为的出罪提供了一种解释论可能，可以在不修改现有《刑法》的基础上限制《刑法》第285条对漏洞挖掘行为的适用。《刑法》第285条采用了空白罪状的立法技术："违反国家规定……"易言之，允许在违法性要件的判断识别过程中转介或参照适用

---

① Cybersecurity Act of 2012, S. 2105, 112th Cong. § 702 (2012).
② 第26条规定："开展网络安全认证、检测、风险评估等活动，向社会发布系统漏洞、计算机病毒、网络攻击、网络侵入等网络安全信息，应当遵守国家有关规定。"

其他法律规范,笔者认为,《网络安全法》第26条可以限制《刑法》第285条的不当适用,起到目的性限缩的功能,避免机械适用《刑法》对"白帽子"漏洞挖掘行为构成不当限制。

在此基础上,《网络安全法》第26条为网络安全漏洞治理提供了一种立法论思考的可能,对于漏洞挖掘的法律规制应当围绕该条款展开。漏洞治理包含漏洞挖掘、漏洞交易、漏洞评估预警、漏洞信息共享发布等多个环节,需要在未来制定《关键设施配套规章》或者《网络安全法(实施条例)》时,予以具体化、清晰化、制度化,重新塑造我国体系化的漏洞挖掘法律机制。

三 对完善我国网络安全漏洞挖掘制度的建议

我国网络空间安全战略再次重申,"建立完善国家网络安全技术支撑体系,加强网络安全基础理论和重大问题研究,加强网络安全标准化和认证认可工作,更多地利用标准规范网络空间行为。做好等级保护、风险评估、漏洞发现等基础性工作,完善网络安全监测预警和网络安全重大事件应急处置机制"。[①] 有鉴于此,应当从国家战略的高度把握网络安全漏洞制度构造,在配套规章或者修改相关法律时,以《网络安全法》第26条为中心展开,采用公私合作的治理框架,进一步完善漏洞数据库,明确网络安全漏洞评级机制,对进行漏洞挖掘"白帽子"、漏洞测试平台的主体地位加以明确,在遵循现有实践的基础上区分授权挖掘行为,并进一步强化漏洞的跨境流动应对。

(一)构建网络安全漏洞挖掘立法体系

网络安全漏洞挖掘治理,体现了一种技术治理的理念,其自身具有预防性治理的特点。具体表现为运用技术手段先于法律对互联网安全问题进行治理,以弥补纯粹法律适用所带来的滞后性问题。在网络安全漏洞立法过程中,应当把握"技术先导,法律配合"的理念。为漏洞挖掘治理预留

---

① 参见《国家网络空间安全战略》,http://www.cac.gov.cn/2016-12/27/c_1120195926.htm,最后访问日期:2017年1月19日。

一定的赋权空间，使作为"源头治理"的技术治理与法律手段共同配合、双管齐下，实现网络安全有序治理。

当前我国《网络安全法》规定仍较为粗放，在强调国家安全优先、政府主导与企业配合、保障网络公共秩序的基础上，一部《网络安全法（实施细则）》实有必要。实施细则可以考虑将较为成熟的实践经验予以法律化，将《信息安全等级保护管理办法》《CNVD漏洞安全响应指导规范》《信息安全等级保护管理办法》的部分内容上升为法律规范。

同时应当把握修法契机，在《治安管理处罚法（草案）》[①] 中，为"白帽子"的漏洞挖掘行为设置相应的免责条款，在草案第31条后增加第（六）款："对于经过当事人授权或在国家机关指导下的系统检测或软件测试行为，无需承担行政责任或刑事责任。"

完善利用漏洞跨国网络攻击的国际法应对。当前利用漏洞进行的跨国网络攻击日益频繁，针对我国关键基础设施和重要信息系统的漏洞攻击呈逐年上升的趋势，美国已经有专门针对恶意网络活动制裁的法律规范，奥巴马政府于2015年4月颁行《第13694号行政命令》（Executive Order 13694），宣布将针对美国实施恶意网络活动的主体予以制裁。所谓的恶意网络活动包括以下情形：显著破坏了美国关键基础设施；盗窃美国经济资源、商业秘密、个人身份信息或者金融信息以获得商业竞争优势、个人经济利益；破坏美国计算机网络或者为上述活动提供物质支持。[②] 对于利用网络安全漏洞发起的恶意攻击除了技术防范路径之外，还应当着重考量法律反制措施。

（二）完善国家安全信息漏洞库，配套漏洞评级机制

当前世界各国均建立漏洞库作为其网络战争的核心战略资源储备，2006

[①] 公安部关于《中华人民共和国治安管理处罚法（修订公开征求意见稿）》公开征求意见的公告，http://www.mps.gov.cn/n2254536/n4904355/c5604357/content.html，访问日期：2017年1月19日。

[②] 转引自刘金瑞《我国网络关键基础设施立法的基本思路和制度建构》，《环球法律评论》2016年第5期。E. O. 13694：Blocking the Property of Certain Persons Engaging in Significant Malicious Cyber-Enabled Activities, Federal Register, Vol. 80, No. 63, April 2, 2015, pp. 180747 – 18079.

年，美国政府建立了美国国家安全漏洞库（National Vulnerability Database，NVD），[①] 专门针对漏洞的名称、来源、CVE（Common Vulnerabilities & Exposures）标号、[②] CVSS 分数（Common Vulnerability Scoring System）[③] 等信息进行描述。美国将软件漏洞和操作系统的漏洞视为一种重要的战略资源，由联邦政府负责收集和管理，该漏洞库由国土安全部部署并提供建设资金，美国国家标准与技术研究院负责技术开发和运维管理，在全仿真的环境下进行实战操作，实时掌握网军的对抗打击能力，以便更新其防御措施。

《网络安全法》第 39 条规定："国家网信部门应当统筹协调有关部门对关键信息基础设施的安全保护采取下列措施：（三）促进有关部门、关键信息基础设施的运营者以及有关研究机构、网络安全服务机构等之间的网络安全信息共享。"网络安全信息共享制度核心内容为漏洞信息共享，一个完善、健全的漏洞库确有必要。2009 年 10 月 18 日，国家互联网应急中心牵头成立中国信息安全评测中心，联合其他安全厂商和用户成立的民间组织，负责建设运营维护国家安全漏洞资源管理库平台——"国家网络安全漏洞库"（China National Vulnerability Database of Information Security，CNVID），[④] 对外提供漏洞分析、通报服务。目前，CNNVD 通过社会提交、协作共享、网络搜集以及技术检测等方式，已积累信息技术产品漏洞 8 万余条，信息系统相关漏洞 4 万余条，相关补丁和修复措施 2 万余条。

笔者认为，由于 CNVID 拥有较为成熟的处理漏洞治理工作经验和快速响应能力，应当优先考虑由信息安全测评中心牵头完善漏洞数据库，并负责网络安全漏洞信息共享、评级、发布工作。对于漏洞评级机制的建立，可以将《CNVD 漏洞安全响应指导规范》中较为成熟的经验转化为法律规范。当前我国漏洞的分类方法过于繁多，按照危险系数和处置类型的分类

[①] National Vulnerability Database，https://nvd.nist.gov/，last visited on Jan. 3, 2017.
[②] CVE 并非一个独立的数据库，更像是把漏洞信息定为统一标准的组织，帮助用户在各自独立的各种漏洞数据库中和漏洞评估工具中共享数据，解决问题。例如：land 拒绝服务供给，构造伪造源地址等于目的地的 IP 数据包。
[③] CVSS 是指从基本评估、时效性评估、环境评估三个不同的方面进行综合评估得分，分数越高，漏洞的安全性越大。
[④] 国家网络安全漏洞库（CNNVD）发布《网络安全漏洞态势报告（2015 年度）》，http://www.myhack58.com/Article/60/76/2016/73654.htm，最后访问时间 2017 年 1 月 21 日。

方法值得借鉴。危险系数方法主要指按照漏洞的危险系数将其分为高危、中危、低危三等。按照漏洞的处置类型分类是指针对漏洞适用范围，将其分为事件型漏洞和通用软件漏洞两种。笔者认为，采用危险系数和处置类型双重标准评级比较妥当，可以保证涉事主体对漏洞安全有较为清晰的认知。具体来说，对于事件型漏洞仅公布涉事信息系统和涉事单位名称及危险系数即可，不必公布细节；对于通用软件漏洞应附期限公开，必要时将漏洞名称、等级、描述、评分、影响产品、参考链接等予以公布。且所有的漏洞评级工作必须在1~2天完成，并通知被测主体，以充分保证时效性。评级过后，应要求网络服务提供商配套"漏洞威胁响应机制"，制定完善的漏洞预警机制，确保网络安全漏洞的发现、评级、漏洞修复做到无缝衔接，全面维护网络安全。

（三）明确挖掘公私合作框架，建立挖掘主体备案制度

在完善漏洞库的基础上，网络漏洞安全挖掘应当坚持安全与发展并重，政府与企业应当加强联动协作，强化网络安全漏洞信息共享，并进一步完善平台监管责任、个人责任豁免。

我国《网络安全法》第22条和第25条分别规定了互联网企业的网络产品缺陷、漏洞报告义务和网络安全应急预案义务，当前，我国漏洞库的网络安全漏洞数量较少，依靠服务商群体显然难以支撑整个漏洞库平台，"白帽子"的价值正是体现了多方参与的优势。其通过测试软件系统后告知被测试系统潜在风险，并模拟漏洞被恶意利用时的各种危害情形。我国《网络安全法》第26条规定的网络安全漏洞挖掘主体并不明确，若依据《网络安全法》第62条责任条款进行体系解释可推知，漏洞挖掘参与主体并不局限于互联网企业，政府部门与个人同样包含在内，这在一定程度上为漏洞挖掘行为民间主体提供了合法性依据。

较为遗憾的是，《网络安全法》并未明确网络安全漏洞治理的负责机构和实现机制，对企业的激励也不够充分，建议在配套立法中增加授权政府与企业建立漏洞信息挖掘协作机制的规定，并完善网络安全漏洞信息共享机制，可以考虑参照域外Hackerone相关合作机制。漏洞挖掘测试和发布行为需要企业主导、政府监管，并且赋予"白帽子"挖掘行

为豁免机制。

具体来说，首先，应当明确网络安全漏洞测试平台的法律地位，需对漏洞挖掘平台资质进行审批，明确平台仅为网络安全漏洞的收集、报送、测试主体备案平台，不得任意对漏洞进行披露，发现高危漏洞应尽快向国家有关部门报备。

其次，进一步完善网络安全漏洞挖掘"白帽子"主体身份备案制度，采用漏洞挖掘平台资质审批制度与身份备案制度相配套，有助于监管部门更有效地防范"白帽子"私自贩卖漏洞等网络犯罪行为，应当充分考虑"白帽子"身份信息的匿名化保护。暴露挖掘主体的身份就意味着该"白帽子"存在被恶意攻击者监控或者窃听的风险，不符合漏洞挖掘实践需求，应将身份信息纳入国家保密体系，适用《中华人民共和国保守国家秘密法》的保密标准。

最后，为了使"白帽子"明确自身行为边界之所在，避免袁炜式悲剧再次上演，应当重新把握获取漏洞的方式并充分考虑挖掘工具手段合法性问题，需进一步明确"白帽子"在漏洞挖掘过程中的"最小伤害原则"和挖掘过程报告义务，其挖掘行为应将数据泄露和系统破坏程度降至最低，并且"白帽子"应对漏洞挖掘行为及其附带损害进行全过程记录，及时向权力机关报告。

（四）借鉴《信息安全等级保护管理办法》，区分漏洞挖掘分级授权

《网络安全法》第38条规定了关键基础设施运营者以年为单位的安全检测义务。[①] 实现关键基础设施安全可控的核心在于网络安全漏洞的挖掘和发现，当前网络安全漏洞呈现出井喷之势，每年一次的评估显然并不符合网络安全的实践需求，有必要对挖掘行为授权机制加以明确，确保多方参与网络安全维护工作。

对于挖掘行为授权机制的建立，可以考虑结合《信息安全等级保护管

---

① 《网络安全法》第38条："关键信息基础设施的运营者应当自行或者委托网络安全服务机构对其网络的安全性和可能存在的风险每年至少进行一次检测评估，并将检测评估情况和改进措施报送相关负责关键信息基础设施安全保护工作的部门。"

理办法》的既有实践,以等级保护作为切入点区分网络安全漏洞挖掘授权机制。根据信息系统受到破坏后所造成的损害范围不同,将挖掘行为分为禁止挖掘、许可挖掘和一般挖掘三种,进一步廓清"白帽子"漏洞挖掘行为的边界。

禁止挖掘指涉密的国家关键基础设施,指符合《信息安全等级保护管理办法》第7条第5级的情形。主要涉及《刑法》第285条第一款、《国家安全法》、《保守国家秘密法》第24条和第48条规定的涉密信息系统,例如一些涉及国家机密的大型服务器,对此类关键基础设施漏洞挖掘,应当以声明禁止挖掘为原则,许可挖掘为例外。

许可挖掘是指符合《信息安全等级保护管理办法》第7条的第3、4级情形。经国家机关授权,备案的"白帽子"可进行关键基础设施漏洞挖掘测试,许可挖掘的主体多集中于大型互联网公司的民用设施和部分非涉密关键基础设施,其挖掘有助于在系统安全性提升与被恶意追踪之间寻求平衡,许可挖掘不同于传统定向委托网络安全公司所进行的漏洞挖掘测试。

一般挖掘主要指的是符合《信息安全等级保护管理办法》第7条的第1、2级情形,对于关键基础设施之外的一些商业用途的网站和系统可以允许经过备案的白帽子进行普遍挖掘。

(五)强化网络安全漏洞的跨境流动应对,建立漏洞传输评估规则

《国家安全法》第25条将"加强网络管理,防范、制止和依法惩治网络攻击、网络入侵、网络窃密"作为一项国家安全义务加以确认。网络安全漏洞正在成为一种重要的国家战略资源,《瓦森纳协定》补充协定更是将零日漏洞等视为一种潜在的武器进行监管。[①] 以"震网攻击"为例,网络安全漏洞发现意味着一种攻击的可能性,其恶意利用足以对国家安全造成毁灭性打击,需要从法律制度上予以正视和回应。

网络安全漏洞与跨境数据流动密切相关,数据安全问题会因为各国数据空间主权观念的差别,或者数据法制、数据利益、数据安全保护观念的

---

① 方言:《漏洞如何管控?——世纪佳缘案聚焦黑帽白帽是非》,《中国信息安全》2016年第7期。

差异，导致相互之间在数据流动和国际合作方面呈现复杂性的特点。作为网络安全重要战略资源的漏洞，不同于一般数据，应当严格限制漏洞数据的跨境流动，参照《网络安全法》第37条[①]确立了跨境数据流动评估规则，在制定安全评估办法时充分考虑网络安全漏洞的特殊性，可以参照网络安全漏洞的危险系数和处置类型双重评级标准，对于高危、事件型漏洞应当禁止跨境流动，对于一般性、通用软件的漏洞可以在评估后允许其跨境传输。

---

① 《网络安全法》第37条："关键信息基础设施的运营者在中华人民共和国境内运营中收集和产生的个人信息和重要数据应当在境内存储。因业务需要，确需向境外提供的，应当按照国家网信部门会同国务院有关部门制定的办法进行安全评估；法律、行政法规另有规定的，依照其规定。"

交叉研究

智能机器人+人工智能创新创业的思考及建议[*]

王田苗　陶　永[**]

摘　要：将人工智能与机器人交叉融合的智能机器，有望作为创新创业的颠覆性突破口，在智能制造、军民融合、医疗康复、智能汽车、智能家居、消费娱乐等领域改变人们的生活。同时，"物联网+大终端"融合发展，有望对我国科技与产业的变革产生重要影响。分析国家的政策力量、知识的创新力量、资本的催化力量三个关键元素在智能机器领域的创新创业中发挥的重要作用。围绕机器人与人工智能领域的创新创业，阐述产品应用场景的重要性，应明确其为政府（G）、商业公司（B）还是消费者（C）进行服务的产品定位和发展目标。

关键词：机器人　人工智能　创新创业　智能机器　物联网+大终端　应用场景

Thoughts and Development Suggestions of Intelligent Robot + Artificial Intelligence in Innovation and Entrepreneurship

Wang Tianmiao, Tao Yong

Abstract：Intelligent machine that combines artificial intelligence and robot

---

[*] 本文原载于《科技导报》2018年第17期。
[**] 王田苗，北京航空航天大学机械工程及自动化学院教授、博士生导师；陶永，中国航空工程科技发展战略研究院副研究员。

technology, is expected to be a breakthrough in innovation and entrepreneurship. Intelligent machines will change people's lives in intelligent manufacturing, military – civilian integration, medical rehabilitation, intelligent cars, smart homes, consumer entertainment and so on. At the same time, the integration of "Internet of Things + Big Terminal" is expected to have an important impact on China's science and technology and industrial transformation. The three key elements of national policy power, innovation power of knowledge, and catalytic power of capital will play an important role in innovation and entrepreneurship in the field of intelligent robotics. In the field of innovation and entrepreneurship of robotics and artificial intelligence, the application of the product is extremely important, and it is necessary to clearly define the positioning and development goals for G (government), B (commercial company) or C (consumer).

Keywords：Robot; Artificial Intelligence; Innovation and Entrepreneurship; Intelligent Machine; Internet of Things + Big Terminal; Application Scenario

一 智能机器将出现拐点并在相关领域产生颠覆性影响

关于智能机器、人工智能和机器人技术之间的关系，可用一个公式进行表示：智能机器 = 人工智能（AI）+ 机器人技术（Robot Technology）。机器人由感知、决策与执行机构等部分组成，通常是一种机械平台、执行的载体，而人工智能通常是学习算法、神经网络等模拟人决策判断的软件。[1][2] 在"人工智能 + 机器人"紧密融合发展方面，未来 5~10 年将会出现拐点，在智能制造、军民融合、医疗康复、智能汽车、消费娱乐等领域产生颠覆

---

[1] 邓志东：《AI 机器人引燃"第四次工业革命"的导火索》，《机器人产业》2016 年第 4 期。
[2] 王田苗、陶永：《我国工业机器人技术现状与产业化发展战略》，《机械工程学报》2014 年第 9 期。

性的行业影响。①②

在智能制造领域，AI + Robot 相融合的智能机器，将会产生服务模式的颠覆性变革，改变由订单到网络平台的模式，以及后端平台的重组，从而颠覆传统的生产、销售与服务方式。③④ 在智能制造的快速发展和变革中，随着机器人的成本和售价越来越低廉，尤其是近期一些国产机器人产品的价格已经降至低于 5 万元人民币，部分进口机器人的价格也降至 9 万元人民币，包括轻型机械臂在自动导引运输车（Automated Guided Vehicle，AGV）移动机器人上进行集成与应用。以上快速发展和变革有望产生机器人产业发展的"拐点"。

在智能汽车领域，智能汽车作为人类移动和代步的工具，在点到点和特定的区域内与人工智能、机器人技术融合交叉发展，基于车联网、大数据、机器人、人工智能等技术的智能汽车、无人驾驶汽车正在走进人们的生活，为人们的安全出行、物流投送等方面提供便利，也是未来汽车巨头企业与物流企业争夺的焦点和主战场，因此，AI + Robot 的发展有望对智能汽车产业产生颠覆性影响。

在服务机器人领域和智能服务终端领域，包含语音交互型的服务机器人、具有一定操作能力且能和人进行情感交互的智能家庭服务机器人、基于人工智能的医疗领域疾病的智能识别与微创手术医疗机器人等，随着机器人的自主感知与决策技术、机器人云智能和群体智能、人与机器人的人机功能融合等核心技术的攻关与突破，AI + Robot 的发展有望在以上领域出现拐点，⑤ 从而改善和提升人们的生活质量与品质。

---

① 郑南宁：《人工智能面临的挑战》，《自动化学报》2016 年第 5 期。
② 李德毅：《人工智能在奔跑，教育的机遇与挑战——在"北京联合大学智能机器人产学研合作与人才培养创新发展研讨会暨机器人学院成立大会"上的报告》，《北京联合大学学报》（自然科学版）2016 年第 3 期。
③ Wang T. M., Tao Y., Liu H. "Current Researches and Future Development Trend of Intelligent Robot: A Review". *International Journal of Automation & Computing*, 2011 (9): 1 – 22.
④ 曾毅、刘成林、谭铁牛：《类脑智能研究的回顾与展望》，《计算机学报》2016 年第 1 期。
⑤ 王田苗、陶永、陈阳：《服务机器人技术研究现状与发展趋势》，《中国科学：信息科学》2012 年第 9 期。

二 第三次科技与产业变革的浪潮
——物联网＋大终端

随着社会文明程度的提升，人类物质需求方面要求越来越丰富，产品和服务越来越注重以下"四要素"：第一是安全，无论食品、汽车还是机器人等，均对安全提出了越来越高的要求；第二是方便和易用，要求产品使用方便，避免有复杂的操作；第三是品质与价格，希望产品在保持高品质、质量的同时，价格在一个合理的区间与范围；第四是品牌和尊重，用户购买具有品牌的产品或服务，用户的内心希望得到尊重或得到精神的享受、文化的提升。同时，以上四要素帮助我们理解了奢侈品存在的必要性，即也是由于其具有特殊的产品属性。

接下来，对我国自20世纪60年代至今的产品销售和服务模式的发展历程进行梳理，在物质较为匮乏的时代，产品的生产和销售实行计划经济，政府（G）下达生产计划给商业公司（B），商业公司（B）生产商品并发货到百货商场，消费者（C）到百货商场进行购物。进入21世纪后，人们已经基本解决了温饱的问题，物质越来越丰富，人们开始注重个性化的追求，进入"精准的时代"——消费者（C）从传统的商场购物，逐渐转为通过百度、阿里、腾讯（简称BAT）等网上平台/窗口进行网络购物，BAT等网购平台根据消费者的需求和订单进一步调动制造企业、物流配送企业，将产品生产并快速地配送给消费者，可称之为C2B，BAT To M（Manufacture制造，简称M）。

伴随着物质的丰富和现代社会生活节奏的加快，市场逐渐变成消费者需要什么其实消费者自身都不清楚，进而出现了"数据驱动（data driven）消费"，即根据消费者的数据就能够判断消费者需要什么，[1] 上述数据的来源基本上是BAT等网络平台或制造商，然后对消费者进行提醒，例如"提箱消费者冰箱里的东西没有了""应该多吃维生素""最近工作多上加班

---

[1] 黄丽娟、黄小军、谢瑞华：《基于数据驱动模式的网络消费者购买行为特点及算例探讨》，《广州大学学报》（社会科学版）2013年第5期。

和熬夜，建议适当休息和旅游，并提示旅游应该选择什么地方""发现消费者喜欢什么资讯"等，从而形成了"Data Driven to C（面向消费者的数据驱动）"。

当某一类产品制造的数量达到一定规模，制造（M）的通道将逐渐让给BAT、小米、华为等互联网公司，以及美的、海尔等大型的制造型企业。传统的制造企业希望争抢BAT的入口流量，同时BAT等网络平台也在下沉，通过收购实体门店并发展核心的制造能力，这正是未来智能制造的一个重要发展趋势。

自20世纪90年代以来，我国经历了三次科技与产业变革的浪潮。第一次浪潮是过去30年的"PC+互联网"，"PC+互联网"实现了政府和企业的信息化，并在各个行业进行实施和提升效率。第二次浪潮是移动互联网时代，以手机为代表的移动互联网将个人的信息、资讯、社交和网上购物等信息进行实时显示，并进行快速反馈，加上我国物流配送领域的快速发展，促进了我国"互联网+"相关行业的快速发展与变革。第三次浪潮也是下一个时代的发展趋势，即"物联网+大终端"。在智能汽车领域，智能汽车将变成一个人们可以便捷出行的工具和信息交互的室外终端。在智能机器人领域，"互利网+大终端"可理解为室外或者室内的移动终端，室内移动终端就是服务机器人，[1][2][3][4] 室外的移动终端是在制造环境或智能车间场景下，集成了AGV底盘的机器臂，因为随着工业机器人的价格急速下降，部分型号产品的价格低于5万元甚至3万元，同时作为移动底盘——AGV机器人也是许多厂家竞相发展的产品，AGV有望作为现代化企业和智能工厂的信息输入接口和移动终端，类似于消费领域中手机作为流量的入口。

基于以上分析，对我国发达地区、欠发达地区所需的人工智能和机器人技术与产品进行定位和分析，在发达地区对产品个性化的设计和柔性的

---

[1] 吴伟国：《面向作业与人工智能的仿人机器人研究进展》，《哈尔滨工业大学学报》2015年第7期。

[2] 冯昭奎：《机器人与人工智能——中国的机器人产业发展与新科技革命》，《人民论坛·学术前沿》2016年第15期。

[3] 倪自强、王田苗、刘达：《医疗机器人技术发展综述》，《机械工程学报》2015年第13期。

[4] 侯涛刚、王田苗、苏浩鸿等：《软体机器人前沿技术及应用热点》，《科技导报》2017年第18期。

生产制造装备是其智能制造发展的重点，而在欠发达地区首先要解决有无机器人的问题，只要有机器人可以使用即可，对柔性制造等方面需求并不迫切。因而，需要针对不同区域的发展阶段、特点和需求，进行医疗健康、家庭服务、智能交通等方面所需的人工智能和机器人产品的分析、预测与研发，在此基础上的人工智能和机器人进一步交叉、融合与创新，将脑科学、大数据、云计算、生物材料、智能控制、机械电子等学科进行交叉创新，有望产生颠覆性的技术。

现在的人工智能主要是在实际环境和非完备环境下提升语音和图像识别的准确率，发展更加具有实用性的人机交互，还需要发展类似于智能材料的人工肌肉，提高交互的安全性、易操作性等性能指标。在应用领域和产业方面，除了人工智能已经应用于人机交互、语音与图像识别、语言翻译、智能监控以外，一些重要的领域和产业有望重新洗牌，例如随着智慧城市的快速发展，融合了人工智能与机器人技术的安防系统将会发生重大变革和重新洗牌；在医疗领域，基于人工智能的识别与判断等技术，将对现在的行业产生重大革新。智慧城市将以物联网、5G通信作为基础支撑技术，实现物联网与智能汽车、智能机器人等终端的紧密融合发展。

三 创新创业成功的三个关键元素及其重要作用

作为人工智能和机器人领域的创新创业，主要包含三个关键元素的驱动：一是国家的政策力量，包括培育相应的创新机制、文化和投入，特别是加强相关的法律和知识产权保护；同时，在不同地区根据其发展阶段和区域特色，培育不同的创业环境是一个重要的要素。二是知识的力量，知识力量的载体是高水平的专家人才队伍，坚持以人为本，所有原创性成果核心要素在于人才，创新创业需要具有专业性的技术人才，同时还需要具有管理才能的复合型人才。三是资本的力量，资本是推动技术成果转化成产品的催化剂，并在产品的市场化发展中发挥重要的引导和加速作用。

作为人工智能和机器人领域的创新创业，既要满足具有刚需的功能要求，又要求其易于操作和适合应用的环境，因而产品应用的场景及其重要，因为场景决定了人们对其服务、技术和产品的理解和市场化发展的空间。

例如，当机器人产品服务于展览会或宾馆等 B 端客户时，这个场景所需要的功能研发需要专业的开发人员，市场销售和推广也需要对客户需求具有深入理解的专业销售人员。另外，需明确创新创业的产品与服务的竞争力和壁垒，要求创业者对其产品的定位、商业模式、盈利模式等进行反复的思考和层层迭代，在此过程中创业业者理清了创新创业、企业发展的思路，并对未来的发展更加自信。即使产品具有了明确的应用场景和功能，也并不能完全转化为产品的销售业绩，因为销售要求具有市场接纳的能力且具有销售商和代理商等整个链条的良好合作关系。

在智能机器人的创新创业过程中，机器人产品研发完成后，需要得到客户的认可并进行规模化的销售和推广应用，需要上游客户的认可；同时，机器人产品规模达到一定批量时，需要下游的零部件供应链的支持和良好配合，尤其是供应链的模式和渠道对产品的品质和正常供货具有重要的影响。以上创业的场景、产品和销售，需要创业公司首席执行官（CEO）和核心团队的支撑，创业的核心团队决定了该企业是否能够可持续的健康发展，其发展的速度和取得的成果取决于创业公司 CEO 和核心团队的专注、执行力、融资能力、核心骨干的团队构建，以及 CEO 等核心团队的品格和格局等方面。

四 机器人与 AI 领域的创新创业需明确产品定位与方向

人工智能和机器人领域的创新创业，需要对公司和产品的定位和生态进行深入思考，明确其定位与发展目标，明确产品在是为 G（政府）、为 B（商业公司）还是为 C（消费者）进行服务。

超前的、探索性的创新技术一般是面向 G 端，而不是面向 B 端或者 C 端。面向展览馆类的导游服务机器人产品是面向 B 端，家用机器人是面向 C 端，还需要和用户的年龄如儿童、中年、老年进行区分。创业过程中重点不是纯粹技术先进性的体现，最重要的是核心技术转化成商业价值的体现，对痛点分析、使用产品的频次和高端产品发展的把握尤其重要。

在研究过程中，对人工智能和机器人的发展历史进行分析，需理性看待成功轨迹和发展过程中所面临的门槛。从人工智能的发展历程可以得出，1965年诞生了一大批人工智能研究机构，当时人们认为，经过20年就将在很多相关领域实现机器人的替代；同样，通过分析五代机器人的发展历程，从以解决所有基于知识的推理为目标，到美国的百科全书，再到AlphaGo进行新的验证可以发现，细分领域的痛点推动了产品的发展，而这种想象的科学好奇和原创性的基础研究颠覆了很多技术领域，按照颠覆性技术继续向产品化发展，往往发展的路程非常艰难，而且不能走通。

另外，从人工智能和机器人发展生态的角度进行分析，首先应将智能机器人作为工具，这是第一位的；其次是发展机器人的核心部件、专业工具、机器人本体、软件、自主控制和无人化，以及在智能车间应用的机器人装备等，其中在工业机器人领域还包含机器人本体与生产线的设计、人工智能、增材制造等核心关键技术与平台的发展。

总体来讲，人工智能和机器人是未来社会发展的先锋和主导的产业之一，未来5～10年，我国的机器人将会从实验室走向局部商用。智能机器人作为"硬科技"和高科技产品的研发制造，其生态链较长，从发现刚需和痛点问题，到产品设计、研发、供应链准备、产品加工，最终实现销售与推广，通常需要5～10年的周期，应以相应的技术体系和产业生态进行布局和考虑。智能机器人与人工智能领域的创新创业应该更多地关注社会生活中的痛点问题，从而有针对性地研发真正能够满足客户刚需的高品质机器人产品，进一步促进相关技术和产业的发展。

基于专利数据的区域官产学三螺旋关系研究

——以京津冀地区为例[*]

张 凤 许慧远[**]

摘 要： 京津冀协同发展从根本上要靠创新驱动，建立区域协同创新体系，大学、产业、政府是其中最重要的三个主体。本文选取2012~2016年京津冀地区发明专利申请数据，运用三螺旋算法对京津冀地区官产学互动合作关系进行定量分析，并通过SPSS对研究结果进行拟合，分析未来趋势。研究发现，企业在创新中表现活跃，与政府、高校的互动较多，政府与高校的互动最少；京津冀地区官产学关系呈现明显的自组织性，协同创新体系已初步形成；从技术领域来看，官产学合作紧密程度最高的是化学、冶金领域；从未来发展趋势来看，京、津、冀三地分别呈现不同的特点和变化趋势。

关键词： 三螺旋 专利 官产学 京津冀 协同创新

---

[*] 本文原载于《中国高等教育》2018年第10期。
[**] 张凤，北京航空航天大学副处长兼党委副书记、讲师，高等教育研究所博士研究生，研究方向为高等学校管理、高校科技成果转化等；许慧远，北京航空航天大学助理研究员，经济管理学院博士研究生，研究方向为科技金融。

A Study on the Triple Helix Relationship of Regional Government-Industry-University Based on Patent Datas

A Case Study of Beijing-Tianjin-Hebei Region

Zhang Feng; *Xu Huiyuan*

Abstrat: Beijing-Tianjin-Hebei cooperation is fundamentally dependent on innovation-driven, in the establishing process of regional collaborative innovation system, university, industry and government are very important roles. We choose the full data of invention patent applications in Beijing-Tianjin-Hebei region from 2012 to 2016, and uses the triple-screw model to quantitatively analyze the interactive relationship of university, industry and government in Beijing-Tianjin-Hebei region, and analyze the future trend by SPSS. The study shows that the industry is the most active one in innovation system, interacting much with the government and university, but the interaction between government and university is the least. The government-industry-university relationship of Beijing-Tianjin-Hebei region is obvious self-organized, and the collaborative innovation system has been formed. From the the view of technical fields, the highest degree of close cooperation among university, government and industry is the field of chemistry and metallurgy. As for the future development trend, the relationship of university-industry-government of Beijing, Tianjin and Hebei have different characteristics and trends.

Keywords: Triple Helix; Patent; Government-Industry-University; Beijing-Tianjin-Hebei; Collaborative Innovation

引 言

京津冀协同发展是经济全球化条件下区域经济一体化发展的具体体现，也是以创新驱动实现经济增长方式转型的必然要求，是党中央、国务院做出的重大战略部署。近日河北雄安新区的设立,是推进京津冀协同发展的又一重要战略举措。京津冀协同发展从根本上讲要靠创新驱动,以深化科技体制改革为动力,推动形成京津冀协同创新共同体,建立健全区域协同创新体系。① 协同创新是国家、区域、企业、高校和科研院所等不同创新主体,基于目标利益驱动,通过创新要素的有机配合与相互作用,产生单要素所无法实现的整体效应的过程。② 京津冀地区人才资源密集、创新要素富集,是全国创新能力最强的地区之一,仅以最能体现区域创新能力的高等院校和研发机构R&D人员所占比重这两项指标对比,分别为19.10%和20.75%,远高于长三角、珠三角及全国平均水平。③

三螺旋(Triple Helix)理论是目前协同创新研究领域的重要理论,由亨利·埃茨科维兹(Henry Etzkowiz)和劳埃特·雷德斯道夫(Loet Leydesdorff)于1995年首次提出。三螺旋创新模式指的是政府、产业、大学(以下简称"官产学")三方保持自己的独特身份和职能的同时,在创新过程中相互作用、密切合作,每一个主体都表现出另外两个的部分能力,但同时仍保留着自己原有的作用和独特身份或职能。④ 其核心意义在于将具有不同价值体系和功能的大学、产业和政府融为一体,形成知识领域、产业领域和行政领域的三力合一,通过增强三者之间的有效互动来实现创新系统的不断演化和提升,从而促进经济社会的可持续发展。

本文选取最能体现创新能力的发明专利这一指标,运用三螺旋互信息量模型对京津冀区域2012~2016年的发明专利申请人情况进行分析,客观揭示京津冀地区官产学三者协同创新的合作情况,分析京津冀地区协同创新的互动关系趋势。

---

① 《京津冀协同发展规划纲要》,http://www.360doc.com/content/15/0929/17/2457585_502266751.shtml,2015.5/2017.4。
② 杨耀武、张仁开:《长三角产业集群协同创新战略研究》,《中国软科学》2009年增刊。
③ 国家统计局、科学技术部编《中国科技统计年鉴(2013)》,北京:中国统计出版社,2013。
④ Etzkowtz H., Leydesdorff L., The triple helix-university-industry-government relations: A laboratory for knowledge based economic development. *Easst Review*, 1995 (14): 14–19.

一 三螺旋算法

劳埃特·雷德斯道夫（Loet Leydesdorff）以香农信息熵理论为基础提出了衡量三螺旋动态关系的三螺旋算法（Triple Helix Algorithm）。香农信息熵理论认为，离散信息源 X 可发出 a_1 到 a_n 个符号、信息或事件。自信息公式如下：

$$1(a_i) = -log(p(a_i))$$

熵表示离散随机事件出现的概率，事件的不确定性越大，熵就越大；一个系统越是有序，熵就越小。信息熵是信源 X 的平均自信息量，表示信源不稳定的程度。

$$H_X = -\sum p_i log_2 p_i$$

H 为熵即信息量的平均值，p_i 为第 i 个信息出现的概率。互信息是指两个事件集合之间的相关性，具体来说是一种信息传递的不确定性，用公式表示如下：

$$T_{XY} = H_X + H_Y - H_{XY}$$

T 值为 0 时，表示两个事件毫不相关，T 值为负值，T 值越小，说明不同事件集合之间信息传递的不确定性越小，整个系统的自组织水平越高，不同事件集合之间的合作紧密程度越高。

根据 TH 算法原理，在发明专利联合申请人信息中，用 U、I、G 分别代表申请人是大学、产业和政府的情况，H_U 表示发明专利申请人中含有大学的概率，H_I 表示发明专利申请人中含有产业的概率，H_G 表示发明专利申请人中含有政府的概率，H_{UI} 表示发明专利申请人中同时含有大学和产业的概率，H_{UG} 表示发明专利申请人中同时含有大学和政府的概率，H_{IG} 表示发明专利申请人中同时含有产业和政府的概率，H_{UIG} 表示发明专利申请人中同时含有大学、产业和政府的概率。那么这三者之间的互信息可以表示为：

$$T_{UIG} = H_U + H_I + H_G - H_{UI} - H_{UG} - H_{IG} + H_{UIG}$$

以上公式表明：在由大学、产业、政府组成的创新系统中，两者之间的合作可以降低系统的不确定度，但由于 H_{UIG} 的符号可正可负，则三者之间的相互作用会增大系统的不确定度。当 T_{UIG} 值为负时，表明三者之间组成的系统因缺乏协同而失去了系统的自组织性，系统内不同主体之间通过互相调整实现自我更新、自我驱动。① T_{UIG} 值越小，说明大学、产业、政府组成的创新系统自组织性越高，三者之间的合作关系越紧密，协同效应越大。②

二 数据收集与处理

因发明专利具有原创性，技术含量最高，也最能代表创新能力，因此，本文选取 incopat 专利数据库 2012~2016 年连续五年北京、天津、河北三省市专利申请数据中发明专利共 477876 项，对每项专利的专利名称、申请人、所在省市、ICP 分类号及申请人类型五个关键字段进行统计，去除申请人是自然人和其他机构的专利信息共 50275 条，得到 427601 条基础信息。将这些信息进行分类：将申请人信息中含有"大学""学院""学校"的申请人类型归类为大学 U，将申请人信息中含有"公司""集团""厂"的申请人类型归类为产业 I，将申请人信息中含有"研究院""研究所""中心"的申请人类型归类为政府 G，但不包括大学或学院下属的研究院所、中心等研究机构。在我国，研究机构属于政府全额拨款的事业单位，在一定程度上代表国家利益和意志，所以本文把研究机构都归类为政府。专利申请人信息中，申请人类型同时含有以上两者或三者的分别记为大学－产业（UI）、大学－政府（UG）、产业－政府（IG）、大学－产业－政府（UIG），按照京、津、冀和京津冀区域四个单位进行地域划分，样本区间为 2012~2016 年，以上数据构成了研究京津冀地区官产学三螺旋关系的数量基础，如表 1 所示。

---

① 许侃、聂鸣：《互信息视角下的大学－产业－政府三螺旋关系：中韩比较研究》，《情报杂志》2013 年第 4 期。

② 蔡翔、刘晓正：《官产学创新模式测度——基于国家级科研基金的数据分析》，《科技进步与对策》2007 年第 11 期。

表1 2012~2016年京津冀地区发明专利情况（按专利申请人类型统计）

区域	年份	U	I	G	UG	UI	IG	UIG
北京	2012	9442	27427	8621	185	922	1411	49
	2013	11161	36493	11096	364	1442	2558	194
	2014	11653	44518	12584	417	1833	2987	237
	2015	11629	44517	11535	504	1643	2594	261
	2016	9145	32052	7337	269	849	1353	105
天津	2012	2864	8199	726	6	81	69	2
	2013	3392	14526	1074	29	92	56	6
	2014	3607	15398	1037	11	129	92	6
	2015	4066	13744	941	20	126	77	4
	2016	3390	9209	655	20	105	78	3
河北	2012	1708	10859	1153	13	84	13	163
	2013	2246	10900	1105	42	90	42	160
	2014	2915	12923	1166	31	118	31	125
	2015	1601	4616	397	17	73	17	36
	2016	1506	3894	518	16	66	16	125
京津冀	2012	14014	46485	10500	204	1087	1643	55
	2013	16799	61919	13275	435	1624	2774	213
	2014	18175	72839	14787	459	2080	3204	248
	2015	17296	62877	12873	541	1842	2707	267
	2016	14041	45155	8510	305	1020	1556	112

三 结果与讨论

（一）关于京津冀地区专利申请数量分析

如图1所示，过去五年京津冀地区发明专利申请总量中，企业作为技术创新的主体，是发明专利申请人类型的主体，企业参与的发明专利占申请总量的67%，知识经济时代，企业越来越意识到知识产权是企业的核心竞争力，所以纷纷通过增加研发投入、申请专利来增强核心竞争力。大学参与的专利占总量的19%，政府（含科研院所）参与的专利占总量的14%。

联合申请专利中,产业和政府(含科研机构)联合申请的专利数居于第一,达到 11884 件;大学和政府(含科研机构)联合申请的专利数最少,只有 1944 件,几乎相当于产业和政府(含科研机构)联合申请专利数的十分之一;而大学和产业的联合申请情况为 7653 件,居于中间。说明企业与政府科研机构之间的合作更加频繁,而大学与政府(含科研机构)之间缺乏合作互动,这可能与大学和科研机构的性质以及其在协同创新中的定位相似有关。在我国,绝大多数大学和科研机构是政府出资、政府主导,属于公办性质,他们都有足够的经费、设备和人手进行独立的科研或技术创新工作,同时,二者都是技术创新的源头,作为成果体现,二者都有动机独立申请发明专利,而不与对方联合。产业作为技术应用方,虽然也可以独立承担进行技术创新和研发工作,但因为经费投入较大、科技资源有限、周期较长、风险大等问题,企业更愿意与科研机构或高校合作,或委托其进行技术开发,直接受让或授权其专利,因此,企业与科研机构、高校的互动较多,联合申请发明专利的情况也较多。

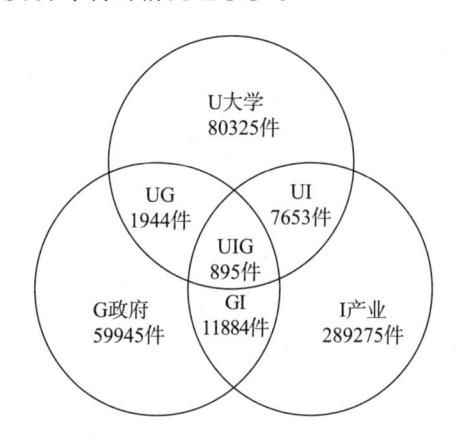

图 1 2012~2016 年京津冀地区发明专利申请总量三螺旋分布

(二)关于京津冀地区官产学关系强度 T 值分析

1. 基于地域分布的横向比较分析

如表 2 和图 2 所示,从地域的横向对比来看,2012~2016 年,北京的 T 值曲线一直处于天津、河北以及京津冀地区整体之下,在京津冀地区中一直保持最小,根据三螺旋算法,T 值越小,说明大学、产业、政府组成的创新系统自组织性越高,三者之间的合作关系越紧密。所以,在京津冀地区中,北京的大学、产业和政府之间的合作关系最紧密,这和实际情况是吻合的。在京津冀地区中,北京作为大专院校、科研院所和科技企业资源最集中的龙头地区,一直通过各种措施促进官产学的融合,发挥协同创新的最大价值优势。自《促进科技成果转化法》出台以来,北京先后发布多个政策性文件促进官产学合作,2016年9月国务院正式明确北京作为全国科技创新中心的定位后,官产学的联系合作进一步增强。而天津和河北两地T值曲线始终处于京津冀总体T值曲线之上,T值始终大于北京和京津冀总体T值,说明官产学的合作关系的紧密程度远低于北京,且在京津冀总体水平之下。

表2 京津冀地区TH算法计算结果

地区	年份	H_U	H_I	H_G	H_{UI}	H_{UG}	H_{IG}	H_{UIG}	T_{UIG}
北京	2012	0.497072	0.641702	0.487672	1.014746	1.002315	1.049273	1.163556	-2.60344
	2013	0.466477	0.619052	0.489667	1.005032	1.008925	1.060035	1.20467	-2.70347
	2014	0.439094	0.600661	0.480554	0.976496	0.980938	1.024723	1.177035	-2.63888
	2015	0.445712	0.597532	0.463478	0.961479	0.971938	1.003756	1.153503	-2.58396
	2016	0.473416	0.609207	0.434239	0.937427	0.94427	0.973316	1.086927	-2.42508
天津	2012	0.552979	0.606205	0.235785	0.799208	0.785747	0.795141	0.837517	-1.82264
	2013	0.470777	0.539408	0.220362	0.700782	0.695148	0.692626	0.730164	-1.58817
	2014	0.472425	0.532905	0.207444	0.694895	0.683503	0.686535	0.727974	-1.58013
	2015	0.523329	0.572455	0.202246	0.741206	0.728998	0.729978	0.77434	-1.67649
	2016	0.56707	0.605792	0.202758	0.785976	0.775255	0.779073	0.830325	-1.79501
河北	2012	0.372545	0.497815	0.300632	0.676484	0.683791	0.702632	0.745164	-1.63708
	2013	0.432861	0.531538	0.286828	0.723414	0.737033	0.747118	0.799785	-1.75612
	2014	0.457806	0.540263	0.257352	0.725805	0.724300	0.729376	0.778732	-1.70279
	2015	0.553721	0.601092	0.229106	0.811052	0.793469	0.78974	0.858719	-1.86906
	2016	0.555633	0.621451	0.316669	0.877295	0.887533	0.917212	0.989287	-2.17757
京津冀	2012	0.487693	0.619659	0.426381	0.934374	0.928703	0.962874	1.053767	-2.34598
	2013	0.463598	0.598224	0.425011	0.918185	0.927423	0.96061	1.072612	-2.39200
	2014	0.449073	0.584260	0.416089	0.901542	0.907571	0.937309	1.055566	-2.35257
	2015	0.470511	0.594587	0.413321	0.921867	0.929807	0.953943	1.078657	-2.40585
	2016	0.501154	0.610006	0.390135	0.913352	0.918650	0.943483	1.041906	-2.316100

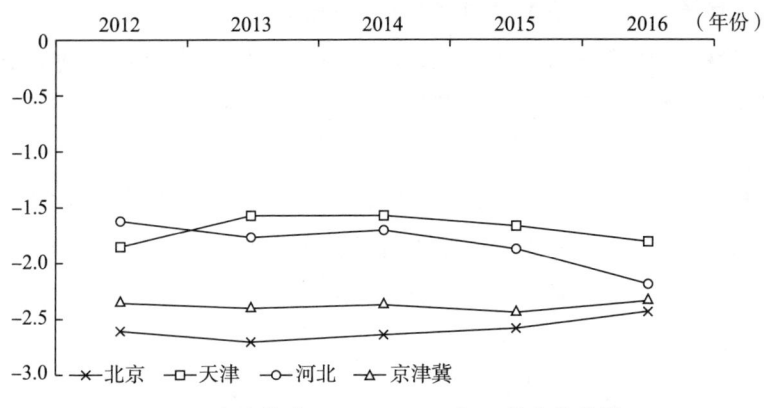

图 2　京津冀地区 2012~2016 年 T 值变化曲线

2. 基于时间序列的纵向比较分析

从时间的纵向对比来看，2012~2016 年，河北的 T 值曲线除 2014 年出现微升（3%）外，总体一直呈下降趋势，因此，河北省在这五年间大学、产业、政府的合作关系逐年加强，特别是 2015~2016 年变化最为明显，说明近年来京津冀协同发展的政策对于河北省加强官产学合作关系、协同创新影响最为显著。天津的 T 值曲线 2013 年相比于 2012 年经历了小幅上升后，从 2013 年起也一直处于下降趋势，说明大学、产业、政府的合作紧密程度在加强，但 2013~2016 年天津的 T 值始终处于京津冀地区中的最大值，说明天津的大学、产业、政府的合作关系不够紧密，京津冀协同创新政策对于天津促进官产学合作方面影响作用弱于河北。而北京除 2013 年相比于 2012 年 T 值降低之外，2014 年、2015 年、2016 年 T 值持续增大，说明北京地区大学、产业、政府的合作关系紧密程度在降低，这可能和京津冀协同发展中三地的角色定位有关。根据《京津冀协同发展规划纲要》，三地的发展定位分别是：北京市——"全国政治中心、文化中心、国际交往中心、科技创新中心"，天津市——"全国先进制造研发基地、北方国际航运核心区、金融创新运营示范区、改革开放先行区"，河北省——"全国现代商贸物流重要基地、产业转型升级试验区、新型城镇化与城乡统筹示范区、京津冀生态环境支撑区"。因此，北京对河北、天津的技术输出可能带来了更多天津、河北两地大学、产业、政府之间的合作互动，但在一定程度上减少了北京单地官产学之间的合作互动。这与 2014~2016 年，河北、天津两地 T 值持续降低、官产学合作关系加强刚好形成呼应和印证。这一结果可以从 2014～2016 年京津冀技术输出和吸纳成交情况得到部分印证，虽然技术交易并不能全部反映官产学合作情况，但与其有密切关系。根据科技部创新发展司、中国技术市场管理促进中心发布的《2016 全国技术市场统计年度报告》数据，如表 3 和表 4 所示，2015 年北京的技术输出和技术吸纳合同数都保持了大幅增长，特别是技术输出，不但合同数增长了 7.46%，成交额增幅更达 10.10%，同期的天津和河北，技术输出和吸纳合同成交数或者为负增长或者只有轻微增长，说明北京在京津冀地区中技术输出和吸纳的核心作用得到进一步增强，而天津和河北的技术更新能力没有太大变化甚至出现一定程度的退化。

表 3 2014～2015 年京津冀输出技术成交情况

单位：项、亿元、%

省市	合同数			成交额		
	2014 年	2015 年	增幅	2014 年	2015 年	增幅
北京	67284	72306	7.46	3137.19	3453.89	10.10
天津	14947	12449	-16.71	388.56	503.43	29.56
河北	3232	3298	2.04	29.22	39.54	35.32

表 4 2014～2015 年京津冀吸纳技术成交情况

单位：项、亿元、%

省市	合同数			成交额		
	2014 年	2015 年	增幅	2014 年	2015 年	增幅
北京	47015	50140	6.65	1234.71	1147.53	-7.06
天津	11594	9439	-18.59	340.77	330.71	-2.95
河北	6115	5989	-2.06	152.83	145.31	-4.92

数据来源：《2016 全国技术市场统计年度报告》科学技术部创新发展司、中国技术市场管理促进中心。

而京津冀地区 2012～2016 年连续五年间的 T 值曲线呈现总体平稳，但呈现升降交替的现象。2013 年相比 2012 年略有下降，2014 年相比 2013 年又略有上升，2015 年相比 2014 年略有下降，2016 年相比 2015 年又略有上升，总体 T 值稳定在 -2.4 到 -2.3，考虑到北京数据相对于天津和河北，体量太大而直接影响整体的数值,所以京津冀地区整体的 T 值变化受到北京 T 值变化的影响,变化趋势基本一致。

3. 基于行业分类的实证分析

IPC 国际专利分类体系将专利分为八个分册,每个分册称为一个部,用英文大写字母 A~H 表示,包括了与发明创造有关的全部知识领域。每个字母代表的领域如下:

A 部:生活需要　B 部:作业;运输　C 部:化学;冶金　D 部:纺织;造纸　E 部:固定建筑物　F 部:机械工程;照明;加热;爆破　G 部:物理　H 部:电学

按照 IPC 分类对京津冀地区 2012~2016 年全部发明专利总数分申请人类型进行分类统计,如表 5 所示。

表 5　2012~2016 年京津冀地区发明专利情况(按技术领域统计)

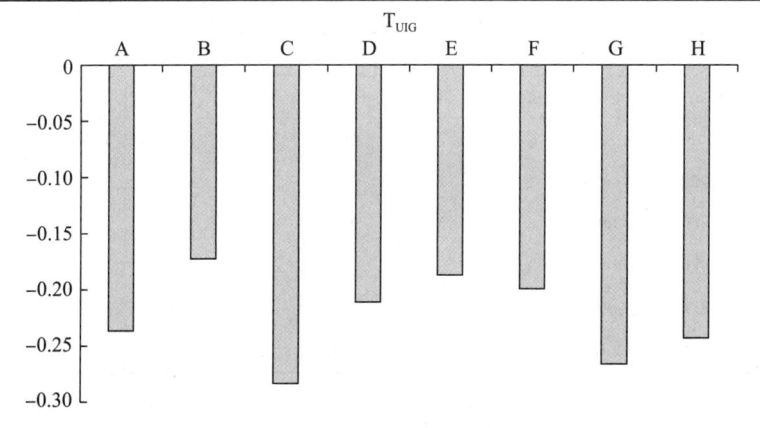

	U	I	G	UI	UG	IG	UIG	T_{UIG}
A	6297	20899	5934	221	139	412	15	-0.23634
B	10576	47678	5257	753	124	1180	43	-0.17336
C	16354	35821	11604	1184	332	1522	95	-0.28316
D	730	1811	257	52	13	43	3	-0.21078
E	3474	16737	1575	483	82	619	53	-0.18690
F	4067	18731	2993	273	78	490	33	-0.19863
G	25801	85745	20477	2878	747	4253	376	-0.26573
H	13026	61853	11848	1809	429	3365	277	-0.24240

从表5可以看出，京津冀地区大学－产业－政府合作紧密程度最高的是化学、冶金领域，T值达到 －0.28316。除了化学、冶金领域，在物理、电学、生活需要、纺织制造这几个领域，官产学合作紧密程度也比较乐观，T值均小于 －0.2。而在作业、运输，固定建筑物，机械工程、照明、加热、爆破这三个技术领域的官产学合作则不紧密，T值大于 －0.2。但总体上，京津冀地区各个技术领域的T值均为负数，说明官产学合作都有一定的体现，协同创新关系初步形成。

3. 京津冀地区T值随时间变化趋势预测

用SPSS软件对北京、天津、河北和京津冀地区T值的绝对值与年份之间进行曲线回归分析，拟合结果发现，北京和京津冀地区的统计结果显示，其中二次、三次、复合、增长、指数及Logistic模型的显著性水平指标Sig.值均大于0.05，不具有统计学意义，所以回归模型拟合效果不佳。

天津地区的T值与年份的拟合结果如表6，拟合曲线如图3，其中二次和三次模型的显著性水平Sig.值均小于0.05，考虑R方和显著性水平指标，三次模型拟合效果最佳，所以，天津T的绝对值与年份之间的公式可以表示为：

$$y = 2.374 - 0.746x + 0.211x^2 - 0.017x^3$$

表6 天津T值曲线拟合结果

因变量：T 自变量：year

方程	模型汇总					参数估计值			
	R方	F	df1	df2	Sig.	常数	b1	b2	b3
二次	.918	11.207	2	2	.082	2.088	－.344	.058	
三次	1.000	754.424	3	1	.027	2.374	－.746	.211	－.017
复合	.003	.009	1	3	.929	1.678	1.002		
增长	.003	.009	1	3	.929	.517	.002		
指数	.003	.009	1	3	.929	1.678	.002		
Logistic	.002	.006	1	3	.945	.260	.996		

○ 已观测 —— 二次 —·— 三次 —— 复合 —— 增长 ---- 指数 -·- Logistic

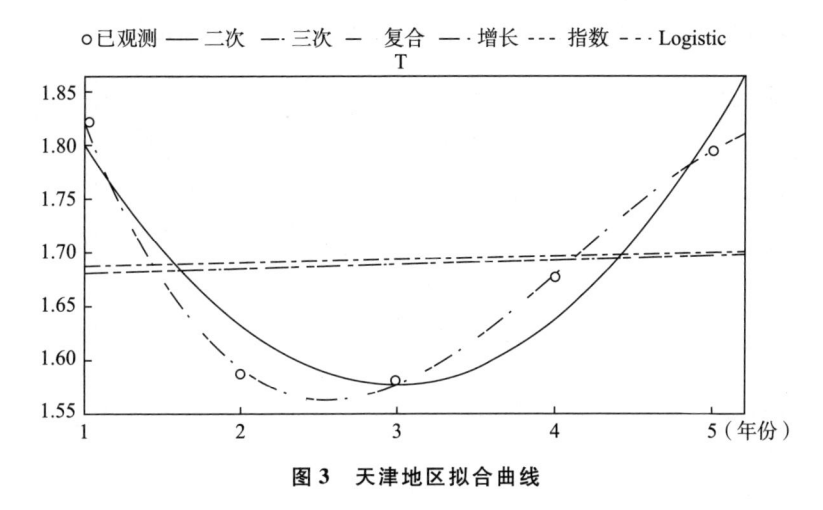

图3 天津地区拟合曲线

河北地区的 T 值与年份的拟合结果如表7，拟合曲线如图4，其中二次、三次、复合、增长、指数及 Logistic 模型的显著性水平指标 Sig. 值均小于0.05，考虑 R 方和显著性水平指标，复合模型和增长模型拟合效果最佳，所以，河北 T 的绝对值与年份之间的公式可以表示为：

$$y = 1.505(1.065^x)$$
$$y = e^{(0.409 + 0.063x)}$$

表7 河北 T 值曲线拟合结果

因变量：T　自变量：year

方程	模型汇总					参数估计值			
	R 方	F	df1	df2	Sig.	常数	b1	b2	b3
二次	.928	12.889	2	2	.072	1.770	-.137	.043	
三次	.983	18.859	3	1	.167	1.329	.482	-.193	.026
复合	.804	12.326	1	3	.039	1.505	1.065		
增长	.804	12.326	1	3	.039	.409	.063		
指数	.804	12.326	1	3	.039	1.505	.063		
Logistic	.773	10.239	1	3	.049	.356	.840		

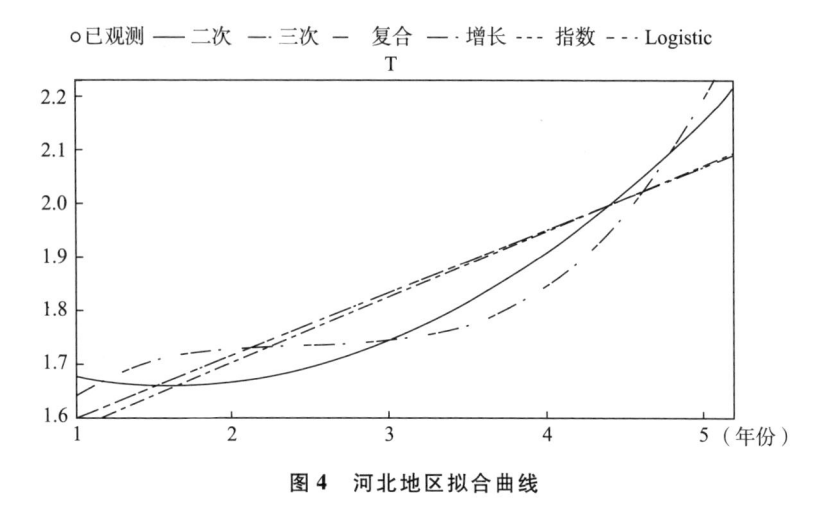

○ 已观测 ── 二次 — 三次 — 复合 — 增长 --- 指数 --- Logistic

图4 河北地区拟合曲线

结　论

本文以京津冀地区为研究对象，选取2012~2016年连续五年间京津冀地区发明专利申请数据为基础，运用三螺旋定量算法，对京津冀地区政府、产业、大学之间开展的科技合作进行了定量和定性分析，得出以下结论。

第一，2012~2016年京津冀地区以及北京、天津、河北三地的互信息量T_{UIC}均为负值，说明系统自组织性较强，京津冀协调创新关系初步形成。企业获得的专利数量多，且与大学、政府的互动在三者之间的互动中占主要部分，是最为活跃的创新主体，大学与政府之间的互动较少。

第二，北京始终处于京津冀地区中科技创新的核心地位，自组织性最强，但随着京津冀协同发展的加速，其自组织性正在逐渐降低，北京内部的政府、产业、大学的互动合作关系在减弱，但未来趋势怎样不确定；天津、河北受到京津冀协同发展政策的影响，其自组织性正在增强，其内部的政府、产业、大学之间的互动合作也在增多，且这种现象河北较天津更为明显，未来继续呈现持续增强的趋势；京津冀地区整体的自组织性在极大程度上受到北京的影响，未来趋势不明朗。

第三，从技术领域来看，总体上京津冀地区各个技术领域官产学互信息量T值均为负数，说明官产学合作都有一定的体现。其中合作紧密程度最高的是化学、冶金领域，物理、电学、生活需要、纺织制造领域的官产学合作也比较紧密；而在作业、运输，固定建筑物，机械工程、照明、加热、爆破这三个技术领域的官产学合作则不紧密。

本文的局限性在于，一方面由于篇幅所限，本文是对京津冀整体以及三个地区里每个地区的异质机构协同情况进行分析，而未能对京津冀协同发展政策下一地与其他两地互动合作的情况进行分析讨论，而这种互动关系对加强三者之间的联系，促进协同发展可能更具意义；另一方面，由于官产学三螺旋关系是一个隐晦的网络结构，特别是在京津冀地区，受到更多的政治、文化或其他复杂因素影响，很难用一个数学模型来精确计量。今后的进一步研究可以在此基础上对京津冀协同创新网络继续深入探讨，并通过访谈、问卷等定性分析方法挖掘现象背后的规律和影响因素，进而对京津冀地区官产学三螺旋关系的促进提出可行性建议。

附 录

研究基地大事记

北京航空航天大学副校长房建成院士当选中国科学技术法学会会长，研究基地常务副主任谭华霖当选副秘书长

2017年12月16日，以"贯彻'十九大'精神，推进科技创新发展新局面"为主题的中国科学技术法学会2017年年会在广州隆重举行。我校副校长房建成院士一行出席会议。会上宣布中国科学技术法学会新一届负责人名单，房建成当选为会长，研究基地常务副主任谭华霖当选副秘书长。

会上，房建成院士发表就职演讲。他首先对段瑞春会长（名誉）和上届理事会成员表示衷心的感谢，并结合当前形势和学会工作同与会人员交流了认识和体会。他说，当前全国上下正在深入学习贯彻党的十九大精神，中国特色社会主义进入新时代，在科技创新领域有三个"前所未有"：一是国家对科技创新的重视程度前所未有；二是科学技术发展变革的速度前所未有；三是科技创新对法治的热切呼唤前所未有。房建成强调，党的十九大开启了建设世界科技强国和加强全面依法治国的新时代，新时代赋予新使命，更要有新担当、新作为。中国科学技术法学会要继续在中国法学会的正确领导下，在广大同仁的共同努力下，充分发挥科技专家、法律专家和产业界力量的作用，更加强化科技与法律融合互动，立足"交叉点"，找准"痛点"，突破"难点"，回应科技创新与依法治国的时代命题，奋力开创工作新局面。中国法学会副会长张苏军在讲话中对中国科学技术法学会多年来取得的成就给予高度评价，并对新一届理事会提出了殷切希望。研究基地常务副主任谭华霖做了《创新驱动发展 什么驱动创新？》的主题报告，结合当前国际科技创新面临的新形势和党中央关于科技创新的新思想、

新战略、新举措,梳理回顾了我国科技创新政策演变历程,围绕新时代强化科技创新的法治保障提出了思考与建议。

本届年会邀请了来自北京航空航天大学、中国政法大学、西南政法大学、中国科学技术大学、华东政法大学、西安交通大学、山东科技大学、中国科学技术发展战略研究院等近90所科研院校的科技法学界的知名专家、学者,以及企业界、法律界的代表约200人出席。会议还颁发了"中国科学技术法学会第八届科技法学奖",并围绕"科技创新与法律治理"、"知识产权保护研究"与"中医药等行业发展的法律规制"组织了三个分论坛研讨。

中国科学技术法学会成立于1988年,作为科技界、法律界和产业界的战略联盟,是专注于科技法学研究、科技法制建设和科技创新发展的全国性学术团体,具有广泛的影响力。多年来,学会研究成果累累,创新人才辈出,为我国《技术合同法》《科学进步法》《促进科学技术成果转化法》《科学技术普及法》等多项立法以及《国家中长期科学技术发展规划纲要(2006—2020年)》等的出台做出了重要贡献,为我国科技创新和依法治国发挥了重要作用。

研究基地负责人龙卫球教授当选中国法学会网络与信息法学研究会副会长

2017年12月23日,中国法学会网络与信息法学研究会第二次会员代表大会暨2017年年会在北京召开,本次会议由中国法学会网络与信息法学研究会主办,中国社会科学院法学研究所承办,主题为"网络信息法治建设新格局、新展望"。我校法学院院长、研究基地负责人龙卫球教授,研究基地常务副主任谭华霖教授等应邀参加了此次会议。

上午陈冀平同志在年会开幕式中致开幕词,中央网信办政策法规局局长、中国网络空间研究院院长杨树桢同志,工业和信息化部政策法规司司长梁志峰同志,公安部网络安全保卫局巡视员、副局长赵世强同志,国家安全部政策法规局巡视员、副局长施健同志,中国法学会副会长、中国社科院学部委员、法学所原所长李林同志作为发起单位代表分别致辞。上午10时,网络与信息法学研究会第二次会员代表大会举行换届选举。龙卫球教授当选中国法学会网络与信息法学研究会副会长,谭华霖教授当选为学会理事。

下午14时,会议举行主题研讨与圆桌论坛。来自网络主管机关、高校、研究机构以及产业界的专家学者,围绕网络安全、个人信息保护、数据产权制度、电子商务等现实问题，进行了热烈且充分的讨论。龙卫球教授了做了"加快建设我国网络与信息法学科的思考"为题的主旨报告，阐述了我国网络与信息法学科建设所面临的背景、现状、问题与建设路径，并介绍了法学院及研究基地在网络信息法治学科建设方面的经验和贡献。

据悉，本次会议得到了来自中国法学会、中央网信办、工信部、公安部、国家安全部、国家保密局、全国各主要高校、研究机构及产业界精英的大力支持，近300余人参加了会议，充分体现了社会各界对于网络与信息法治建设的重视。

研究基地共同举办"新发展理念中国法学教育高峰论坛"

2018年1月10日，"新发展理念中国法学教育高峰论坛"在北京航空航天大学成功举办。北京航空航天大学党委副书记李军锋代表学校致辞。中国法学会副会长、学术委员会主任张文显，中国政法大学校长、教育部高等学校法学专业教学指导委员会副主任委员黄进，教育部学位管理与研究生教育司副司长、东南大学副校长周佑勇，北京大学法学院院长张守文以及来自全国20多所著名法学院校的负责人出席了论坛。最高人民法院、最高人民检察院、新华网、《光明日报》等也派代表出席了论坛。论坛由法学院院长、研究基地主任龙卫球教授主持。

北京航空航天大学党委副书记李军锋代表学校对来自法学界的各位领导、专家表示热烈欢迎。他指出，新的时代有新的使命，新的形势决定新的任务。党的十九大把坚持全面依法治国纳入新时代坚持和发展中国特色社会主义的基本方略，并明确全面推进依法治国总目标是建设中国特色社会主义法治体系、建设社会主义法治国家。目前，我们对于法律人才的教育规律还有很多需要深入研究探讨的理论和实践问题，其中如何进一步落实党的十九大新发展理念也是法学教育必须思考的问题。这次由我校法学院发起主办的"新发展理念中国法学教育高峰论坛"在北航召开，希望对助力推进我国全面依法治国能够产生深远影响。

中国法学会副会长张文显对北航法学院经过二十年发展、创新、跻身中国法学第一方阵给予高度评价，祝北航法学院在新时代、新征程、新起点上有新的作为、新的气象，取得更加辉煌的成就。他指出，新发展理念的上位概念是新发展思想。党的十九大做出了一个非常重要的判断，即经过多年的努力，中国特色社会主义进入了新时代，这是中国发展新的历史方位。新时代的主要依据就是社会主要矛盾发生了深刻变化，中央阐释这个矛盾的变化意义不在矛盾主要变化这样一个概念，最主要的是要确立以人民为中心的发展理念。总书记关于社会主要矛盾是两句话，后一句紧接着说的是必须树立以人民为中心的发展思想，推进人的全面发展，全体人民共同富裕。以人民为中心的新发展思想，到了法学领域应该树立三个基本思想，即确立以人民为主体，确立以人的全面发展、社会全面进步为基点，确立以权利为本位。以人民为中心的发展思想，具体可以转化为关于法治发展的新理念，其中最重要的是，把依法治国从国家治理层面或治国理政层面的基本方略提升为坚持和发展中国特色社会主义的基本方略，更加凸显法治在社会主义现代化建设、法治在实现中华民族伟大复兴梦中的地位和作用。我们就要在这样新的发展思想和新的发展理念之下来考虑中国法学教育的改革和发展问题，这是我们必须考虑的一个根本性的问题。

本次论坛为期一天，与会法学教育专家深入辨析了新发展理念的思想基础与基本内涵，充分围绕新发展理念背景下中国法学教育的新形势、新特点和新趋势展开探讨，对如何在新时代大力推进中国法学高等教育，回应新时代新发展理念下的中国特色社会主义法治需求，以及如何更好地培养造就卓越法治人才展开了密集的对话，达成了诸多共识，会议成果对于今后一段时间内中国法学教育的新发展具有重要的指导意义。

北京市社科规划办基地处刘军处长一行考察研究基地建设工作

2018年3月22日上午，北京市哲学社会科学规划办公室研究基地工作处刘军处长、业务主管刘峰杰一行来校考察研究基地建设工作。法学院院长、基地负责人龙卫球教授，校党委宣传部部长、基地常务副主任谭华霖，校科研院基础与人文社科处王菲副处长，校党政办公室副主任兼法律事务室主任、基地副主任陈巍，法学院副院长周友军教授，以及基地其他校内专家等参加会议，会议由基地负责人龙卫球教授主持。

科研院基础与人文社科处副处长王菲代表学校致辞，首先感谢市社科规划办长期以来对北航人文社会学科发展的大力支持，同时汇报了我校北京市哲学社会科学研究基地的建设情况，以及在全国第四轮学科评估中我校社会科学类学科取得的可喜佳绩。学校对各研究基地给予高度重视和支持，研究基地建设不断取得新进展，为我校哲学社会科学学科发展做出很大贡献。

校党委宣传部部长、基地常务副主任谭华霖代表研究基地，对两年来基地的建设情况做了汇报。研究基地积极整合全校资源，发挥北航特色和学科交叉优势，以服务北京决策为主线，打造全面支撑首都建设有全球影响力的科技创新中心的高端智库，并力争建设成为该研究领域的决策服务中心、科学研究中心、人才培养中心、学术交流中心和资料信息中心五大中心。聚焦科技与法律的互动，回应科技创新与依法治国的时代命题，支撑北京建设成为具有全球影响力的科技创新中心。面向未来，基地将积极落实"1+1+N"的建设构想，大力提升建设成效和影响力。与会人员围绕基地的概况与定位、特色与成效、运行与管理、思考与规划等进行了热烈讨论。

北京市社科规划办基地处刘军处长作会议总结讲话。他指出，基地定位与北京市"四个中心"的定位契合度很高，他充分肯定了基地建设高端创新论坛等建设构想，建议进一步在科技创新评价指数、制约创新发展的体制机制问题、科研机构创新能力第三方评价等方面进行探索。希望基地能够在科技政策制定、体制机制创新等方面积极发声，产出具有标志性的科研成果。同时对标上海、深圳等科技创新高地发展历程，加强比较研究，带动人才培养。最后，希望北航能够为北京建设具有全球影响力的科技创新中心做出更大贡献。

研究基地负责人龙卫球教授受聘为工业和信息化部法律顾问

2018年3月27日，工业和信息化部在部机关举行法律顾问聘任暨公职律师颁证仪式。工信部党组成员、副部长罗文，司法部律师公证工作指导司和工信部政策法规司、办公厅、财务司、产业政策司、中小企业局、节能与综合利用司、安全生产司、原材料工业司、装备工业司、消费品工业司、电子信息司、信息化和软件服务业司、信息通信管理局、网络安全管理局、无线电管理局、人事教育司、机关党委等相关司局和直属单位负责人，以及其他有关部门、高校、实务部门和媒体嘉宾计50余人出席仪式。研究基地负责人龙卫球教授应邀出席了此次大会，并且受聘担任了共计十人的工业和信息化部法律顾问。

工信部党组成员、副部长罗文在大会上指出，建立健全法律顾问和公职律师制度，是贯彻落实全面推进依法治国战略的重要措施，也是提升工业和信息化系统依法行政能力的迫切要求。他强调工信部系统上下要进一步增强推进法律顾问和公职律师制度建设的责任感、使命感，加快工业和信息化法治建设步伐。会上，龙卫球教授及其他法律顾问和公职律师代表

从履职尽责、立法推进、依法行政和能力建设等角度分别发言。

据悉，此次推行法律顾问和公职律师制度，是工信部贯彻落实党的十九大精神，深化依法治国实践、建设法治政府的重要举措，是贯彻落实《中共中央办公厅国务院办公厅印发〈关于推行法律顾问制度和公职律师公司律师制度的意见〉的通知》的具体部署。此举旨在发挥法律顾问和公职律师在工业和信息化改革、发展、管理和法治等工作中的作用，为制造强国、网络强国建设提供良好的法治保障。

研究基地专家出席首届中国特色社会主义科技群团改革与发展研讨会第一次专题会议并发言

2018年4月22日，首届中国特色社会主义科技群团改革与发展研讨会第一次专题会议在中国科技会堂召开。中国科协党组书记、常务副主席、书记处第一书记怀进鹏出席会议。研究基地负责人龙卫球教授、常务副主任谭华霖出席会议并做报告。

中国科协党组成员、书记处书记束为、项昌乐，中国科协党组成员兼学会学术部部长、企业工作办公室主任宋军出席会议，来自北京大学、清华大学、中国人民大学、北京师范大学、北京航空航天大学、中国政法大学等高校和研究机构的30余位专家、学者参加会议。会议邀请法学、社会学、政治学、历史学等多学科专家分享了各自的研究成果和思考。大家围绕科协改革与学会发展这一主题，就科技群团的法律定位、社会职责、战略方向以及我国科技社团改革等重点问题，通过历史纵深观察、国际横向对比等方式，结合理论创新与实践调研成果进行热烈而深入的探讨。专家们认为，中国科协应以战略性的发展思维审视我国科技群团的发展路径，推进厘清并明确科技群团在我国法律体系中的分类定位，找准在社会治理中的功能和角色，通过制度创新和路径创新，促进群团改革的再深入和科协工作的转型升级，积极参与全球治理，不断为世界提供一流科技社团建设的中国方案。

怀进鹏书记在讲话中指出，党的十九大绘就了社会主义新时代、新征程的宏伟蓝图，在新时代探寻中国科技群团的改革发展，更有效地作为党的桥梁和纽带,团结和引领广大科技工作者,为实现现代化强国而努力,是中国科协的重大使命。当前科技革命和产业变革交汇以及国际化发展趋势下,科协组织力需要持续提升,科技群团需要在国际科技创新中发挥更大作用,必须强化理论认识,探索新的组织模式和工作方式。此次会议是就科技群团组织改革向相关领域的专家学者求计问策,以更好地肩负起推动引领广大科技工作者的使命,为现代化强国建设做出贡献。研究基地负责人龙卫球教授做了题为《科技群团的双重属性与改革路径》的专题报告,基地常务副主任谭华霖做了题为《构建人类命运共同体与科技群团改革:历史逻辑、理论逻辑与实践逻辑》的报告。

部分全国学会负责人以及科协机关有关部门和直属单位相关负责人列席会议。座谈会由中国科协主办,北京航空航天大学法学院、中国科协学会服务中心承办。

研究基地共同举办互联网保险立法前沿热点问题研讨会

2018年5月12日下午,由中国法学会保险法学研究会主办,北京航空航天大学法学院承办,腾讯金融研究中心、北京科技创新中心研究基地、工信部工业和信息化法治战略与管理重点实验室联合协办的互联网保险立法前沿热点问题研讨会在北航法学院成功举行。来自中国法学会保险法学研究会、中国消费者权益保护法学研究会、北京大学、中国政法大学、中国人民大学、中央财经大学、北京航空航天大学等多所高校和研究机构的学者，中国银保监会、中国保险行业协会和北京市保险行业协会的代表，北京市法院系统从事保险审判业务的法官，以及来自三峡人寿、中邮人寿、中英人寿等传统保险业与腾讯金融、京东金融等互联网金融科技企业界专家齐聚一堂，深入探讨新时代互联网保险立法热点问题。

研讨会由中国法学会保险法学研究会副会长兼秘书长、北京航空航天大学法学院任自力教授主持，中国法学会保险法学研究会尹田会长作为主办方致辞。尹田会长在致辞中指出互联网的发展实际上改变了整个中国社会的风貌，从企业的经营到普通人的生活方式都发生了巨大变化。特别是我们进入大数据时代之后，我们的一切观念可能都要重构，其中就涉及我们的评估，得去了解，得去研究。互联网的发展对保险业的经营的冲击作用和固有的一些规则体系是否需要重构等问题都需要进一步研究。并希望通过本次研讨会进行思想交流，推动互联网保险的进一步研究。

法学院院长、研究基地负责人龙卫球教授作为会议承办方在致辞中表示，保险本身是一个非常复杂的问题，也是我们在整个金融领域比较复杂而重要的一个领域，互联网领域亦是如此。这两个结合，使我们在互联网时代投保或者互联网保险本身变得更加复杂、更加具有不确定性。所以在今天，在这个方面进行一些研究，就具有极大的必要性和迫切性。希望通过本次研讨会，可以加强对互联网保险的认识，使监管在思路上更加清晰，企业在自律方面会更加自觉，市场运行更加规范，从而促进社会的繁荣与发展。

腾讯金融法务合规部总经理、腾讯金融研究中心主任冯明杰作为会议协办方代表进行致辞：互联网、大数据、区块链、AI等技术已经对传统保险业务模式、应用场景和服务方式都产生积极影响；新的技术也会给法律规则、监管的方式和行为带来新的挑战，法律和监管如何回应这些变化，如何做到即规范行业有序发展又不影响行业创新，这是摆在我们面前共同的非常重要的话题。

本次研讨会以互联网保险立法前沿热点问题为主题，讨论了在大数据环境下互联网保险的发展与监管等问题，对互联网保险法律制度的理论研究和实务都有重要的参考价值，希望以此为契机推动我国互联网保险法制的建设，促进我国互联网保险业健康、规范地发展。

研究基地联合承办第八届两岸民商法前沿论坛

2018 年 11 月 10 日，由北京航空航天大学法学院与台湾政治大学法学院联合举办的第八届两岸民商法前沿论坛在北京航空航天大学如心会议中心隆重召开。北京航空航天大学法学院院长、研究基地负责人龙卫球教授和台湾政治大学法学院院长王文杰教授做了开幕致辞，北京航空航天大学法学院副院长周友军教授和台湾政治大学法学院王千维教授主持了论坛开幕式。

本届论坛的主题为"民商法新趋势与民法典各分编一审稿评析"。当前，我国大陆民法典的编纂工作进入关键阶段，本届论坛拟就民法典分则编草案的一审稿进行研讨和评析，同时讨论当前民商法发展的新趋势，以共同推动两岸民商法发展和大陆民法典编纂工作。与会专家学者围绕大陆民法典分则的编纂推进以及与当下民商法发展新趋势有关的重难点问题进行深入探讨。

我国著名法学家、中国政法大学终身教授江平先生，台湾政治大学讲座教授苏永钦教授，中国人民大学常务副校长、中国法学会民法学研究会会长王利明教授，中国社会科学院学部委员、中国法学会民法学研究会常务副会长、中国社会科学院法学研究所孙宪忠研究员，中国法学会商法学研究会会长、中国政法大学民商经济法学院赵旭东教授，全国人大常委会法工委民法室副主任石宏，全国人大常委会法工委民法室前副主任、巡视员扈纪华，北京知识产权法院副院长、全国妇联副主席宋鱼水法官，台湾大学讲座教授黄茂荣教授，台湾政治大学讲座教授黄立教授，中国法学会民法学研究会副会长兼学术委员会副主任、中国人民大学法学院杨立新教授，中国法学会商法学研究会常务副会长、清华大学法学院朱慈蕴教授，中国人民大学法学院院长、中国法学会民法学研究会副会长兼秘书长王轶教授，中国社会科学院法学研究所民法室主任、中国民法学研究会副会长谢鸿飞研究员，清华大学法学院院长、中国法学会民法学研究会常务理事申卫星教授，台湾大学法律学院特聘教授陈自强教授，台湾政治大学法学院王千维教授、吴瑾瑜教授，台湾东吴大学法学院院长郑冠宇教授，台湾辅仁大学法律学院院长郭土木教授等两岸知名民商法学者共同出席了此次盛会。

研究基地联合承办中国科学技术法学会 2018 年年会暨中国改革开放 40 周年何梁何利基金高峰论坛

2018 年 11 月 17 日上午，由中国科学技术法学会主办，北京航空航天大学承办的中国科学技术法学会 2018 年年会暨中国改革开放 40 周年何梁何利基金高峰论坛开幕式在北京航空航天大学如心会议中心举行。

本次中国科学技术法学会年会以"新时代、新机遇、新思维、新发展：科技与法律融合共生"为主题，邀请了来自北京航空航天大学、北京大学、中国政法大学、上海交通大学、西安交通大学、华东政法大学、大连理工大学、中国科学院科技战略咨询研究院等近百所科研院校的科技法学界的知名专家、学者，以及企业界、法律界的代表 200 余人参会。学会名誉会长段瑞春，会长房建成，高级顾问罗玉中、徐杰、雷体华，常务副会长陈乃蔚、李玉香、张平，副会长林新、潘教峰、孙永俭、陶鑫良、寿步、谭启平、马治国、朱雪忠、朱剑明、蒋坡、黄武双、何敏，及中国法学会研究部成果处处长孙立军等出席会议。大会开幕式由中国科技法学会常务副会长、复旦大学高级律师学院执行院长陈乃蔚教授主持。

2018 年适逢学会成立 30 周年，与会嘉宾首先一同观看了《中国科学技术法学会成立 30 周年纪念片》。短片以历史为视角，回顾了 30 年前在党和国家领导人彭真、方毅等关心下学会的创立过程以及 30 年来在历任会长胡克实、段瑞春、房建成的带领下，学会围绕科技法学研究、科技法治建设和科技创新发展等方面取得的令人瞩目的成绩，展望了新时代学会在中国法学会的正确领导下继续肩负重要使命与面临的美好愿景，引起与会嘉宾的强烈共鸣。

中国科学技术法学会会长、北京航空航天大学副校长房建成院士向大会致辞。他指出，在改革开放 40 周年和中国科学技术法学会成立 30 周年之际召开的本次年会，是我国科技法学界的一大盛事。学会成立 30 年来，为我国科技法治事业做出了重要贡献。科技兴则民族兴，科技强则国家强，核心科技是国之重器。当前我国科技创新领域仍存在突出短板，改变核心技术受制于人的不利局面必须牢牢依靠自主创新。法治是实现创新驱动发展的重要保障，激发和释放各类创新主体的活力，为自主创新营造良好法治环境，是时代赋予的重要使命。他强调，站在新的历史起点上，中国科学技术法学会要继续在中国法学会的正确领导下，充分发挥科技专家、法律专家和产业界力量的作用，更要加强化科技与法律融合互动，以回应科技创新与依法治国的时代命题，为中国改革、创新、法治事业做出新的更大贡献。

大会颁发了第九届中国科学技术法学会"科技法学奖"，由学会领导为7名获奖人员授奖。作为学会成立30周年特别纪念活动，大会还颁发了学会成立30周年"特别贡献奖"和"终身成就奖"：学会高级顾问罗玉中、王家福、徐杰荣获"特别贡献奖"，学会名誉会长段瑞春荣获"终身成就奖"。

在开幕式后举行的高端论坛上，北京航空航天大学法学院院长、研究基地主任龙卫球教授，中国科技法学会副会长、大连理工大学知识产权学院院长陶鑫良教授，中国科技法学会副会长、上海交通大学知识产权研究中心主任寿步教授，中国科技法学会副会长、西安交通大学知识产权研究中心主任马治国教授分别向大会作了《法律与科技融合的新发展：以科技创新的法治保障为视角》《科技超速进步中严惩知识产权恶意诉讼》《网络

安全法：升级的路径》《区块链深度专利分析》等四个主题报告，引起与会人员的热烈反响。

11月17日下午，大会还以新型科技问题的法律规制、知识产权保护热点问题探讨、科技发展的法治保障等为主题召开平行论坛，与会嘉宾深入交流研讨、凝聚共识，共同回应科技创新与依法治国的时代命题，共同为推进科技强国和依法治国战略贡献力量。

研究基地 2017~2018 年主要科研项目立项统计

项目名称	项目来源	负责人
信息法基础	全国哲学社会科学规划办公室	龙卫球
新时代超大规模陌生人社会治理中法治化问题研究	全国哲学社会科学规划办公室	泮伟江
犯罪控制策略研究：以以刑罚变革为背景	全国哲学社会科学规划办公室	葛 磊
共享单车运营中的法律问题	北京市哲学社会科学规划办公室	周友军
创新驱动背景下的科技证据制度研究	北京市哲学社会科学规划办公室	张家骥
制造强国战略下高校专利运营与实践	工业和信息化部科技司	谭华霖
知识产权视域下我国大数据产业发展政策规制研究	工业和信息化部科技司	谭华霖
修订《建立卫星通信网和设置使用地球站管理规定》必要性及国外相关情况的研究项目委托合同	工业和信息化部无线电管理局	夏春利
无线电管理相关法律咨询	工业和信息化部无线电管理局	夏春利
"一带一路"沿线国家知识产权（专利）工作指引	北京市知识产权局	孙国瑞
无线电发射设备管理规定研究	国家无线电监测中心检测中心	夏春利
比例原则视阈下个人信息保护的刑事司法规制研究	中华人民共和国司法部研究室	裴 炜
全国依法治国与我国风险社会的治理	司法部研究室	泮伟江
中国特设社会主义科技群团改革与发展研究	中国科协学会服务中心	龙卫球
《无线电台执照管理规定》修订研究	辽宁省无线电管理委员会	夏春利
近地轨道部署大规模卫星法律问题研究	中国空间法学会	夏春利
联合国附属科技教育中心空间法能力建设研究	中国空间法学会	高国柱
欧洲伽利略系统管理体制及其产业法律问题研究	中国空间法学会	高 琦

科技创新与法治保障

续表

项目名称	项目来源	负责人
恶意抢注商标可诉性研究	腾讯科技（深圳）有限公司	孙国瑞
互联网国内外法律政策报告	腾讯科技（深圳）有限公司	周学峰
平台责任法律咨询项目	腾讯科技（深圳）有限公司	周学峰
网络平台法律责任与治理研究	腾讯科技（深圳）有限公司	周学峰
民用无人驾驶航空器空中交通管理规范和政策研究	北京艾森博航空科技股份有限公司	周学峰
网络安全产业的法律保障	北京奇元科技有限公司	毕洪海
数据新型财产权构建及其体系研究	北京字节跳动网络技术有限公司	周学峰
飞行器在轨操作与外空环境保护法律问题研究	中国长城工业集团有限公司	高国柱
航天器执行发射和返回任务法律问题研究	中国长城工业集团有限公司	夏春利
网络服务提供者的刑事责任研究	中央高校基本科研业务费专项资金	孙运梁
电子数据证据刑事应用规则研究	中央高校基本科研业务费专项资金	裴炜
全面依法治国与我国风险社会的治理	中央高校基本科研业务费专项资金	泮伟江
外层空间法规则的变迁与国家利益保护	中央高校基本科研业务费专项资金	高国柱

图书在版编目(CIP)数据

科技创新与法治保障/谭华霖主编. -- 北京:社会科学文献出版社,2018.12
 ISBN 978 - 7 - 5201 - 3868 - 0

Ⅰ.①科… Ⅱ.①谭… Ⅲ.①技术革新 - 科学技术管理法规 - 研究 - 北京 Ⅳ.①D927.102.174

中国版本图书馆 CIP 数据核字(2018)第 252538 号

科技创新与法治保障

主　　编 / 谭华霖
副 主 编 / 贾明顺　翟志勇

出 版 人 / 谢寿光
项目统筹 / 刘骁军
责任编辑 / 姚　敏

出　　版 / 社会科学文献出版社 (010)59367161
　　　　　　地址:北京市北三环中路甲 29 号院华龙大厦　邮编:100029
　　　　　　网址:www.ssap.com.cn
发　　行 / 市场营销中心 (010)59367081　59367083
印　　装 / 三河市东方印刷有限公司

规　　格 / 开本:787mm×1092mm　1/16
　　　　　　印张:20.5　字数:323 千字
版　　次 / 2018 年 12 月第 1 版　2018 年 12 月第 1 次印刷
书　　号 / ISBN 978 - 7 - 5201 - 3868 - 0
定　　价 / 98.00 元

本书如有印装质量问题,请与读者服务中心(010 - 59367028)联系

▲ 版权所有 翻印必究